LES SECRETS DE LA RÉSERVE FÉDÉRALE
La mafia londonienne

Par
Eustace Mullins

Eustace Clarence Mullins

(1923-2010)

Les secrets de la Réserve Fédérale
La mafia londonienne

The Federal Reserve Conspiracy, Common Sense, Union, New Jersey, 1954, puis The Secrets of the Federal Reserve, the London connection John McLaughlin, 1952, 1983

Traduit de l'américain et publié par Le Retour aux Sources

www.leretourauxsources.com

© Le Retour aux Sources – 2020

Tous droits réservés. Aucune partie de cette publication ne peut être reproduite par quelque moyen que ce soit sans la permission préalable de l'éditeur. Le code de la propriété intellectuelle interdit les copies ou reproductions destinées à une utilisation collective. Toute représentation ou reproduction intégrale ou partielle faite par quelque procédé que ce soit, sans le consentement de l'éditeur, de l'auteur ou de leur ayants cause, est illicite et constitue une contrefaçon sanctionnée par les articles L-335-2 et suivants du Code de la propriété intellectuelle.

Remerciements 11
À propos de la couverture originale 11

À PROPOS DE L'AUTEUR 13
PRÉFACE D'ALINE DE DIÉGUEZ 15
PRÉFACE DE MICHEL DRAC 21
AVANT-PROPOS 29
INTRODUCTION 36
Opinion de Jefferson sur la constitutionnalité des banques centrales 37
CHAPITRE I 39
L'ÎLE DE JEKYLL 39
CHAPITRE II 52
LE PROJET ALDRICH 52
CHAPITRE 3 60
LA LOI INSTITUANT LA RÉSERVE FÉDÉRALE 60
CHAPITRE IV 92
LE COMITÉ CONSULTATIF FÉDÉRAL 92
CHAPITRE V 99
LA MAISON ROTHSCHILD 99
CHAPITRE VI 121
LA LONDON CONNECTION 121
CHAPITRE VII 129
LES LIENS AVEC HITLER 129
CHAPITRE VIII 145
LA PREMIÈRE GUERRE MONDIALE 145
CHAPITRE IX 181
LA CRISE DE L'AGRICULTURE 181
CHAPITRE X 188
LES ÉMETTEURS DE MONNAIE 188
CHAPITRE XI 203
LORD MONTAGU NORMAN 203

CHAPITRE XII **219**
    LA GRANDE DÉPRESSION 219
CHAPITRE XIII **230**
    LES ANNÉES 1930 230
CHAPITRE XIV **256**
    RAPPORT PARLEMENTAIRE 256
ADDENDA **267**
APPENDICE **269**
    12% de dividendes *270*
    Taux bancaires *270*
    L'empire de l'eurodollar *271*
    La guerre psychologique *273*
BIOGRAPHIES **275**
    Nelson Aldrich (1841-1915) *275*
    William Jennings Bryan (1860-1925) *275*
    Alfred Owen Crozier (1863-1939) *276*
    Clarence Dillon (1882-1979) *276*
    Alan Greenspan (1926-) *277*
    Colonel Edward Mandell House (1858-1938) *278*
    Robert Marion LaFollette (1855-1925) *279*
    Charles Augustus Lindbergh, S^r (1860-1924) *279*
    Louis T. McFadden (1876-1936) *279*
    John Pierpont Morgan (1837-1913) *280*
    David Mullins (1946-2018) *280*
    Wright Patman (1893-1976) *281*
    Arsene Pujo *281*
    Sir Gordon Richardson (1915-2010) *281*
    Jacob Schiff (1847-1920) *281*
    Baron Kurt von Schröder (1889-1966) *282*
    Anthony Morton Solomon (1919-2008) *282*
    Samuel Untermyer (1858-1940) *282*
    Frank Vanderlip (1864-1937) *283*
    George Sylvester Viereck (1884-1962) *283*
    Paul Volcker (1927-2019) *284*
    Paul Warburg (1868-1932) *284*
    Sir William Wiseman (1885-1962) *285*
POSTFACE D'ALINE DE DIÉGUEZ **287**
    L'île Jekyll *287*
    Sur les traces du bon Docteur Jekyll *289*
    Préhistoire de la FED *291*
    Les crises monétaires successives de 1869, 1873, 1893, 1901,

1907 : *297*
Nouvel avatar du casino financier : aujourd'hui, la crise des subprimes et des monolines.. *304*
Les subprimes.. *306*
Les monolines.. *309*
L'exemple des monolines Fannie Mae et de Freddie Mac *311*

BIBLIOGRAPHIE 313
DÉJÀ PARUS.. 319

Remerciements

À George Stimpson et Ezra Pound, deux universitaires parmi les plus brillants de tout le XXe siècle, pour la généreuse aide qu'ils ont apportée à un jeune auteur en le guidant dans des matières où, laissé à lui-même, il n'aurait pas manqué de se perdre.

Je désire remercier mes anciens collègues et le personnel de la bibliothèque du Congrès pour leur gentillesse, leur disponibilité, leur esprit de coopération et leurs suggestions qui ont permis la réalisation des premières ébauches du présent ouvrage. Je souhaite également adresser mes remerciements aux équipes de la bibliothèque Newberry à Chicago, de la bibliothèque publique de New York, de la bibliothèque Alderman de l'université de Virginie ainsi que de la bibliothèque McCormick de l'université Washington & Lee à Lexington en Virginie, car ils ont été d'une aide précieuse au cours de mes trente années de recherches approfondies menées en vue de cet ouvrage abouti consacré au système de la Réserve fédérale.

À propos de la couverture originale

L'illustration de couverture reprend une figure héraldique de la ville de Francfort-sur-le-Main en Allemagne, l'aigle, repris par Mayer Amschel Bauer (1744-1812) qui devait troquer son patronyme d'origine contre celui de Rothschild (*Rotes Schild*, « écu rouge »). Rothschild a ajouté aux serres de l'aigle cinq flèches d'or, afin de représenter ces cinq fils qui dirigeaient les cinq établissements bancaires de la famille de Rothschild à travers l'Europe : Francfort, Londres, Paris, Vienne et Naples.

L'édition originale de cet ouvrage s'adressait à un public anglophone nord-américain. Certaines expressions ont donc été aménagées pour le lecteur francophone, afin d'éviter toute erreur d'interprétation ou de compréhension.

À propos de l'auteur

Ancien combattant, **Eustace Mullins** a servi dans l'US Air Force. Pendant la seconde guerre mondiale, il a été en service opérationnel pendant trente-huit mois.

Né en Virginie, c'est à l'université locale Washington & Lee (Lexington) qu'il a fait ses premières études, avant de poursuivre son cursus dans les universités de New York, de l'Ohio et du Dakota du Nord, ainsi qu'à l'école des beaux-arts de San Miguel de Allende au Mexique et à l'Institut des arts contemporains de la ville de Washington.

La première édition de son essai, paru sous le titre *Mullins On The Federal Reserve*, fut financée en 1948 par le poète Ezra Pound. Ce dernier fut un prisonnier politique, relégué treize ans et demi durant dans un asile de fous fédéral : l'hôpital St. Elizabeth à Washington.

Les recherches menées à la bibliothèque du Congrès furent quotidiennement supervisées et contrôlées par George Stimpson, fondateur du Club la presse nationale à Washington, duquel *The New York Times* affirmait le 28 septembre 1952 : « [Il est] une source et une référence particulièrement appréciée au Capitole. Les autorités gouvernementales, les parlementaires et les journalistes lui rendaient visible pour s'informer sur tout type de sujet. »

Publiée par Kasper & Horton (New York) en 1952, cette première édition révéla de façon inédite à l'échelle des États-Unis l'existence de réunions secrètes de banquiers de la finance internationale sur l'île de Jekyll en George de 1907 à 1910, là même où fut concocté le brouillon du Federal Reserve Act de 1913.

Ces dernières années, l'auteur a poursuivi son travail en accumulant des éléments inédits et toujours plus probants sur l'histoire des individus ayant eu un rôle dans la politique menée par la Réserve fédérale. Ces nouvelles données rassemblées au fil des décennies en passant au crible des centaines de journaux, revues et livres, donnent un éclairage convaincant sur les liens qui unissent les grandes maisons de la finance internationale[1].

Tout en effectuant ses investigations, Eustace Mullins restait membre du personnel de la bibliothèque du Congrès. Il devint ensuite conseiller pour l'Institut pétrolier américain en financement d'infrastructures de transport, puis consultant de l'*Institutions Magazine* en matière de développement hôtelier et rédacteur en chef des quatre titres du Motor Club de Chicago.

---

[1] Le London Acceptance Council est limité à dix-sept établissements bancaires du monde entier, habilités par la Banque d'Angleterre à manipuler le change des devises.

Préface d'Aline de Diéguez

L'ostracisme qui frappe l'excellent ouvrage de Mullins, pillé par ses successeurs, mais jamais cité, trouve sa cause dans le soutien de l'auteur au poète Ezra Pound et au qualificatif « ignominieux » d'antisémitisme qui les frappe tous les deux. L'étude minutieuse, scientifique et honnête de Mullins porte sur les circonstances qui ont accompagné la naissance de la Réserve Fédérale et l'action des banquiers, et nullement sur un quelconque complot national ou mondial de telle ou telle catégorie de citoyens. Il est dommage qu'elle fasse l'objet d'un procès d'intention, alors que personne ne songe à rejeter les œuvre s de James Joyce, de Yeats ou d'Hemingway qui sont, eux aussi, restés fidèles toute leur vie à leur ami Ezra Pound ; personne n'ose accoler à ces prix Nobel de littérature l'étiquette infamante d' « antisémite » qui est la manière contemporaine de clouer un auteur au pilori et de censurer son œuvre.

L'ouvrage de Mullins est dédié aux deux personnes dont la collaboration s'est révélée pour lui la plus précieuse. Outre le contenu ultra-sensible de l'ouvrage dans le pays du libéralisme triomphant, de l'argent-roi et des hécatonchires[2] de la finance nationale et internationale, ils permettent de mieux comprendre les raisons des tribulations éditoriales d'une étude pourtant si importante et si finement documentée.

Le premier dédicataire, George Stimpson, l'ami fidèle et le plus proche collaborateur de l'auteur était un intellectuel éminent, mais inoffensif ; mais c'est surtout le second dédicataire, l'écrivain et poète Ezra Pound, dont la réputation politique était sulfureuse après 1945, qui

---

[2] Du grec *hekaton*, cent, et *cheir*, la main. Hécatonchire : qui a cent mains. Les Hécatonchires étaient les fils d'Ouranos et de Gaïa, c'étaient des géants à cent bras et cinquante têtes. Victor Hugo a utilisé ce mot dans plusieurs œuvres : "Rome a beaucoup de bras. C'est l'antique hécatonchire. On a cru cette bête fabuleuse jusqu'au jour où la pieuvre est apparue dans l'océan et la papauté dans le moyen âge." (in *Actes et paroles*) . Le mot se trouve également dans son *William Shakespeare* et dans divers poèmes.

suscitait le recul horrifié des éditeurs. Mullins le fréquenta assidûment durant l'internement de Pound comme prisonnier de guerre américain – donc prisonnier de son propre pays – dans un asile psychiatrique.

Ezra Pound fut, en effet, à l'origine de l'idée même de l'ouvrage sur la Réserve Fédérale, ainsi que l'auteur le reconnaît dans son avant-propos. Il lui rend d'ailleurs un vibrant et chaleureux hommage. C'est lui qui incita Mullins à entreprendre ses recherches dans la bibliothèque du Congrès – démarche et recherches qu'il était interdit à l'interné d'effectuer. On apprend que Pound subventionna même Mullins sur les modestes ressources qu'il semble avoir conservées, afin de l'aider dans son entreprise – dix dollars par semaine – et il lui conseilla de travailler comme s'il s'agissait d'un roman policier : *"You must work on it as a detective story"*.

Le poète était en effet tombé dans le chaudron de l'économie et de la politique dès sa naissance en 1885, puisque son père occupait un poste de haut fonctionnaire de l'hôtel de la Monnaie de l'État de l'Idaho et que son grand-père avait été un membre du Congrès. Pound considérait que les arts étaient indissociables de la politique et de l'économie et qu'ils se soutenaient et s'influençaient les uns les autres.

À vingt-trois ans, sa rencontre avec le major C.H. Douglas, le fondateur du Crédit Social, déterminait d'une manière décisive son engagement politique de lutte contre le pouvoir des banquiers. Il n'est pas certain que le poète américain ait intégré les finesses et les impasses de la théorie économique que le major d'origine écossais rêvait d'appliquer au Canada ; mais son horreur pour une financiarisation usuraire de l'économie américaine à la suite de la privatisation de la monnaie par un groupe de banquiers internationaux a motivé son engagement politique sa vie durant.

Le major Douglas prônait, en effet, l'utopie quelque peu fumeuse de distribuer à tous de l'argent – le « crédit social » – qui serait émis par « la société », par opposition à l'argent payant actuellement émis par les banques, afin que tout le monde puisse acheter les biens et les services produits en abondance par l'entreprise capitaliste. Personne n'a jamais pu expliquer clairement comment cette « distribution » pourrait bien s'opérer.

Cette utopie, légèrement aménagée, a été reprise par l'Église catholique, notamment au Québec et en Australie. Elle se trouve illustrée par l'apologue bien connu de *Louis Even : L'île des naufragés* qui démontre excellemment le parasitisme ravageur des banquiers, sans s'attarder sur la manière dont il conviendrait de procéder pour les remplacer.

Néanmoins, le rapprochement intellectuel avec un mouvement chrétien d'un homme que sa vie privée et le bouillonnement de sa vie intellectuelle classent parmi les « artistes maudits » et révolutionnaires, est une de ces rencontres inattendues et bizarres qu'offre la biographie d'Ezra Pound, surtout lorsqu'on connaît le mépris désabusé de son regard sur l'Église de Rome. "Autre point dont je suis fermement convaincu, écrit-il, c'est qu'il reste davantage de lambeaux de civilisation encore utilisables dans les lézardes, le foutoir, les interstices de ce monument baroque et poussiéreux qu'est l'Église de Rome que dans toutes les autres institutions de l'Occident."

On comprend cependant que la théorie du Crédit Social ait séduit un poète qui voyait dans le pouvoir de l'Argent, identifié au pouvoir des banquiers hécatonchires, et notamment des banquiers centraux de la Fed, la corruption de la culture et de tous les arts.

Ezra Pound écrivit une série de brochures sur l'économie et la politique : *"Le Crédit Social : un choc"* (1935), puis *"Une carte de visite"* (1942), en 1944, *"L'Or et le Travail"* et *"L'Amérique, Roosevelt et les causes de la présente guerre"*.

Si les poètes sont souvent d'excellents visionnaires des maux de la société, ils sont presque toujours de piètres hommes politiques et des économistes rêveurs. C'est ainsi que faisant de l'art et de la littérature d'avant-garde des phares de la civilisation, Ezra Pound, l'ami de William Carlos Williams, de T.S. Eliot, d'Hemingway, de James Joyce, de Yeats – les trois derniers, futurs prix Nobel de littérature – l'inventeur bouillonnant de mouvements littéraires connus sous le nom d'imagisme et de vorticisme, le poète inspiré par le « culte d'amour » des troubadours et par les religions à mystère de l'Antiquité, le mystique qui vénérait les enseignements de Confucius et sa religion civique, assignant à chacun un devoir social, l'amoureux du Japon, cet homme des cimes crut, ô misère, voir en Mussolini l'incarnation de l'homme politique de ses rêves, capable de procéder à la mise en place d'un nouveau système monétaire.

Pour Pound, la politique était une forme d'art. Or Mussolini qui « avait dit à son peuple que la poésie est une nécessité de l'État » exprimait à ses yeux « un niveau de civilisation supérieur à celui qui régnait à Londres ou à Washington ». Les artistes et les dictateurs avaient en commun, disait-il, d'être « nés pour diriger ». Mais il fallait oublier les règles de la démocratie écrivait Pound dès 1914, car l'artiste possède « assez de bon sens pour savoir que l'humanité est insupportablement stupide ». L'artiste doit donc « essayer de la diriger et de la persuader, de la sauver d'elle-même ».

En 1922, il écrivait que « les masses sont malléables » et il ajoutait que « ce sont les arts qui forment les moules pour les modeler ». C'est pourquoi, en 1935, dans son ouvrage *"Jefferson et/ou Mussolini"*, Pound a pu écrire : "Je ne crois pas qu'un jugement sur Mussolini puisse être valable s'il ne part pas de sa passion de bâtisseur. Traitez-le comme un ARTISTE et tous les détails trouvent leur place..." Il voyait également dans le fascisme italien « la première attaque sérieuse contre l'usurocratie depuis l'époque de Lincoln ».

Le malheur est que Mussolini ne se contenta pas d'être un « artiste » !

Ezra Pound et sa femme Dorothy s'installèrent donc en Italie en 1924 et le poète parvint, en 1933, à présenter à Mussolini ses idées pour une réforme monétaire. On ne connaît pas l'accueil que leur réserva le Duce.

Durant la guerre, la position politique de Pound devint très inconfortable. Tout en se considérant toujours comme un patriote américain, le poète, interdit d'entrée dans sa patrie et sans moyen de subsistance, devint chroniqueur de radio en Italie et, fidèle aux critiques qu'il avait toujours faites de la FED, il se livra à des attaques virulentes contre le système financier usuraire américain et contre l'administration de Roosevelt, à laquelle il reprochait son entrée en guerre après l'attaque japonaise sur Pearl Harbour.

D'abord considéré comme un opposant, Ezra Pound avait donc fini par passer du statut d'adversaire à celui de traître et d'ennemi, si bien qu'en 1943, il fut inculpé de trahison aux USA.

Après l'assassinat de Mussolini par les partisans, le 28 avril 1945, Pound fut capturé dans sa maison alors qu'il cherchait à se rendre, et remis aux troupes américaines.

Guantanamo et son poulailler pénitentiaire tropical ne sont pas une invention récente liée à la fameuse « guerre contre le terrorisme », puisqu'en 1945 déjà, Ezra Pound fut enfermé dans une des cages de fer de la prison du camp que les Américains construisirent alors à Pise. Les conditions y étaient aussi féroces que celles actuellement pratiquées sur la base américaine de Cuba : le prisonnier, qui risquait la peine de mort pour haute trahison, était soumis sans protection à la chaleur de l'été italien sur un sol en béton dans une cage de fer éclairée a giorno toute la nuit.

Les amis du poète qui occupaient après la guerre des postes d'influence auprès du gouvernement se mobilisèrent pour essayer de le sauver. La tâche était d'autant plus ardue que l'inculpation était aiguillonnée par le Président Roosevelt lui-même, le poète étant soupçonné d'être lié à un groupe d'espions communistes, l'obsession des hommes politiques de cette époque-là. La chasse aux sorcières et le maccarthysme étaient en marche.

Hemingway suggéra de plaider la folie. C'est ainsi que déclaré fou en novembre 1945, Ezra Pound fut rapatrié aux USA et « incarcéré » à St. Elizabeth, un hôpital psychiatrique pour fous criminels.

Après avoir expérimenté Guantanamo en avant-première, Ezra Pound connut, pendant treize ans, l'internement psychiatrique pour des raisons politiques, c'est-à-dire les conditions d'incarcération des dissidents politiques en Union soviétique.

Mais ce « fou officiel » continua à travailler à son œuvre, les *Cantos*, une gigantesque entreprise poético-politique, et il traduisit trois cents poèmes chinois qui furent publiés à Harvard en 1954. "Il s'agit, écrivit l'académicien Hector Bianciotti dans Le Monde, d'un recueil de textes concernant tout ce qui a aimanté l'esprit du poète : la littérature et la musique, Confucius et Sophocle, les religions, la traduction et l'anthropologie... On tient là l'itinéraire zigzaguant du poète qui incarna, mieux peut-être que nul autre, le besoin de l'espèce de sauver sa mémoire. C'est-à-dire tout ce qui, au cours des siècles, a fait de l'homme ce perplexe animal qui pense, aime la beauté, et sait parfois la créer pour faire barrage à la souffrance."

Entre temps, à partir de 1953, sa « folie » fut requalifiée en « troubles de la personnalité », mais Pound ne fut déclaré « guéri » que le 18 avril 1958 et son inculpation pour trahison fut abandonnée.

Six semaines plus tard, il quittait définitivement l'Amérique pour l'Italie où il mourut le 1er novembre 1972.

Préface de Michel Drac

L'ouvrage d'Eustace Mullins raconte une étape-clef de l'Histoire économique récente – une étape qui détermine, encore aujourd'hui, le mode de fonctionnement de notre économie.

1907 : la panique monétaire fragilise le capitalisme américain

1913 : la *Federal Reserve* est constituée

Entre ces deux dates : six ans d'intrigues, de serments trahis, de mensonges éhontés et de de demi-vérités soigneusement travesties. Six ans, au cours desquels les grands banquiers d'affaires prirent appui sur la faillite programmée de leur système, pour refonder leur pouvoir.

C'est cette victoire des banquiers que raconte Mullins – une heure sombre dans la lutte toujours recommencée entre le Capital et les peuples.

Toute la dynamique de notre économie contemporaine résulte de cet instant décisif, où le marchand d'argent s'arrogea le droit de *fabriquer* le signe monétaire. Et cela, pour la première fois, en pratique, à l'échelle du monde.

Eustace Mullins a rédigé la chronique du plus grand hold-up de l'Histoire.

*

Cependant, si les évènements de 1913 furent sans précédent par leur échelle, leur dynamique, quant à elle, ne présentait aucun caractère de nouveauté.

Le capitalisme est un champ de bataille, et cela ne date pas d'hier.

On en trouvera la preuve dans un texte presque aussi vieux que la civilisation : le Pentateuque.

Voici l'histoire de Joseph en Égypte (Genèse, chapitres 34 à 50).

Joseph, fils de Jacob, est trahi par ses frères, jaloux de ce cadet trop brillant. Il est vendu comme esclave en Égypte. Un malheur pour un bonheur : au pays de Pharaon, ses qualités intellectuelles supérieures lui assurent une fulgurante ascension sociale.

Nomade, Joseph est naturellement étranger aux populations sédentaires de l'Égypte. Mais justement : cela fait sa valeur aux yeux du Prince. Parce que Joseph lui devra tout, parce qu'il est un excellent gestionnaire, parce qu'il est loin des intrigues de la cour, Pharaon fait de lui son intendant.

Joseph suggère une méthode pour éliminer les famines qui ravagent l'empire. Que partout à travers l'Égypte, on érige des greniers, et que dans ces greniers, on dépose le cinquième des récoltes. Lorsque les récoltes seront bonnes, les réserves s'accumuleront. Mais en période de vache maigre, Pharaon revendra le contenu de ses greniers, et la disette sera évitée.

L'Égypte prospère. Mais très vite, le système entre en crise. Confiants dans les greniers d'État, privés d'un cinquième de leur récolte, les Égyptiens cessent d'épargner. Et lorsque plusieurs mauvaises années se suivent, le peuple, ruiné, ne peut racheter son blé.

Aux affamés, Joseph propose alors un accord : il leur donnera du grain, en échange de quoi, ils céderont leurs terres. Les Égyptiens acceptent. Et ainsi, en réservant l'épargne à Pharaon, Joseph est parvenu à confisquer le capital productif.

Escroquerie ? Certainement. Monstruosité ? Rien n'est moins sûr.

Le patriarche Joseph est un personnage complexe. Au vu du texte, il est impossible de dire s'il *prend la décision* de se faire spoliateur. Au départ, son rôle de conseiller économique auprès du Pharaon n'a rien de déshonorant : c'est semble-t-il pour le bien du peuple qu'il ordonne la construction des greniers. C'est encore pour éviter que les Égyptiens ne meurent qu'il leur revend blé contre terres. Joseph n'est pas l'âme damnée de Pharaon ; il s'attache tout simplement à rationaliser le processus de la domination politique, sous l'angle économique. C'est un cadet dépossédé, qui s'élève dans la hiérarchie sociale en utilisant ses capacités intellectuelles supérieures, au sein d'un monde régi par la force. C'est un nomade rusé, doublé d'un dominateur par l'esprit – mais ce n'est pas un monstre.

Son caractère profondément humain transparait bien dans les chapitres finaux de la Genèse, chapitres au cours desquels va se nouer le drame d'Israël.

Joseph pardonne à ses frères de l'avoir jadis vendu comme esclave, et installe sa nombreuse famille sur la terre d'Égypte, où elle prospère.

Elle prospère tellement, d'ailleurs, et se multiplie si bien, que Pharaon prend peur. Et si ces parvenus, ces nomades rusés, finissaient par sortir de l'ombre où ils se tiennent ? Après tout, rien ne les sépare du prince, hormis le trône. Dès lors, le but obligé de Joseph n'est-il pas de devenir le maitre de Pharaon ?

Ici commence le livre de l'Exode.

Violent, cruel, le système induit par les choix de Joseph opprime tous les Égyptiens. La froide rationalité du patriarche a généralisé un esclavage implacable : sa descendance en paiera le prix. Pharaon, pour mater les Hébreux, les jette à leur tour dans les chaînes que leur père a consolidées.

La Bible énonce le caractère dialectique des relations – en quoi même un athée devra reconnaitre qu'elle est une révélation sur la nature du monde. Le Livre dit : la lutte entre nomades prédateurs et sédentaires productifs, entre oppresseurs et opprimés, n'oppose pas des camps *essentialisés*. Un nomade peut se sédentariser, un oppresseur peut rejoindre le camp des opprimés. La victoire prépare la défaite, la prospérité engendre la misère, la libération porte en germe l'esclavage – et réciproquement.

Réciproquement, car de l'esclavage, les descendants de Joseph vont s'élever vers un nouveau projet, plus ambitieux, plus libérateur que celui de leur ancêtre. Il ne s'agit plus de se tenir dans l'ombre de Pharaon, de participer à son oppression pour ne pas être opprimé : il s'agit d'abolir l'oppression elle-même, en libérant tout un peuple.

Apparait Moïse. Son projet : conquérir la terre promise. Il existe bien sûr d'innombrables interprétations du terme. Mais sous l'angle économique, la terre promise, c'est celle où, comme il est écrit : « Tu ne prêteras pas à intérêt à ton frère » (Deutéronome, chapitre 23).

Le projet de Joseph, le capitalisme, a engendré celui de Moïse, la révolution.

Sous l'angle économique, le reste, c'est-à-dire le christianisme, ne sera jamais que l'instant où Moïse et Joseph seront, enfin, séparés l'un de l'autre.

*

Nous vivons aujourd'hui, à une échelle infiniment plus grande, la réédition des mécanismes décrits par la Bible. Ce que raconte Mullins, c'est l'accord passé, au début du XXe siècle, entre le nouveau Pharaon, l'État américain, et le nouveau « Joseph », en l'occurrence un « Joseph » collectif : les grandes banques anglo-saxonnes, basées principalement dans la City de Londres.

Comment en était-on arrivé là ?

Pour le comprendre, il faut s'intéresser à *l'esprit américain*.

La révolution américaine ne fut pas une révolte contre l'Empire britannique en tant que tel : c'était, avant tout, un refus de souscrire au modèle économique de cet empire.

Certes, à aucun moment, les Américains n'envisagèrent de rompre avec le capitalisme. La libre entreprise était pour eux un idéal. Oui, mais voilà, il existe deux capitalismes : celui des gestionnaires de la production d'une part, et celui des marchands, donc des banquiers, d'autre part.

Une grande partie de la Réforme protestante, sur le plan pratique, consista précisément à structurer la lutte entre ces deux capitalismes.

Suivant Max Weber sur ce point précis, nous admettrons que le protestantisme, à l'origine religion de la petite bourgeoisie productive, constituait *aussi* une idéologie de combat, au service du capitalisme des producteurs, contre le capitalisme des banquiers. Il s'agissait, par la rapidité de l'accumulation du capital, de produire à une telle cadence que la ponction opérée par Pharaon ne suffirait plus à confisquer les biens de production. La libre entreprise, dans l'esprit des populations protestantes de la Nouvelle Angleterre, c'était en somme le droit d'aller plus vite que le banquier, pour rester libre de toute hypothèque. Il s'agissait de prendre « Joseph » de vitesse.

Évidemment, pour que ce projet eût un sens, il fallait que le niveau de la ponction n'augmentât pas indéfiniment. Il convenait donc qu'il fût négocié. C'est pourquoi la revendication première des colons américains, de la Boston Tea Party à la déclaration d'indépendance, ne fut nullement l'affirmation d'une identité distincte. La revendication première fut : « Pas de taxation sans représentation ». Ce n'était pas à l'Empire britannique de fixer le niveau des taxes, il devait être approuvé par les assemblées des colonies : voilà de quoi il s'agissait.

Ainsi, lorsque les Américains se décrivent eux-mêmes comme le nouvel Israël, ils n'ont pas tout à fait tort sous l'angle économique. Ils ont bel et bien voulu conquérir une terre promise, une terre où l'on ne prêterait pas à taux usuraires – une terre où « Joseph » ne pourrait pas indéfiniment spolier et taxer.

Le malheur a voulu que ce projet initial dérivât progressivement, jusqu'à se retourner contre lui-même.

Comme dit précédemment, la frontière entre oppresseurs et opprimés, spoliateurs et spoliés, n'est jamais stable. Le même homme, le même groupe, peuvent être oppresseurs dans un contexte donné, mais opprimés dans un autre environnement. Et la barrière peut être franchie dans un sens, mais aussi dans l'autre. Comme expliqué ci-dessus, « Joseph » est inhumain non par essence, mais parce que ses intérêts divergent de ceux de la grande masse des hommes. Il devient leur adversaire obligé sans l'avoir voulu. Il n'est pas nécessaire d'être monstrueux pour devenir inhumain : il suffit d'être très, très riche.

La haute bourgeoisie nord-américaine prospéra si bien qu'elle se trouva à son tour détentrice d'un capital en excès, qu'elle ne pouvait rémunérer qu'en augmentant le prélèvement sur la plus-value. Vint le moment où, de par ses intérêts mêmes, cette haute bourgeoisie se trouva naturellement plus proche de ses anciens adversaires britanniques que du reste du peuple américain. Dès lors, la ligne de partage entre gestionnaires de la production et gestionnaires du capital se déplaça subrepticement. Elle ne séparait plus une Amérique homogène d'un Empire britannique prédateur : elle traduisait désormais l'opposition entre un peuple américain productif et l'Amérique oligarchique naissante, spontanément solidaire de l'Empire britannique.

C'est avec la constitution de la FED que le délit fut consommé. Désormais, les centres de décision du capitalisme américain seraient, de par leurs intérêts, liés à ceux du capitalisme britannique. L'État américain n'était plus celui de Moïse : c'était celui de Pharaon, donc de « Joseph ». Les descendants spirituels de Moïse dans le Nouveau Monde avaient, pour certains d'entre eux, rallié le camp de l'ennemi.

C'est au récit de cette trahison qu'Eustace Mullins décida de consacrer sa vie.

Honneur à lui. Nous faisons tous partie d'un livre écrit par Dieu. La plupart d'entre nous ne sont que l'encre. Quelques-uns, cependant, reçoivent la Grâce d'être la plume.

*

La situation contemporaine n'est que la continuation de 1913. Et donc, lire Mullins, c'est comprendre la généalogie de notre désastre.

Dans le système capitaliste du XIXe siècle, on opposait encore la Haute Banque, qui jouait avec son argent, et la banque de dépôt, qui faisait travailler l'argent de ses clients. Mais cette distinction n'a plus aujourd'hui la moindre signification. Depuis 1913 et la création de la FED, les banques d'affaires ont de fait placé les banques de dépôt sous leur coupe. Non contentes de pouvoir spéculer avec l'argent du public, elles se sont octroyé un privilège extraordinaire, qui a profondément modifié le système capitaliste : elles peuvent fabriquer l'argent ex nihilo – ceci implique que, même du Glass-Steagall Act à son abolition, soit de 1933 à 1999, la haute finance eut constamment, en pratique, la haute main sur l'ensemble du capital. Pouvoir créer de l'argent ex nihilo, c'est s'approprier une fraction indéfinie de la masse monétaire globale, donc réduire indirectement les dépôts du public.

L'endettement formidable sous lequel croule désormais l'Occident résulte, en grande partie, du coup d'État bancaire de 1913. Certes, depuis, bien des facteurs aggravants se sont ajoutés au désastre initial. Mais il n'empêche : avant la création de la FED, la dette publique américaine était presque inexistante. Même les énormes coûts de la guerre de sécession furent absorbés par la formidable capacité de développement productif de l'Amérique. Inversement, depuis la création de la FED, la dette, tant publique que privée, n'a cessé d'enfler. Le « Joseph » américain s'est comporté exactement comme son devancier trimillénaire. Pour confisquer le capital productif avec l'appui du pouvoir, il s'est réservé la fonction d'épargne. Voici la cause profonde de la crise, peut-être décisive, dont nous observons les soubresauts inquiétants depuis 2007.

Le lecteur décèlera sans peine, dans le récit de Mullins, tout ce qu'il a de profondément *actuel*. Il repèrera aisément les ressemblances nombreuses qui rapprochent nos années 2010 de celles qui précédèrent la constitution de la FED. Il constatera comment, hier comme aujourd'hui, les oligarques, si partisans du libéralisme pour les autres, se montrent en revanche très soucieux de régulation, s'agissant de leur relations réciproques. Il tirera de grands enseignements en étudiant les précautions extraordinaires prises par ces personnages pour rester invisibles aux yeux du grand public. Et derrière le trône de notre Pharaon états-unien, il scrutera l'ombre où se tiennent nos modernes « Joseph ». Derrière les discours de propagande des économistes conformistes, il décèlera une pensée prostituée.

Le lecteur trouvera aussi, dans le récit d'Eustace Mullins, un exemple instructif de crise provoquée. En étudiant les mécanismes de la crise agricole de 1920, le lecteur se souviendra des politiques de crédit abondant suivies, sous l'administration Bush, par Alan Greenspan. Le lecteur comprendra comment, via la politique monétaire, les intérêts privés perfectionnèrent le système antique du patriarche Joseph : désormais, il ne s'agit plus de prévoir les années de vache maigre, il s'agit de les faire advenir.

Le lecteur, enfin, sourira sans doute en prenant connaissance des circonstances dans lesquelles le Président et le Congrès des États-Unis furent amenés à créer la FED. Il se souviendra avec intérêt de la confrontation Obama – McCain, en suivant les péripéties qui amenèrent à l'élection de Wilson. Il trouvera sans mal, dans les votes précipités du début du XXe siècle, nombre de points communs avec les modalités d'adoption des plans d'aide au secteur bancaire, en 2008 et 2009.

Mais assez prodigué de conseils ! Le lecteur n'en aura nul besoin, car tout est clair.

« Voici les simples faits de la grande traitrise... »

AVANT-PROPOS

Alors que je visitais Ezra Pound en 1949, alors prisonnier politique de l'hôpital St. Elizabeth à Washington (un établissement psychiatrique fédéral), le poète me demanda si j'avais déjà entendu parler du système de la Réserve fédérale. Je répondis par la négative. J'avais vingt-cinq ans à ce moment-là. Il exhiba derechef un billet de dix dollars, portant la marque « *Federal Reserve Note* », et me pria de commencer des recherches au sein de la bibliothèque du Congrès au sujet de la Réserve fédérale qui avait émis ce bout de papier. Évidemment, Pound n'était guère en capacité de le faire lui-même, étant détenu en tant que prisonnier politique à l'instigation du gouvernement, sans autre procès. De fait, suite à son interdiction d'ondes aux États-Unis, le docteur Pound diffusa depuis l'Italie en vue de convaincre le peuple américain de ne pas prendre part à la seconde guerre mondiale. Franklin D. Roosevelt décréta en personne l'incarcération de Pound, suivant en cela ses trois conseillers Harry Dexter White, Lauchlin Currie et Alger Hiss, lesquels s'avérèrent par la suite avoir des liens avec l'espionnage soviétique.

Les questions ayant trait à la finance ou à la banque ne m'enthousiasmaient guère. Je travaillais sur un roman. Cependant, Pound s'offrit de grossir ma rémunération hebdomadaire pendant plusieurs semaines, de dix dollars.

Mes premières recherches mirent au jour l'existence d'un groupe international de financiers ayant secrètement piloté la rédaction puis l'approbation par le Congrès du Federal Reserve Act. Cette découverte confirmait ce que Pound soupçonnait de longue date. Il me confia : « Vous devez continuer de travailler, comme sur un roman policier. » Fort opportunément, mes recherches au sein de la bibliothèque du Congrès furent supervisées par un éminent universitaire : George Stimpson, fondateur du Club de la presse nationale. Voici ce que le *New York Times* disait de lui dans son édition du 28 septembre 1952 : « Fort apprécié des journalistes de Washington qui voient en lui "[leur] bibliothèque du Congrès ambulante", M. Stimpson était unanimement reconnu comme étant une référence particulièrement appréciée au Capitole. Les autorités gouvernementales, les parlementaires et les journalistes lui rendaient visible pour s'informer sur tout type de sujet. »

Chaque jour, je passais plusieurs heures à la bibliothèque du Congrès pour nos recherches, puis je me rendais à l'hôpital St. Elizabeth l'après-midi. Je passais en revue avec Pound les notes que j'avais prises. Je dînais ensuite à la cafétéria Scholl's en compagnie de George Stimpson, ce dernier corrigeant ma copie. Enfin, je regagnais mon chez-moi afin de frapper mes notes corrigées.

Stimpson et Pound prodiguaient tous les deux de nombreux conseils afin de me guider dans une matière qui me voyait sans la moindre expérience.

Mais les moyens financiers de Pound se tarirent. Je postulai alors auprès des fondations Guggenheim et Huntington-Hartford, entre autres, en vue de pouvoir achever mes travaux sur la Réserve fédérale. Toutes les fondations approchées refusèrent de subventionner mes investigations, alors même que ma demande était appuyée par Ezra Pound, E. E. Cummings et Elizabeth Bishop, les trois plus grands poètes d'Amérique.

Je mis donc par écrit les découvertes que j'avais faites pour commercialiser en 1950 cette première ébauche à New York. Dix-huit maisons d'édition déclinèrent mon manuscrit sans autre explication, mais Devin Garrity, le dix-neuvième éditeur contacté, président de la Devin Adair Publishing Company, me donna dans son bureau un conseil bienveillant : « Votre ouvrage me plaît, mais je ne peux pas le publier », me confia-t-il, « moi ni personne d'autre à New York. Pourquoi ne m'apporteriez-vous pas le plan de votre roman ? Il me semble que nous pourrions vous accorder une avance... En revanche, vous pouvez abandonner l'idée de voir votre essai sur la Réserve fédérale publié, je doute qu'il puisse jamais sortir en librairie. »

Après deux années de travail sans relâche, ce coup d'arrêt fut terrible. J'en fis part à Pound, et nous nous démenâmes pour trouver un éditeur dans d'autres États. À l'issue de deux ans de démarches laborieuses, le livre parut en 1952 sous le titre de *Mullins on the Federal Reserve* grâce à une petite maison tenue par deux disciples de Pound, John Kasper et David Horton, qui financèrent l'impression sur leurs propres deniers.

En 1954, une deuxième édition – caviardée sans mon accord – vit le jour dans le New Jersey, avec le titre *The Federal Reserve Conspiracy*. En 1955, une édition allemande fut publiée à Oberammergau par Guido Roeder : l'ouvrage fut interdit et les dix mille exemplaires imprimés furent brûlés par des agents du gouvernement dirigés par Otto John.

La destruction de ces exemplaires fut consommée le 21 avril 1961 à l'instigation d'Israël Katz, juge à la Cour suprême de Bavière. L'administration des États-Unis ne cilla pas, car James B. Conant, haut-commissaire des États-Unis en Allemagne, par le passé président de Harvard entre 1933 et 135, avait approuvé l'autodafé. C'est le seul cas d'un titre détruit par le feu en Allemagne depuis la seconde guerre mondiale.

En 1968, la Californie vit surgir une édition pirate du livre. Mes innombrables plaintes déposées au cours de la décennie suivante furent vaines : le FBI aussi bien que l'US Postal Inspection Service ne daignèrent pas réagir.

En 1980, une nouvelle édition en langue allemande fut imprimée. Et dans la mesure où les États-Unis ne décidaient apparemment plus des affaires intérieures de l'Allemagne, elle y circule désormais sans entraves, alors même qu'elle est identique à celle de 1955 détruite par les flammes.

J'avais collaboré avec M. H. L. Hunt pour divers ouvrages, et il me conseilla de reprendre mes investigations concernant la Réserve fédérale, mises à l'arrêt depuis un bon moment, afin de produire une version plus aboutie de mes recherches. Comme je venais tout juste de signer le contrat de la biographie « officielle » d'Ezra Pound, mon nouveau livre sur la Réserve fédérale fut ajourné. Hunt disparut avant même la reprise de mes travaux : une fois encore, je me voyais confronté à la difficulté de les financer.

Mes premières enquêtes avaient mis au jour et identifié les personnalités qui, aux États-Unis, avaient secrètement concocté le Federal Reserve Act. Par la suite, je découvris que les individus que j'avais en 1952 présentés comme étant les marionnettistes évanescents se trouvant derrière le système de la Réserve fédérale étaient en réalité des ombres, la face émergée et américaine d'un iceberg, dont les parties émergées devaient être désignées par l'expression de « *London Connection* ». Je me rendais compte de ce que malgré les succès américains lors des guerres d'Indépendance contre l'Angleterre en 1812, les États-Unis sont demeurés une colonie financière et économique du Royaume-Uni. Les actionnaires originaux des banques de la Réserve fédérale étaient repérés pour la première fois, de même que leurs sociétés mères émanant de la *London Connection*.

Ces investigations sont soutenues par des centaines de citations et une riche documentation s'appuyant sur des centaines de journaux, périodiques, livres et documents, faisant état de filiations, d'alliances et de relations professionnelles. Plus de mille éditions du *New York Times* furent analysées sur microfilm pour authentifier les éléments émanant de sources secondes et remonter jusqu'aux informations de première main.

C'est un truisme pour la profession : un auteur n'a toujours qu'un seul livre en lui. Cela semble pouvoir s'appliquer dans mon cas, car je suis à présent dans ma cinquième décennie de rédaction continue sur un même sujet : le système de la Réserve fédérale en toute vérité.

Ce travail, depuis le départ, a été commandité et supervisé par Ezra Pound. Quatre de ses protégés furent gratifiés du prix Nobel de littérature : William Butler Yeats pour ses poèmes tardifs, James Joyce pour *Ulysse*, Ernest Hemingway pour *Le Soleil se lève aussi* et T. S. Eliot grâce à *La Terre vaine*. Pound joua un rôle primordial dans l'élaboration et la parution de ces œuvres, ce qui m'incite à croire que le présent ouvrage, lui aussi suscité par Ezra Pound, s'inscrit dans la droite lignée d'une remarquable tradition littéraire.

On aurait pu croire, à l'origine, que cet ouvrage ne serait qu'un tissu sans queue ni tête de manipulations économiques et monétaires exprimées de façon technique. Que nenni : très rapidement, il prit l'atour d'une histoire terriblement dramatique et universellement captivante, de sorte qu'Ezra Pound m'enjoignit d'emblée de l'envisager à la manière d'un roman policier, genre inauguré par Edgar Allan Poe, mon compatriote de Virginie.

Je crois que le succès persistant de mes travaux au cours de ces quatre dernières décennies ont donné raison à Ezra Pound quant à ses prises de position politiques et à ses affirmations monétaires, jadis violemment combattues. Plus encore, c'est aussi une arme très efficace contre les puissants conspirateurs qui le contraignirent à subir sans procès treize ans et demi de détention, dans un asile psychiatrique, façon prisonnier politique et KGB.

La première preuve de son innocence fut le refus par les agents gouvernementaux – simples exécutants de nos conspirateurs – de l'autoriser à se défendre. La deuxième, en 1958, quand ces mêmes autorités exécutrices abandonnèrent tous les griefs pesant contre sa personne et permirent sa sortie de l'hôpital St. Elizabeth en homme libre. La troisième et dernière, ses confidences où il décrit minutieusement l'ensemble des éléments attestant sa condamnation par des représentants impitoyables de la finance internationale pour qui Ezra Pound ne fut qu'une victime de plus, vouée à des années d'emprisonnement, sur le modèle de l'homme au masque de fer, pour la simple raison qu'il avait eu l'outrecuidance de lancer l'alerte auprès de ses compatriotes au sujet des actes de trahison qu'il suspectait contre le peuple américain tout entier.

J'ai donné nombre de conférences aux États-Unis, en plus d'une participation assidue à d'innombrables émissions radiodiffusées et télévisées. Cela m'a permis de sonner l'alarme quant au fait que le système de la Réserve fédérale n'est guère fédéral, qu'il ne détient aucun réserve et qu'il ne s'agit point du tout d'un « système », mais bien d'un syndicat du crime. Depuis le mois de novembre 1910 – et la réunion des conjurés sur l'île de Jekyll en Géorgie – jusqu'à aujourd'hui, les manigances des banquiers de la Réserve fédérale ont été nappées de mystère. À ce jour, ce secret a coûté aux habitants des États-Unis une dette publique de trois mille milliards de dollars, dont les intérêts annuels versés à ces financiers s'élèvent à plusieurs centaines de milliards de dollars. Ces montants dépassent l'entendement et, tout compte fait, considérés pour ce qu'ils sont, ne semblent guère remboursables. Les agents de la Réserve fédérale abreuvent régulièrement l'opinion publique de déclarations, à la manière du fakir hindou jouant de la flûte au cobra qui, subjugué, ne songe plus à se faire menaçant. C'est ainsi qu'il faut comprendre la rassurante missive de Donald J. Winn, assistant du Conseil des gouverneurs, en réponse à une enquête initiée par un parlementaire, Norman D. Shumway, le 10 mars 1983. M. Winn y prétend que : « Le système de la Réserve fédérale a été institué en 1913 par une loi du Congrès et il ne s'agit point d'une "entreprise privée". » Une page plus loin, M. Winn continue : « Les actions des banques de la Réserve fédérale sont intégralement possédées par des banques commerciales membres de la Réserve fédérale. » Il n'esquisse pas le moindre argument pour expliquer comment l'État fédéral peut se retrouver sans aucune part dans quelque banque de la Réserve fédérale que ce soit, ni en quoi ce système ne serait guère une « entreprise privée » quand toutes les actions constituant son capital sont détenues par des « entreprises privées » !

L'histoire des États-Unis au XXe siècle se distingue par les réalisations stupéfiantes des banquiers de la Réserve fédérale.

1° La déclenchement de la première guerre mondiale qui ne devint possible que grâce aux fonds concédés par cette toute nouvelle banque centrale des États-Unis.

2° La dépression agricole de 1920. 3° Le krach boursier du Vendredi noir à Wall Street, en octobre 1929, et la Grande Dépression qui s'ensuivit.

4° La seconde guerre mondiale.

5° La transformation des actifs des États-Unis et de leurs ressortissants, depuis 1945, faisant passer des propriétés réelles à des actifs de papier et changeant une Amérique victorieuse – et la puissance mondiale qu'elle était en 1945 – en la nation la plus endettée du monde en 1990.

Aujourd'hui, les États-Unis sont économiquement ruinés, dévastés et indigents, virtuellement en faillite comme pouvaient l'être en 1945 le Japon et l'Allemagne. Les Américains vont-ils réagir pour reconstruire leur pays, comme l'Allemagne et le Japon l'ont fait après avoir été confrontés à une situation semblable ? Ou bien continueront-ils à être les esclaves d'un système monétaire reposant sur une dette abyssale, établi en 1913 au moyen du Federal Reserve Act, jusqu'à la déroute complète ? C'est l'unique question que nous sommes tenus d'affronter, et il nous reste qu'assez peu de temps pour ce faire...

En raison de la gravité et du volume des informations que j'avais recueillies à la bibliothèque du Congrès grâce aux conseils d'Ezra Pound, le sujet a été repris par de nombreux autres historiens autoproclamés, incapables de puiser par eux-mêmes aux sources de première main. Ces quarante dernières années, je me suis fait une raison de voir mes trouvailles paraître dans de nombreux ouvrages, tous signés par d'autres auteurs, sans même que mon nom soit mentionné. Ajoutant l'injure à l'indélicatesse, ce n'est pas seulement ma documentation, mais carrément mon titre, qui ont été détournés dans un travail volumineux, pour ne pas dire mal alambiqué, intitulé *Secrets of the Temple, the Federal Reserve*. Cette publication, qui a joui d'un grand tapage, fit l'objet de critiques au mieux incroyables, au pire amusantes. Le magazine *Forbes* recommanda à ses lecteurs de se satisfaire de la lecture de ses critiques pour économiser leurs sous, mentionnant que « le lecteur n'apprendra rien de secret » et que « c'est l'une de ses œuvres dont les ambitions excèdent largement leurs mérites. » Il ne s'agit point là d'un accident, dans la mesure où cette absolution appuyée des banquiers de la Réserve fédérale était publiée par l'éditeur de revues le plus célèbre du globe.

Mon saisissement des premiers instants passé, après avoir découvert que la personnalité littéraire la plus influente du XXe siècle, Ezra Pound, était détenue dans ce véritable « enfer » à Washington, j'écrivis sans tarder à un financier de Wall Street dont j'avais été plusieurs fois l'hôte, afin de lui demander son assistance. Je lui expliquais qu'en tant que mécène des arts il ne devrait pouvoir tolérer que Pound reste dans une situation aussi inhumaine. Sa réponse me choqua fortement. Il me rétorqua : « votre ami peut très bien rester là où il est ». C'était plusieurs années avant que je ne puisse comprendre le pourquoi du comment : pour ce représentant d'une banque d'investissement et ses compères, Ezra Pound ne serait toujours que « l'ennemi ».

Eustace Mullins,
Jackson Hole, Wyoming, 1991

INTRODUCTION

V oici les faits d'une trahison inouïe, dans toute leur simplicité. Wilson et House savaient qu'ils commençaient une œuvre colossale. Comment comprendre les motivations de ces individus qui étaient persuadés du bien-fondé de leur entreprise ? Ce en quoi ils croyaient le moins, c'était en la notion de *gouvernement représentatif*. Ils plaçaient leur foi dans un gouvernement d'oligarques, ne se pliant à aucun contrôle, et dont les agissements ne seraient visibles qu'après un laps de temps tellement long que les électeurs ne pourraient jamais faire quoi que ce soit pour réagir efficacement contre les déprédations passées et à venir.

Ezra Pound

Hôpital St. Elizabeth,

Washington, 1950

Note de l'auteur. Le docteur Pound rédigea cette courte introduction pour la première ébauche de ce travail, publiée en 1952 à New York chez Kasper et Horton. Cependant, prisonnier politique enfermé par l'administration fédérale sans procès, il ne pouvait laisser son nom apparaître dans cet ouvrage sans risquer de nouvelles mesures de rétorsion. De même, tout en l'ayant commandité, il était impossible de le lui dédier. L'auteur est désormais heureux de pouvoir pallier ces lacunes nécessaires trente-trois années plus tard.

Opinion de Jefferson sur la constitutionnalité des banques centrales

15 février 1791

(cf. *The Writings of Thomas Jefferson*, vol III, éd. H. E. Bergh, p. 145 *sqq.*)

Le texte d'établissement d'une banque centrale, en 1791, stipule, entre autres éléments…

1° De constituer les souscripteurs en société.

2° De les habiliter, en vertu de leur société, à recevoir des hypothèques foncières ; et, à ce jour, cela est contraire aux lois de mainmorte.

3° De faire en sorte que des souscripteurs non nationaux puissent posséder des terrains ; et, à ce jour, cela est contre les lois de notre nationalité.

4° De transmettre ces terres, à la mort de leur propriétaire, à certains successeurs au lieu d'autres ; et, à ce jour, cela modifie les règles de l'héritage.

5° De placer ces biens à l'abri des confiscations ou de la déchéance ; et, à ce jour, cela est contraire aux lois établissant les confiscations et déchéances.

6° De transmettre des biens personnels à des successeurs, selon une certaine dévolution ; et, à ce jour, cela est contraire aux lois de dévolution.

7° De leur donner un droit particulier et exclusif sur les opérations bancaires, sous le sceau de l'autorité nationale ; et, à ce jour, cela est contraire aux lois contre les monopoles.

8° De leur conférer le pouvoir de faire des lois supérieures aux lois des États dans la mesure où elles doivent être perçues comme protégeant l'institution contre le contrôle des législations d'État, et c'est vraisemblablement ainsi qu'elles seront interprétées.

Je considère la Constitution comme étant fondée sur d'autres bases, à savoir que tous les pouvoirs qui ne sont pas expressément délégués par la Constitution à l'État fédéral, ni ne sont soustraits par elle aux États fédérés, sont réservés auxdits États ou au peuple (12e amendement). Promulguer une seule disposition qui contreviendrait à ce cadre spécialement créé à l'attention des pouvoirs du Congrès équivaudrait à se lancer dans une accumulation illimitée de pouvoir, lequel ne serait rapidement plus disposé à se cantonner à la moindre définition.

L'établissement d'une banque centrale, et les pouvoirs revendiqués par ce texte, n'ont pas, à mon avis, été délégués à l'État fédéral par la Constitution.

CHAPITRE I

L'ÎLE DE JEKYLL

« La question d'un taux d'escompte uniforme fut discutée et entérinée sur l'île de Jekyll[3]. »

Paul M. Warburg

Le 22 novembre 1910 au soir, une équipe de journalistes arpentait la gare de Hoboken dans le New Jersey. Leurs visages étaient tout sauf réjouis : ils venaient juste d'apercevoir un groupe constitué par plusieurs des financiers les plus considérables des États-Unis quitter la gare pour une tâche secrète. L'anecdote prenait place bien des années avant qu'ils ne puissent découvrir quelle était cette tâche ; et, même quand ils l'apprirent, ils ne purent comprendre comment l'histoire de leur pays avait connu un tournant mémorable cette nuit-là.

La délégation avait pris place dans un wagon hautement sécurisé, les rideaux fermés, parti pour une destination gardée secrète. Le groupe était mené par le sénateur Nelson Aldrich, président de la Commission monétaire nationale. Deux années auparavant, soit en 1908, à la suite de la tragédie de 1907 qui réclamait dans la panique une refonte et stabilisation du système monétaire national, le président des États-Unis Theodore Roosevelt avait signé la loi instituant ladite Commission monétaire nationale. Aldrich avait guidé en Europe les membres de cette commission pour une tournée de deux années, pour un coût total de 300 000 $ sur le dos du contribuable américain. Le rapport de cette virée européenne et son projet de réforme financière se font toujours

---

[3] Pr Nathaniel Wright Stephenson, *Paul Warburg's Memorandum. Nelson Aldrich, a Leader in American Politics*, New York, Scribners, 1930.

attendre…

Le sénateur Aldrich était secondé, en gare de Hoboken, par : Shleton, son secrétaire personnel ; A. Piat Andrew, secrétaire adjoint au Trésor et assistant spécial de la Commission monétaire nationale ; Frank Vanderlip, président de la National City Bank de New York ; Henry P. Davison, principal associé de la J. P. Morgan Company, communément reconnu comme étant le représentant attitré de Morgan ; et Charles D. Norton, président de la *First National Bank* de New York, chapeautée par Morgan. Peu avant le départ du convoi ferroviaire, ce club fut grossi de Benjamin Strong, énième affidé de J. P. Morgan, et de Paul Warburg, récemment arrivé d'Allemagne pour rejoindre en tant qu'associé gratifié de 500 000 $ à l'année l'établissement financier Kuhn, Loeb & Co. à New York.

Bertie Charles Forbes, auteur spécialisé dans les questions financières qui devait ensuite créer le magazine *Forbes* (dont l'actuel détenteur, Malcom Forbes, est le fils), écrivait six années plus tard :

> « Imaginez une équipe constituée par les plus grands financiers du pays quitter sans bruit la ville de New York dans un wagon privatisé. Tapis dans la pénombre, ils partaient à toute vitesse, discrètement, plusieurs centaines de kilomètres plus au sud. Ils s'embarquèrent alors sur un bateau mystérieux pour gagner une île déserte – en exceptant quelques domestiques – où ils demeurèrent une semaine dans une atmosphère de secret si lourde qu'aucun de leurs noms ne fut jamais cité de peur que des serviteurs pussent avoir connaissance de leurs identités et ébruiter cette mission des plus insolites et occultes de toute l'histoire de la finance nord-américaine. Ce n'est pas là une fiction, je divulgue pour la première fois à la planète entière l'histoire authentique de la façon dont le rapport monétaire Aldrich, qui n'est plus à présenter, fut concocté en vue d'instituer l'actuel système monétaire des États-Unis […] Le secret le plus absolu fut prescrit à tous les participants. Les profanes ne devaient sous aucun prétexte pouvoir recueillir le moindre bruit sur ce qui devait s'accomplir. Le sénateur Aldrich avait exigé de tous qu'ils montent dans un wagon privatisé que la compagnie ferroviaire concernée avait été intimée d'arrêter à un quai discret. Puis ce groupe partit au loin. Les journalistes new-yorkais présents furent joués […] Nelson Aldrich avait annoncé à Henry, Franck, Paul et Piatt qu'il s'apprêtait à les garder avec lui sur l'île Jekyll, à l'abri des bruits du monde, jusqu'à ce qu'ils réussissent à déterminer et décréter un système monétaire sophistiqué pour les États-Unis. Là se trouve l'origine véritable de notre actuel système de la Réserve

fédérale, dont le projet s'esquissa sur l'île Jekyll en compagnie de Paul, Frank et Henry [...] Warburg incarne le lien permettant d'unir le système Aldrich à l'état actuel des choses. C'est lui plus qu'aucun autre qui a permis que ce projet de papier puisse se concrétiser dans la réalité[4]. »

Consultons maintenant la biographie « officielle » du sénateur Nelson Aldrich :

« À l'automne 1910, six hommes partirent à la chasse : Aldrich, Shelton son secrétaire, Andrews, Davison, Vanderlip et Warburg. Plusieurs journalistes patientaient gentiment en gare de Brunswick (Géorgie). M. Davison se chargea d'aller à leur rencontre et leur adressa la parole. Les hommes de papiers s'évanouirent dans la nature et le secret de cet étrange équipage fut gardé. M. Aldrich désira savoir comment son ami s'en était sorti : celui-ci préféra ne pas lui répondre[5]. »

Davison jouissait de la réputation de savoir réconcilier les parties opposées, défi qu'il avait brillamment relevé pour J. P. Morgan dans la résolution de la Panique bancaire américaine de 1907. T. W. Lamont, un autre associé de Morgan, affirmait : « Henry P. Davison a fait office de médiateur dans l'équipée de l'île Jekyll[6]. »

Nous pouvons reconstituer les faits à partir de ces témoins. Le « wagon plombé » d'Aldrich quittait la gare de Hoboken pour conduire les financiers montés à son bord vers la Géorgie et l'île Jekyll. Quelques années plus tôt, un groupe restreint de millionnaires avait – autour de J. P. Morgan – acquis cette île en guise de villégiature hivernale. Il se donna le nom de « Société de chasse de l'île de Jekyll » et, à l'origine, ses membres n'utilisèrent l'île que pour des chasses, jusqu'à ce que nos millionnaires convinssent de ce que son climat hospitalier proposait une villégiature des plus agréables, à mille lieues des rigoureux hivers new-yorkais. Ils se firent donc de somptueuses maisons qu'ils taxaient de « bicoques » pour leurs vacances hivernales en famille. Le bâtiment de la société de chasse, un peu à l'écart, était de temps à autre réservé à des rencontres entre hommes et d'autres activités n'ayant plus grand-

---

[4] « Current Opinion », décembre 1916, p. 382.

[5] Nathaniel Wright Stephenson, *Nelson W. Aldrich. A Leader in American Politics*, New York, Scribners, 1930, chap. XXIV : « Jekyll Island ».

[6] T. W. Lamont, *Henry P. Davison*, Harper, 1933.

chose à voir avec l'art cynégétique. En ces diverses occasions, il était exigé des membres de la société non expressément invités de ne pas rejoindre ledit édifice pendant un certain temps. Ainsi, les membres avaient été avertis de ce qu'il serait réservé pendant deux semaines, avant même que la clique de Nelson Aldrich ne partît de New York.

Jekyll Island

The 5,700-acre island, with 8 miles of beach and 4,400 acres of uplands, supports every kind of natural community found on a Georgia island, thus creating an outdoor classroom for the study of the island flora and fauna.

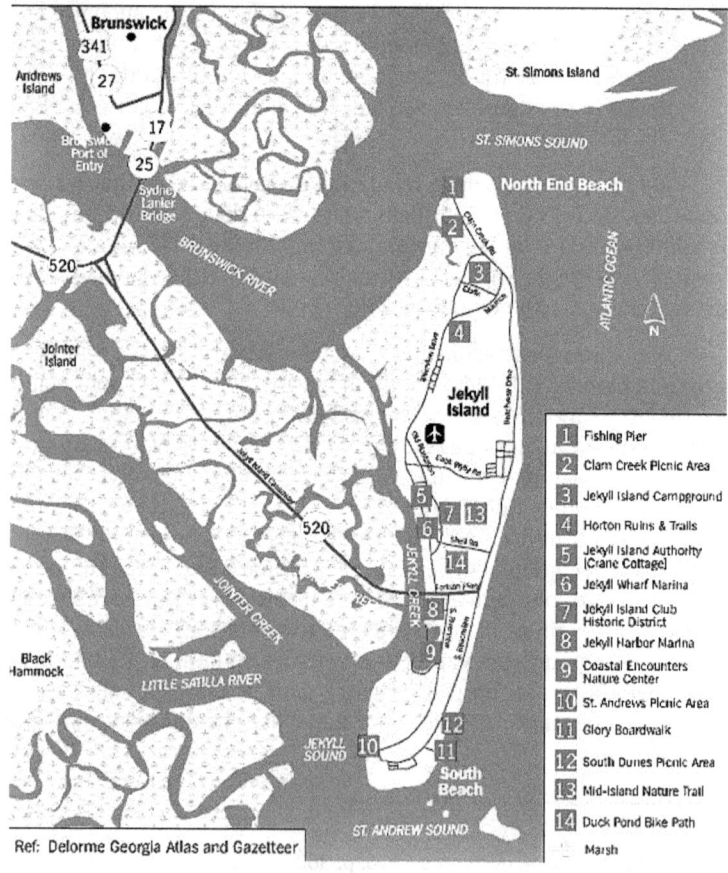

Le club de l'île Jekyll fut le lieu désigné pour l'élaboration de la loi devant contrôler la monnaie et l'argent du peuple américain, notamment en raison de sa discrétion, mais aussi parce que c'était déjà la chasse gardée de ceux qui devaient prendre part à l'opération. Par la suite, le *New York Times* mentionna le 3 mai 1931 dans la notice nécrologique de George F. Baker, l'un des associés les plus proches de J. P. Morgan : « le club de l'île de Jekyll a perdu l'un de ses membres les plus honorables. Les membres de ce club incarnaient un sixième de toutes les richesses du monde entier. » L'adhésion à cette société était exclusivement héréditaire.

Le groupe Aldrich ne s'intéressait guère à la cynégétique. L'île Jekyll fut choisie pour théâtre de l'élaboration de la banque centrale américaine dans la mesure où elle proposait l'intimité la plus totale, sans aucun journaliste à moins de 80 kilomètres de là. L'impératif du secret était tel que les membres de l'équipée avaient convenu, avant leur arrivée sur l'île de Jekyll, de ce qu'aucun de leurs noms ne devait être prononcé au cours de leur séjour devant durer deux semaines. Pour s'appeler les uns et les autres, ils durent se contenter de leurs prénoms, puisque les patronymes Warburg, Strong, Vanderlip et autres ne devaient guère être prononcés de tout le séjour. La société de chasse offrit deux semaines de congés aux domestiques habituels, et l'on fit spécialement venir pour l'occasion de nouveaux employés depuis le continent, lesquels ne pouvaient connaître les membres présents. Ainsi, même si on les avait interrogés juste après les faits, ils auraient été incapables de divulguer la moindre identité. Ces précautions s'avérèrent tellement efficace que les conjurés présents sur l'île de Jekyll à ce moment-là organisèrent par la suite à New York plusieurs petites réunions informelles.

Mais pourquoi tous ces secrets ? Pourquoi un tel voyage, sur des milliers de kilomètres, dans un wagon privatisé, et en direction d'une société de chasse coupée du monde ? Selon toute vraisemblance, il s'agissait de mener à bien un projet d'intérêt public, en vue de planifier la réforme monétaire qui devait convenir au peuple américain et qui avait été annoncée par la Commission monétaire nationale. En temps normal, de tels participants ne devraient pas être opposés à ce que leur dévouement soit largement connu. Ils tiendraient même à lire leurs noms un peu partout… Mais ce n'est pas la voie qu'emprunta le cénacle de l'île Jekyll. Nulle plaque commémorative n'y fut jamais apposée pour immortaliser les actions potentiellement désintéressées des individus qui se réunirent en 1910 au siège de leur société de chasse en vue de modifier le sort de l'ensemble des citoyens américains.

De fait, l'on aurait peine à trouver quelque désintéressement chez les conspirateurs de l'île de Jekyll. Le groupe Aldrich y séjournait à titre privé afin de décider de la législation monétaire et bancaire qui devait être ouvertement concoctée par la Commission monétaire nationale. Ce qui était en jeu, c'était le contrôle de la monnaie et du crédit des États-

Unis d'Amérique à l'avenir. Si jamais un réforme monétaire authentique avait été conçue et soumise au Congrès, eh bien, elle aurait marqué le terme du pouvoir oligarchique des créateurs d'une monnaie planétaire hégémonique. Les conciliabules de l'île Jekyll permirent que la banque centrale dont se doteraient les États-Unis offrirait à ces financiers tout ce qu'ils avaient poursuivi sans relâche.

Étant le plus qualifié d'un point de vue technique, Paul Warburg fut désigné pour assumer le rôle essentiel dans la préparation de la réforme. Les autres participants étudiaient et discutaient après coup ses travaux. Le sénateur Nelson Aldrich devait s'assurer que le texte arrêté prît la forme adéquate pour emporter l'adhésion du Congrès, tandis que les autres financiers devaient convenir au cours de cet unique séjour des garanties nécessaires pour que le projet prenne en compte tous leurs désirs : il ne pouvait y avoir de seconde rencontre une fois de retour à New York, car un second voyage aurait éventé leurs secrets.

Le cénacle de l'île Jekyll se tint neuf jours durant, travaillant sans relâche pour voir son grand œuvre aboutir. En dépit des intérêts qui unissaient les parties prenantes, des dissensions se firent jour. Le sénateur Aldrich, à l'esprit maladivement dominateur, se percevait comme étant naturellement le meneur du groupe, et il ne put se retenir de donner des ordres à tout un chacun. Seul participant à ne pas être un professionnel de la finance, il était cependant quelque peu mal à l'aise. Durant toute sa carrière les intérêts financiers avaient été tout sauf négligeables, mais il se contentait d'être actionnaire et de tirer les bénéfices des actions qu'ils possédaient. Les éléments techniques des opérations bancaires lui échappaient largement.

À l'inverse, Paul Warburg considérait que chaque interrogation suscitée au cours de leurs pourparlers méritait une étude sérieuse, et non seulement une réponse toute simple. Il ne manquait pas une occasion de réaliser un long exposé à ses camarades, ne cachant pas son malin plaisir à briller par l'étendue de ses compétences en matière financière. Ses interlocuteurs en prenaient ombrage, d'où des répliques amères de la part d'Aldrich. C'est le souci prodigieux de la diplomatie dont été gratifié Henry P. Davison qui permit de cimenter le groupe et d'achever ses travaux. L'accent tudesque très prononcé de Warburg heurtait les tympans de ses auditeurs, lesquels savaient toutefois que sa présence était indispensable pour qu'un projet de banque centrale solide et conforme à leurs intérêts puisse voir le jour. Warburg ne fit pas grand-chose pour adoucir leurs préventions et les titillait sans arrêt sur des éléments financiers techniques, dans lesquels ils voyaient son apanage.

« Dans toute conspiration, il convient de conserver le plus grand secret possible[7]. »

Le programme de « réforme monétaire » concocté sur l'île de Jekyll devait être présenté aux chambres comme étant le fruit des travaux de la Commission monétaire nationale. Il était essentiel de faire taire l'identité des véritables auteurs du texte. Depuis la Panique bancaire américaine de 1907, l'aversion de l'opinion publique contre les banquiers était si violente qu'aucun parlementaire n'aurait pris le risque d'approuver un projet de loi portant le sceau de Wall Street, quand bien même il devrait à cette officine la prise en charge de ses dépenses électorales.

Le programme de l'île Jekyll était un projet de banque centrale et les États-Unis jouissaient d'une longue tradition de résistance contre l'imposition d'une banque centrale aux citoyens américains. Tout avait commencé avec la lutte de Thomas Jefferson contre la proposition d'Alexander Hamilton (soutenu par James Rothschild) de créer la première banque des États-Unis. Le combat avait continué par la victoire du président Andrew Jackson contre le second projet porté par Alexander Hamilton, derrière lequel Nicholas Biddle était l'agent piloté par James Rothschild depuis Paris. La conséquence de ces joutes fut l'institution de l'Independant Sub-Treasury System devant garder les possessions des États-Unis hors de la portée des financiers.

Une analyse des paniques bancaires de 1873, 1893 et 1907 montre qu'elles furent le résultat des manigances des pontes londoniens de la finance internationale. L'opinion publique exigea en 1908 que le Congrès adoptât une législation visant à prévenir de nouvelles paniques bancaires provoquées par la ruse. La Commission monétaire nationale, ayant Nelson Aldrich à son gouvernail parce qu'il était le chef de la majorité au Sénat, fut mise sur pied pour entraver une telle réforme et l'infléchir dans le sens voulu.

L'enjeu primordial, selon ce que Paul Warburg avait confié à ses compères, était d'éviter la dénomination « banque centrale ». C'est pour cela qu'ils préférèrent la désignation de « système de la Réserve fédérale », en vue de tromper les observateurs et de les inciter à croire qu'il ne s'agissait en rien d'une banque centrale. Pourtant, le programme de l'île Jekyll équivalait bien à l'établissement d'une banque centrale, remplissant toutes les fonctions nécessaires que l'on attendrait d'une telle institution : elle devait être détenue par des privés

---

[7]Clarendon, *Histoire de la rébellion et des guerres civiles en Angleterre*, 1647.

qui tireraient un bénéfice de la propriété de ses actions. En outre, elle était censée contrôler la monnaie et le crédit de l'État en tant que banque émettrice.

Stephenson évoque la rencontre en question dans le chapitre qu'il consacre à l'île de Jekyll dans sa biographie d'Aldrich :

> « Comme la banque de Réserve serait-elle contrôlée ? Elle le serait par le Congrès. Le gouvernement aurait une représentation dans son directoire, et donc une connaissance exhaustive de toutes les décisions de l'institution, mais la plupart des décideurs seraient choisis – de façon directe ou indirecte – par les banques sociétaires[8]. »

La Réserve fédérale projetée devait donc être contrôlée « par le Congrès » et rendre des comptes au gouvernement, mais la plupart de ses décisionnaires seraient « de façon directe ou indirecte » désignés par les banques membres. Le comble d'intelligence du projet Warburg était la nomination du conseil des gouverneurs de la Réserve fédérale par le président des États-Unis, en faisant en sorte que les travaux de ce conseil soient chapeautés par un comité consultatif fédéral devant siéger avec les gouverneurs. Or, les membres de ce comité devaient être choisis par la direction des douze banques constituant la Réserve fédérale, en demeurant en marge du grand public.

Une autre préoccupation fut de dissimuler le fait que le « système de la Réserve fédérale » serait le jouet des maîtres de la finance new-yorkaise.

D'un point de vue électoral, les parlementaires de l'Ouest et du Sud se seraient torpillés en approuvant une proposition *made in Wall Street*. Les petits entrepreneurs et les exploitants agricoles de ces vastes régions avaient en effet beaucoup souffert des paniques monétaires passées, ce qui alimentait un vif ressentiment de l'opinion publique vis-à-vis des financiers de la côte est, ce qui produisit tout au long du XIXe siècle une mouvance politique connue sous la dénomination de « populisme ». Les archives privées de Nicholas Biddle, publiées plus de cent ans après sa disparition, démontrent que les financiers de la côte est avaient rapidement pris conscience de ce que l'opinion publique leur était fermement opposée.

---

[8]Nathaniel Wright Stephenson, *Nelson W. Aldrich. A Leader in American Politics*, New York, Scribners, 1930, chap. XXIV : « Jekyll Island », p. 379.

Sur l'île de Jekyll, Paul Warburg mit l'accent sur le subterfuge fondamental censé empêcher le citoyen lambda de deviner que son projet équivalait à l'établissement d'une banque centrale : le système des réserves régionales. Il conçut un réseau de quatre banques de réserve affiliées, lesquelles se porteraient au nombre de douze, installés en différents endroits du pays. En dehors du monde de la finance, peu d'observateurs remarqueraient que cette théorisation d'un système de réserve régionale n'était qu'une illusion pour masquer la concentration du pouvoir monétaire et de crédit national à New York.

La façon de désigner les administrateurs du système des réserves régionales susmentionné fut une autre idée émise par Paul Warburg sur l'île de Jekyll. Le sénateur Nelson Aldrich insistait pour qu'ils fussent désignés plutôt qu'élus, en écartant le Congrès de leur nomination. Son expérience des chambres lui apprenait que l'opinion des parlementaires était fréquemment opposée aux intérêts de Wall Street en raison du besoin qu'éprouvaient les élus de l'Ouest et du Sud de manifester à leur base électorale qu'ils savaient lutter contre les rapaces de la côte est.

Warburg fit savoir que les administrateurs des banques régionales qu'il avait conçues devaient bénéficier du sceau de l'exécutif, à travers le président. L'élimination aussi manifeste de tout contrôle parlementaire met en lumière le fait que le projet de Réserve fédérale était dès le départ inconstitutionnel, car le système de la Réserve fédérale ferait office de banque émettrice. L'article 1er, section 8, alinéa 5, de la Constitution des États-Unis d'Amérique attribue expressément au Congrès le « pouvoir de battre monnaie et d'en réguler la valeur ». Le programme Warburg déchargeait les chambres de cette souveraineté : les dispositifs de contrôle et de contre-balancement des pouvoirs, constitutionnellement institués par Thomas Jefferson, se retrouvaient battus en brèche. Dans le système imaginé, ses administrateurs auraient la main sur la monnaie et le crédit de la nation, leur sélection n'étant sanctionnée que par la fonction exécutive du pouvoir. La fonction judiciaire (la Cour suprême, etc.) était déjà ostensiblement inféodée à l'exécutif, en raison de la désignation des membres de la Cour suprême par le président des États-Unis.

Plus tard, Paul Warburg produisit un exposé fleuve – de près de 1750 pages ! – sur son projet : *The Federal Reserve System. Its Origin and Growth*[9]. L'île de Jekyll n'y est jamais mentionnée. Il écrit seulement (vol. 1, p. 58) :

« Tandis que les conciliabules prirent fin, à l'issue d'une semaine de débats animés, l'avant-projet de ce qui deviendrait le projet de loi Aldrich état approuvé, et le plan – présenté dans ses grandes lignes – appelait de ses vœux une "Association de la Réserve nationale", c'est-à-dire une institution centrale de réserve pour une émission facilitée de la monnaie, fondée sur l'or et le cours de l'économie. »

Warburg écrit p. 60 :

« Les conclusions de cette session furent totalement confidentielles. On ne devait pas même ébruiter le fait qu'il y eût cette rencontre. » Dans une note de bas de page, il ajoute : « Même si dix-huit années [sic] ont passé, je me sens guère autorisé à livrer une description précise de ces réunions aux participants desquelles le sénateur Aldrich avait exigé le plus grand secret. »

Il est étonnant que les révélations de B. C. Forbes[10] sur l'équipée secrète de l'île Jekyll n'aient eu que peu d'impact. Cette divulgation ne se fit que deux années après l'approbation de la loi de la Réserve fédérale par le Congrès américain, et personne n'en eut vent au moment où elle aurait pu porter des fruits, à savoir pendant les délibérations parlementaires sur le texte du projet. Les « connaisseurs » n'ont cependant pas manqué de rejeter les allégations de Forbes, ne disant y voir qu'une grotesque affabulation. Stephenson le mentionne dans son livre sur Aldrich, p. 484[11].

« Ce curieux séjour de l'île Jekyll a été largement considéré comme un mythe. B. C. Forbes avait obtenu ses informations grâce à un journaliste relatant de manière floue et brève l'événement de l'île Jekyll, mais leur publication n'eut aucun effet et fut généralement taxée de montage fantaisiste. »

Deux lignes directrices, qui ont également fonctionné, permirent la réussite de la dissimulation de la rencontre de l'île Jekyll. La

---

[9] Paul Warburg, *The Federal Reserve System. Its Origin and Growth*, volume I, p. 58, New York, Macmilan, 1930.

[10] « Current Opinion », décembre 1916, p. 382.

[11] Nathaniel Wright Stephenson, *op. cit.*, p. 484.

première, selon ce qu'évoque Stephenson, consistait à rejeter tout récit de ce type en le ravalant à un roman de fiction n'ayant aucune base réelle. Même s'il y eut de rapides mentions à l'île de Jekyll dans des livres postérieurs consacrés au système de la Réserve fédérale, l'attention de l'opinion publique ne fut pas spécialement captée. Comme nous l'avons dit, l'étude fleuve et se voulant exhaustive de Warburg au sujet du système de la Réserve fédérale n'évoque jamais l'île de Jekyll, mais il admet la tenue d'une rencontre « particulière ». Les mots « île Jekyll » ne figurent dans aucun de ses nombreux écrits ni de ses longues allocutions... sauf à une reprise. Il a en effet accédé à l'invitation du professeur Stephenson de composer un bref texte à insérer dans la biographie d'Aldrich. Cette allusion est reproduite p. 485, au sein de ce que l'on peut appeler le « mémorandum Warburg ». Là, Paul Warburg affirme : « *La question d'un taux d'escompte uniforme fut discutée et entérinée sur l'île de Jekyll* ».

Un autre participant au « club des prénoms » (dans la mesure où leurs patronymes étaient tus devant les domestiques) se montra moins mystérieux. Quelque temps après, Frank Vanderlip laissa glisser plusieurs allusions rapides à cette réunion. Il écrivait dans le *Saturday Evening Post* du 9 février 1935, p. 25 :

« Même si personnellement j'estime que la société aurait intérêt à davantage de transparence concernant les affaires des grandes entreprises, il y eut fin 1910 un motif qui me poussa à être très secret, et même soupçonneux, que pourrait l'être n'importe quel conspirateur [...] C'est parce qu'il aurait fatal pour le sénateur Aldrich que son projet fût découvert en tant que produit avec le concours de Wall Street : des précautions furent prises à cette fin, ce qui aurait enchanté un James Stillman (un financier de l'ombre et fameux qui présidait la National City Bank pendant la guerre hispano-américaine et aurait entraîné les États-Unis dans ce conflit) [...] Je ne crois pas exagérer le moins du monde en affirmant que notre rencontre confidentielle sur l'île de Jekyll fut le théâtre de l'élaboration véritable de ce qui aboutirait finalement au système de la Réserve fédérale. »

Dans un article fouillé paru le 27 mars 1983 sous le titre « Follow The Rich to Jekyll Island » dans la catégorie « Voyages » du *Washington Post*, Roy Hoopes confiait :

« En 1910, quand Aldrich et quatre experts en finance ont cherché un lieu où se réunir secrètement en vue de refondre le système monétaire des États-Unis, ils ont fait semblant de partir à la chasse sur l'île de Jekyll où ils se sont enterrés pendant dix jours, au sein d'un club, pour concocter le projet qui devait donner la Réserve fédérale. »

Par la suite, Vanderlip écrivait dans *From Farmboy to Financier*[12], son autobiographie :

> « Le vrai motif de notre équipée secrète vers l'île de Jekyll fut de concevoir ce qui se concrétiserait sous la forme du système de la Réserve fédérale. Les éléments phares du projet Aldrich se retrouvèrent tous dans la loi telle qu'elle fut votée pour instituer la Réserve fédérale. »

Le professeur E. R. A. Seligman, lié à l'établissement bancaire international J. & W. Seligman et doyen de la faculté des sciences économiques de l'université de Columbia, rédigea *Proceedings*, un essai publié par l'Académie des sciences politiques, où il écrit vol. IV, n° 4, p. 387-390 :

> « Fort peu de gens savent jusqu'à quel point les États-Unis sont débiteurs à l'égard de M. Warburg, car nous pouvons sans crainte d'être contredit affirmer que le Federal Reserve Act, dans ses éléments fondamentaux, est le produit des travaux de M. Warburg plus que de tout autre individu. La création d'un conseil [des gouverneurs] de la Réserve fédérale institue en tout point, si ce n'est la dénomination, une authentique banque centrale. La loi établissant la Réserve fédérale a repris sans réserve les éléments essentiels du projet Aldrich quant à la gestion des réserves et à la politique d'escompte, et ces éléments – tels qu'ils ont été élaborés – viennent de M. Warburg et d'aucun autre. Il ne faut pas oublier que M. Warburg n'avait en vue qu'un objectif pratique. Dans l'élaboration de son programme et dans l'étaiement de ses suggestions, marginalement améliorés au fil du temps, il devait garder à l'esprit que l'éducation d'une population ne peut être que progressive et que le plus gros de cette mission consiste à détruire les préjugés et à dissiper les soupçons. Ainsi, ses projets comprenaient d'innombrables éléments annexes voués à prémunir le grand public contre des périls fantasmés et de le persuader que l'entièreté de ses propositions était réalisable. Le désir de M. Warburg était de voir disparaître dans la loi, au fil des années, diverses clauses qui y avaient été insérées – principalement à son

---

[12] Frank Vanderlip, *From Farmboy to Financier*.

instigation – uniquement à des fins pédagogiques. »

Maintenant que la dette publique des États-Unis a dépassé les mille milliards de dollars, oui, nous pouvons admettre que nous sommes « débiteurs à l'égard de M. Warburg »... Cette dette publique était pratiquement inexistante au moment où il préparait l'institution de la Réserve fédérale.

Le professeur Seligman fait remarquer l'extrême habileté de Warburg voyant bien que la véritable mission des participants aux conférences de l'île Jekyll consistait en l'élaboration d'une réforme financière devant *éduquer la nation* progressivement, « détruire les préjugés » et « dissiper les soupçons ». La campagne accompagnant l'approbation de ce texte de loi y a parfaitement réussi.

CHAPITRE II

LE PROJET ALDRICH

> « Nelson Aldrich a mis sous sa coupe la finance et les tarifs douaniers, comme s'ils ne relevaient que de son ressort et de sa juridiction. M. Aldrich fait tout ce qu'il peut pour concocter, au moyen de la Commission monétaire nationale, une loi financière et monétaire. Des centaines et des centaines de milliers de personnes pensent sincèrement que M. Aldrich incarne à lui seul la plus grande et dangereuse menace qui pèse sur l'intérêt du peuple américain. Récemment, Ernest Newman a dit : "Ce que le Sud inflige aux Noirs dans le champ politique, Aldrich le réserverait aux Mudsills du Nord s'il disposait d'un moyen sûr et efficace pour ce faire". »
>
> – *Harper's Weekly*, 7 mai 1910

Les participants des conciliabules de l'île Jekyll regagnèrent New York et pilotèrent à l'échelle nationale une campagne de propagande visant à soutenir le « projet Aldrich ». Trois des universités les plus renommées, Princeton, Harvard et celle de Chicago, servirent de relais à cette opération et les banques nationales abondèrent une cagnotte de cinq millions de dollars afin de convaincre l'opinion américaine que ce projet de banque centrale devait être adopté par le Congrès.

Woodrow Wilson, gouverneur du New Jersey et ancien président de l'université de Princeton, fut choisi pour porte-parole du projet Aldrich. Pendant la Panique bancaire de 1907, Wilson avait affirmé : « Tous ces ennuis pourraient être évités avec un conseil de six ou sept individus au même esprit civique que J. P. Morgan pour s'occuper des affaires du pays ».

Stephenson écrivait dans sa biographie de Nelson Aldrich en 1930 :

> « Le 16 janvier 1911, une publication paraissait sous le titre de *Suggested Plan for Monetary Legislation*, par Nelson Aldrich, fondée sur les conclusions de l'île Jekyll. » Page 388, nous trouvons : « Un organisme en faveur du progrès financier fut mis sur pied. M. Warburg introduisit la possibilité de fonder une Ligue des citoyens, devenue ensuite la Ligue nationale des citoyens [...] Le professeur Laughlin, de l'université de Chicago, fut sommé de s'occuper des actions de propagande de cette organisation[13]. »

Il est à noter que Stephenson qualifie l'action de la Ligue nationale des citoyens de « propagande », ce qui rejoint les explications de Seligman voyant dans les travaux de Warburg pour « l'éducation d'une population » et « détruire les préjugés ».

Une bonne part des cinq millions de dollars de la cagnotte des financiers fut dédiée à la Ligue nationale des citoyens menée par des universitaires. Le professeur O. M. Sprague – de Harvard – et J. Laurence Laughlin – de l'université de Chicago – furent les deux propagandistes les plus zélés en faveur du projet Aldrich.

Le parlementaire Charles A. Lindbergh S[r] remarquait :

> « J. Laurence Laughlin, président du comité exécutif de la Ligue nationale des citoyens dès sa fondation, a repris ses fonctions de professeur d'économie politique au sein de l'université de Chicago. Au mois de juin 1911, le professeur Laughlin a profité d'une année sabbatique accordée par l'Université pour consacrer tout son temps à la campagne pédagogique entreprise par la Ligue [...] Il y a inlassablement œuvré et c'est en grande partie en vertu des efforts qu'il a déployés et de sa persévérance que cette campagne toucha à sa fin avec la glorieuse perspective d'être une entreprise couronnée de succès [...] Notre lecteur sait bien que l'université de Chicago a été créée par John D. Rockefeller, qui y investit cinquante millions de dollars environ[14]. »

Stephenson révèle dans sa biographie de Nelson Aldrich que la Ligue des citoyens était elle aussi une créature de l'île Jekyll. Nous découvrons au chapitre 24 que le projet Aldrich fut présenté au Congrès

---

[13]Nathaniel Wright Stephenson, *Nelson W. Aldrich. A Leader in American Politics*, New York, Scribners, 1930.

[14]Charles A. Lindbergh S[r], *Banking, Currency and the Money Trust*, 1913, p. 131.

comme étant le fruit de trois années de travaux, de réflexions et d'observations assumés par les membres de la Commission monétaire nationale, dont les dépenses excédaient les 300 000 $[15].

Le 15 décembre 1911, en témoignant devant la commission des lois à l'issue de la présentation devant le Congrès du projet Aldrich, le représentant Lindbergh expliquait :

> « Notre système financier est un mauvais système et il représente un fardeau considérable pour la population [...] Je l'ai taxé d'être un trust monétaire. Le projet Aldrich est manifestement un programme concocté pour servir les intérêts de ce trust [...] Pour quelle raison ce trust monétaire exerce-t-il à présent une pression aussi puissante en faveur du projet Aldrich, avant même que nos concitoyens ne puissent savoir ce que ce trust veut réellement faire ? »

Lindbergh prolongeait encore son propos :

> « Le projet Aldrich est le plan de Wall Street. Il rebat entièrement les cartes gouvernementales à l'instigation de celui qui s'est fait le champion d'un trust monétaire. Si besoin était, il y aurait une nouvelle panique bancaire pour intimider la population. Aldrich, rémunéré par l'État afin de représenter les Américains, préfère déposer un projet favorable aux monopoles. Ce n'est qu'à l'aide d'une très astucieuse manœuvre que la Commission monétaire nationale fut instituée. En 1907, la Terre répondait de la plus belle manière qui fût, en offrant à l'Amérique les meilleures récoltes de son histoire. Bien d'autres industries affichaient un dynamisme certain et, dans une perspective naturelle, toutes les circonstances étaient favorables à faire de cette année-là la plus prospère de toutes. Toutefois, à tout cela se sont substituées d'immenses pertes, à cause d'une panique bancaire. Wall Street savait pertinemment que l'opinion américaine réclamerait une solution contre l'éventuelle réitération d'un fait aussi peu naturel. La majorité des députés et sénateurs est tombée dans le filet tendu par Wall Street en votant la loi monétaire d'urgence Aldrich-Vreeland. Le véritable objectif était cependant de mettre sur pied une commission monétaire capable de proposer une réforme de nos règlements monétaires et bancaires devant satisfaire le cartel de la

---

[15] En 1911, le projet Aldrich fut repris par le programme officiel du Parti républicain.

monnaie. Ces intérêts restreints s'occupent présentement d'éduquer un peu partout le peuple afin de le rendre favorable au projet Aldrich. Une important somme aurait été réunie à cette fin. Mais c'est précisément les spéculations de Wall Street qui ont provoqué la Panique bancaire de 1907. L'épargne des déposants était prêtée aux spéculateurs et à tous ceux que le trust de la monnaie désirait favoriser. Au moment où les épargnant demandèrent à récupérer leurs économies, les banques ne les avaient plus, ce qui créa la panique. »

Edward Vreeland, co-auteur de cette législation, confiait dans *The Independent* (détenu par Aldrich) du 25 août 1910 : « Avec le projet monétaire porté par le sénateur Aldrich, les monopoles disparaîtront, parce qu'ils ne pourront guère toucher plus de 4% d'intérêts, et un monopole ne saurait tenir avec un taux aussi bas. Cela marquera en outre l'effacement du gouvernement dans les affaires financières. »

Les incroyables déclarations de Vreeland sont caractéristiques de l'efficacité de la propagande qui se déversait en faveur du projet Aldrich. Les monopoles s'évanouiraient... Le gouvernement s'effacerait des affaires bancaires... Une utopie !

La livraison du 19 janvier 1911 du *Nation Magazine* observait :

« Le terme de *banque centrale* est méticuleusement tu, mais il est accordé à l'"Association de la Réserve fédérale" – selon la dénomination donnée à l'organe central projeté – toutes les prérogatives et compétences habituellement attendues chez les banques centrales en Europe. »

À son retour d'Europe, la Commission monétaire nationale ne tint pas la moindre session officielle pendant presque deux années. Aucun procès-verbal ou compte rendu ne fut jamais produit pour authentifier les auteurs du projet de loi Aldrich. Dans la mesure où ils ne s'étaient pas officiellement réunis, les membres de cette commission ne pouvaient que piteusement prétendre que le texte présenté était le leur.

L'unique résultat manifeste des 300 000 $ dépensés par cette commission fut la constitution d'un fonds de trente gros ouvrages concernant les mesures financières européennes. Très caractéristique de ceux-ci, une histoire d'un millier de pages sur la Reichsbank, banque centrale contrôlant la monnaie et le crédit de l'Allemagne et dont les principaux actionnaires comprennent les Rothschild et l'établissement bancaire de la famille de Paul Warburg, la M. M. Warburg Company.

Les archives de la Commission monétaire nationale révèlent qu'elle ne fonctionna jamais à la manière d'un corps délibérant. De fait, sa seule « réunion » fut l'événement secret de l'île Jekyll, et ce dernier n'est évoqué dans aucune production de la commission. Le sénateur Cummins fit adopter par le Congrès une résolution exigeant de la commission qu'elle rende compte de ses trois années de travaux le 8 janvier 1912, en montrant les résultats concrètement obtenus. La Commission monétaire nationale cessa tout simplement d'exister devant cet obstacle.

Avec une cagnotte de 5 000 000 $, les zélateurs du projet Aldrich inaugurèrent une lutte dans laquelle tous les coups étaient permis contre leurs détracteurs. Andrew Frame fit part à la commission monétaire et bancaire de la Chambre des représentants de son avis sur l'Association des banquiers américains. Or, il portait la parole de banquiers de l'Ouest s'opposant au projet Aldrich :

Président Carter Glass. – Pour quelle raison les banques de l'Ouest n'ont-elles pas élevé la voix quand l'Association des banquiers américains a donné son accord formel et – c'est indubitable – unanime au projet présenté par la Commission monétaire nationale ?

Andrew Frame. – Je me réjouis de ce que vous attiriez mon attention sur ce point. Le projet de loi sur la monnaie n'a été rendu public que quelques jours avant la rencontre de l'Association des banquiers américains de la Nouvelle-Orléans en 1911. Pas même 1% des banquiers du pays n'avait pu en prendre connaissance, mais il y avait douze prises de position en sa faveur. Le général Hamby, d'Austin dans le Texas, a adressé une lettre au président Watts pour lui demander une occasion de s'exprimer contre le projet de loi. Il reçut une réponse des moins courtoises... J'ai donc refusé de prendre part au suffrage, et de nombreux autres banquiers ont fait de même.

M. Bulkley. – Sous-entendez-vous qu'aucun membre de cette association n'a pu exprimer une opinion discordante, contre le projet ?

Andrew Frame. – Toutes les voix contraires ont été réduites au silence.

M. Kindred. – Mais le compte rendu montre qu'il y avait quasiment eu unanimité...

Andrew Frame. – Le projet de loi avait d'ores et déjà été concocté par le sénateur Aldrich et soumis au comité exécutif de l'Association des banquiers américains en mai 1911. Quoique membre de ce comité, je n'ai reçu le texte que la veille de la délibération. De fait, quand le projet de loi est arrivé à la Nouvelle-Orléans, les banquiers d'Amérique n'avaient pu en prendre connaissance.

M. Kindred. – Le président des débats aurait-il purement et simplement écarté ceux qui auraient voulu en discuter en des termes négatifs ?

Andrew Frame. – Il n'allait permettre à aucun adversaire du projet de loi de monter au créneau.

Président Glass. – Que faut-il comprendre du fait qu'à l'occasion de la session annuelle suivante de l'Association des banquiers américains, à Détroit en 1912, ladite association ne renouvela pas son soutien au projet de la Commission monétaire nationale, plus connu sous la dénomination de « projet Aldrich » ?

Andrew Frame. – Elle n'a pas renouvelé son soutien, et les zélateurs du projet Aldrich savaient pertinemment qu'elle ne le soutiendrait plus : ils étaient attendus de pied ferme, mais ils n'ont pas remis la question à l'ordre du jour.

Le président Glass convoqua ensuite l'un des dix financiers les plus puissants d'Amérique, George Blumenthal, associé au sein de l'établissement financier international Lazard Frères et beau-frère d'Eugene Meyer fils. Carter Glass le reçut fort chaleureusement, avec ce commentaire : « Le sénateur O'Gorman, de New York, a eu l'amabilité de nous suggérer votre nom ». Une année plus tard, O'Gorman empêcherait la commission du Sénat de poser des questions potentiellement embarrassantes à son maître, Paul Warburg, en vue de sa désignation à la fonction de premier gouverneur du conseil d'administration de la Réserve fédérale.

George Blumenthal s'exprima ainsi :

« Depuis 1893, mon établissement – Lazard Frères – figure sur le devant de la scène en matière d'exportations et d'importations d'or, et, par conséquent, il est lié à tous ceux qui sont concernés par ce marché. »

Taylor, parlementaire, posa alors cette question : « Pouvez-vous nous dire quel a été votre rôle dans l'importation d'or aux États-Unis ? » Taylor fit cette demande parce que les économistes considèrent que la Panique bancaire de 1893 est le parangon des paniques monétaires provoquées par des mouvements de métaux précieux.

« Non », répondit George Blumenthal, « je n'ai absolument rien à dire sur ce point, car il n'est pas en rapport avec l'ordre du jour. »

Au cours de ces auditions, Leslie Shaw, un financier de Philadelphie, devant d'autres témoins, critiqua vivement la « décentralisation » du nouveau système, vantée à outrance. Il remarqua : « Conformément au projet Aldrich, les banquiers auront des associations locales et de district, mais le contrôle en sera centralisé. Imaginez une association locale à Indianapolis. Pourriez-vous donc ne pas désigner les trois individus qui seront à sa direction ? Ainsi que l'homme de la situation partout ailleurs ? Quand vous mettez toutes les banques dans le même panier, elles sont à même d'avoir une influence colossale en tout en Amérique, à l'exception de la presse. »

Afin d'assurer la publicité du projet de loi monétaire des Démocrates, Carter Glass rendit publics les éléments documentant les activités républicaines de la Commission monétaire nationale du sénateur Aldrich. Le rapport qu'il en fit devant la Chambre en 1913 disait : « Le sénateur MacVeagh évalue les frais de la Commission monétaire nationale à 207 130 $ au 12 mai 1911. Depuis, 500 000 $ de plus ont été dépensés, sur l'argent public. Un travail effectué à un tel prix ne saurait être chassé d'un revers de main... Cependant, après avoir analysé toute la production de cette Commission monétaire nationale, notre commission de la monnaie et de la banque n'y a pas trouvé grand-chose qui pût être efficace pour le marché financier américain. Nous nous opposons au projet Aldrich sur différents points...

– L'absence absolue de tout contrôle gouvernemental ou public adéquat sur le mécanisme bancaire projeté.

– Son penchant à confier le contrôle et les suffrages aux grandes banques du système conçu.

– Il y a dans ce système un grand danger d'inflation monétaire.

– L'hypocrisie de la proposition de financement des obligations de ces mesures, selon lesquels ce système n'aurait aucun coût pour le gouvernement – ce qui est un mensonge honteux.

– Le projet de loi est dangereux en ce qu'il implique des risques de monopole.

Dès le début de ses activités, la commission sur la monnaie et la finance a eu la nette impression que les conséquences évidentes du travail de la Commission monétaire nationale étaient la constitution d'une banque centrale. »

La dénonciation du projet Aldrich par Glass qui y devinait un plan de banque centrale passait outre le fait que sa propre proposition de Réserve fédérale revenait elle aussi aux fonctions classiques d'une banque centrale : ses actions devaient être détenues par des actionnaires privés habilité à instrumentaliser pour leur propre bénéficie le crédit du gouvernement américain ; elle devait contrôler la monnaie nationale et les possibilités de crédit ; et elle devait faire office de banque démission finançant l'État en « mobilisant » du numéraire en période de guerre.

Vera C. Smith écrivait en juin 1981 dans *The Rationale of Central Banking* : « La définition essentielle d'une banque centrale réside dans son système bancaire où une unique banque dispose d'un monopole, soit total, soit partiel en se cantonnant à l'émission de monnaie. Une banque centrale ne peut être naturellement produite par la simple vie des banques : elle est instituée de l'extérieur ou établie en tant que fruit de faveurs gouvernementales. »

La messe est dite : une banque centrale obtient son caractère prédominant grâce au monopole sur l'émission de la monnaie, lequel appartient normalement au gouvernement. C'est le cœur de son pouvoir. Dès lors, la création d'une banque centrale a directement des conséquences inflationnistes à cause d'un système de réserve fractionné permettant la création de crédit purement comptable, c'est-à-dire de l'argent virtuel, décuplant l'« argent » réellement détenue dans les banques sous la forme de dépôts ou de fonds propres.

Le projet Aldrich ne fut guère approuvé par le Congrès étant donné que les Républicains perdirent en 1910 la majorité au sein de la Chambre des représentants, puis la Sénat en 1912, en perdant également la présidence des États-Unis.

CHAPITRE 3

LA LOI INSTITUANT LA RÉSERVE FÉDÉRALE

« *Notre système financier est un mauvais système et il représente un fardeau considérable pour la population [...] Cette loi établit le plus grand monopole de la terre entière.* » –

Charles Augustus Lindbergh S^r,
membre du Congrès américain

En 1912, les prises de position du sénateur LaFollette et du représentant Lindbergh devinrent les oriflammes de l'opposition contre le projet Aldrich. Ils contribuèrent à faire monter l'aversion de l'opinion américaine contre tout trust monétaire.

Le député Lindbergh déclarait le 15 décembre 1911 : « Le gouvernement attaque d'autres monopoles devant les tribunaux, mais il soutient le trust de la monnaie. Pendant de nombreuses années, j'ai patiemment attendu l'occasion favorable de dévoiler le volume délirant de notre masse monétaire et de faire voir que nul favoritisme n'est plus scandaleux que celui du gouvernement à l'égard du cartel monétaire. »

Le sénateur LaFollette dénonça ouvertement le carcan imposé aux États-Unis par une clique d'une cinquantaine de personnes. George F. Baker, associé chez J. P. Morgan, interrogé par des journalistes au sujet de cette accusation, prétendit qu'elle était totalement infondée : il répondit que, grâce à des sources personnelles, il savait que le pays était contrôlé par huit individus tout au plus.

Le *Nation Magazine* consacra un éditorial pour rebondir sur les propos du sénateur LaFollette : « S'il y a un trust de la monnaie, encore faudrait-il savoir si celui-ci utilise son influence pour le bien ou pour le mal ».

Le sénateur LaFollette, dans ses mémoires, faisait remarquer que sa prise de position contre le trust monétaire lui avait par la suite coûté la présidence des États-Unis, tout comme le soutien de la première heure apporté par Woodrow Wilson au projet Aldrich l'avait catapulté vers cette magistrature suprême.

En fin de compte, le Congrès chercha l'apaisement vis-à-vis de l'opinion publique en instituant une commission d'enquête portant sur le contrôle de la monnaie et du crédit aux États-Unis. Il s'agissait de la commission Pujo, un comité subordonné à la commission sur la monnaie et la finance, et elle présida en 1912 aux auditions célèbres consacrées au « trust monétaire », sous la houlette du représentant Arsene Pujo, de Louisiane, considéré comme un porte-étendard des intérêts pétroliers.

Ces auditions s'éternisèrent volontairement cinq mois durant et aboutirent à 600 pages dactylographiées rassemblées en quatre volumes. Mois après mois, des financiers faisaient le trajet de New York à Washington par voie ferroviaire, pour être entendus par la commission, avant de regagner leurs pénates new-yorkais. Les séances furent décevantes au possible ; nul élément probant n'en sortit. Les banquiers déclaraient solennellement qu'ils étaient d'authentiques banquiers et faisaient valoir qu'ils n'avaient toujours agi qu'en faveur du bien commun. Ils affirmaient n'être animés que par l'idée la plus élevée qui soit de l'intérêt général, à l'image des membres du Congrès qui les écoutaient.

Nous comprendrons mieux le caractère paradoxal des auditions Pujo sur le trust monétaire en regardant de plus près l'individu qui en fut l'instigateur : Samuel Untermyer. C'est l'un des principaux donateurs de la campagne présidentielle de Woodrow Wilson et l'un des avocats d'affaires les plus fortunés de tout New York. Dans une notice autobiographie parue dans le *Who's Who* de 1926, il admet avoir reçu des honoraires de 775 000 $ pour une unique affaire : la fusion (réussie) de l'*Utah Copper Company* avec la *Boston Consolidated* and Nevada Company, une société valant 100 000 000 $.

Untermyer s'opposa à la convocation du sénateur LaFollette et du député Lindbergh qui avaient tous les deux poussé le Congrès à ouvrir l'enquête. Conseiller spécial de la commission Pujo, Untermyer présida les auditions à la manière d'un one-man show. Du début à la fin des séances, les membres du Congrès, dont le président de la commission, le représentant Arsene Pujo, restaient muets. Parmi ces observateurs silencieux, nous trouvons le représentant James Byrne, de Caroline du Sud, député de la circonscription d'origine de Bernard Baruch et deviendrait par la suite célèbre sous le sobriquet d'« homme de Baruch » quand ce dernier le mettrait à la tête du bureau de la mobilisation pendant la deuxième guerre mondiale.

Quoique spécialiste de ce domaine, Untermyer ne posa pas la moindre question aux financiers interrogés concernant le système des directoires croisés grâce auquel ils contrôlaient le secteur industriel. Il n'aborda pas davantage les mouvements d'or à l'international, considérés comme l'un des facteurs des paniques bancaires, ni les liens liant les financiers américains à leurs homologues européens. Les établissements bancaires internationaux – Eugene Meyer, Lazard Frères, J. & W. Seligman, Ladenburg Thalmann, Speyer Brothers, M. M. Warburg ou encore Rothschild Brothers – n'attisèrent pas la curiosité de Samuel Untermyer, même si le cercle financier de New York savait pertinemment que ces maisons familiales disposaient à Wall Street des succursales ou filiales.

Quand Jacob Schiff fut convoqué par la commission Pujo, M. Untermyer eut l'habileté de lui réserver des questions lui permettant de parler de longues minutes sans dévoiler ne serait-ce qu'une information concernant les activités de l'établissement bancaire Kuhn Loeb Company dont il est l'associé principal et que le sénateur Robert L. Owen avait identifiée comme étant la tête de pont des Rothschild d'Europe aux États-Unis.

J. P. Morgan, vieillissant et n'ayant plus que quelques mois à passer sur cette terre, fut convoqué par la commission afin de décrire les opérations financières qu'il avait gérées à l'international plusieurs décennies durant. Il déclara, pour l'édification de M. Untermeyer, que « la monnaie est une matière première ». C'était l'astuce favorite de créateurs de monnaie qui désiraient faire croire à l'opinion publique que la création de monnaie était un phénomène des plus naturels, analogue à la culture céréalière, alors que c'était en réalité un présent offert aux financiers par les gouvernements qu'ils contrôlaient.

J. P. Morgan expliqua également à la commission Pujo qu'il ne prend réellement en compte qu'un seul élément lorsqu'il doit accorder un prêt : la personnalité du demandeur. Sa capacité à rembourser et son patrimoine n'avaient donc que peu d'importance. Cette stupéfiante remarque abasourdit les membres déjà blasés de la commission.

La farce de la commission Pujo prit fin sans qu'un seul détracteur déclaré des créateurs de monnaie fût habilité à témoigner ou s'exprimer. Selon Samuel Untermyer, le sénateur LaFollette et le représentant Charles Augustus Lindbergh n'avait tout simplement pas droit à l'existence. Ces parlementaires réussirent toutefois à convaincre le grand public que les financiers de New York allaient s'arroger un monopole sur la monnaie et le crédit des États-Unis. À l'issue des auditions, les financiers et les journaux qui leur étaient inféodés affirmèrent que la seule manière de prévenir un tel monopole était d'adopter la loi monétaire et bancaire proposée au Congrès : c'est le projet de loi adopté une année plus tard sous le nom de « Federal Reserve Act ». La presse réclamait ainsi tranquillement la casse du monopole financier de New York tout en désirant que l'élaboration d'un nouveau système bancaire soit abandonné au plus savant de tous les banquiers : Paul Warburg...

La campagne présidentielle de 1912 fut le théâtre de l'un des revirements politiques les plus remarquables de l'histoire américaine. Le président sortant, William Howard Taft, était populaire et les Républicains, dans un contexte de prospérité générale, tenaient solidement le pouvoir grâce à leur majorité dans les deux assemblées. Woodrow Wilson, son adversaire démocrate, gouverneur du New Jersey, était un inconnu à l'échelle nationale. Cet homme sec et austère n'enthousiasmait point les foules.

Les deux partis avaient intégré dans leurs programmes respectifs un projet de réforme monétaire : les Républicains soutenaient le projet Aldrich, attaqué comme étant un plan de Wall Street ; et les Démocrates avaient conçu la future loi de Réserve fédérale. Aucun des deux mouvements ne prit la peine d'informer l'opinion américaine que ces deux projets étaient presque identiques, en dehors de leur nom.

Il semble rétrospectivement indubitable que les créateurs de monnaie avaient convenu de se débarrasser de Taft et de se ranger derrière Wilson. Comment pouvons-nous le savoir ? Taft paraissait certain d'être réélu, condamnant Wilson à regagner les coulisses, mais Theodore Roosevelt « entra en ligne » soudainement. Il déclara se porter candidat d'un tiers parti, le Bull Moose. Sans un financement exceptionnel, sa montée en scène aurait été ridicule. Il reçut cependant une publicité formidable dans les journaux, plus encore que Wilson et Taft réunis. En tant que républicain et ancien président, il était certain que Roosevelt siphonnerait largement les voix de Taft. Ce fut bel et bien le cas, et Wilson fut élu. De nos jours encore, personne ne saurait donner le programme de Roosevelt ni dire pour quelle raison il aurait saboté son propre camp. Dans la mesure où les banquiers finançaient les trois candidats, ils étaient certains de l'emporter dans tous les cas de figure.

Par la suite, des auditions parlementaires révélèrent qu'au sein de l'établissement *Kuhn, Loeb Company* Felix Warburg soutenait Taft, Paul Warburg et Jacob Schiff Wilson, et Otto Kahn Roosevelt. La conséquence en fut l'élection d'un Congrès et d'un président démocrates en 1912, pour que l'institution d'une banque centrale pût devenir réalité. Il semblait probable que le projet Aldrich, dénoncé comme étant une machination de Wall Street, présageait une lecture difficile au Congrès, étant donné que les démocrates s'y seraient violemment opposés, là où un candidat démocrate victorieux – porté par un Congrès de majorité démocrate – pourrait faire adopter ce projet de banque centrale. Taft fut laissé pour compte, parce que les financiers doutaient de ce qu'il serait capable de mener à bien le projet Aldrich. Et l'instrument de sa disparition fut… Roosevelt[16].

Afin d'embrouiller encore un peu plus l'opinion américaine et de le duper quant à l'objet réellement poursuivi par la loi instituant la Réserve fédérale, les concepteurs du projet Aldrich – l'influent Nelson Aldrich (bien qu'il ne siégeât plus au Sénat) et Frank Vanderlip, président de la National City Bank, en tête – élevèrent la voix contre le projet démocrate. Ils consentirent des entretiens à chaque fois qu'ils pouvaient trouver une caisse de résonance ; ils dénonçaient la proposition démocrate comme néfaste pour le secteur bancaire et outrancièrement favorable à l'administration. Ils brandirent l'épouvantail de l'inflation en s'appuyant sur les dispositions de la proposition concernant l'impression des billets par la Réserve fédérale. Le 23 octobre, *The Nation* remarquait : « M. Aldrich en personne a sonné l'hallali quant au problème de la "monnaie fiduciaire" du gouvernement, c'est-à-dire une monnaie frappée sans être adossée à l'or comme étalon. Pourtant, un projet de loi portant son nom avait été présenté en 1908 dans le même but. En outre, il savait pertinemment que le "gouvernement" n'aurait pas grand-chose à voir avec la création monétaire et que le conseil des gouverneurs de la Réserve fédérale serait intégralement responsable de l'émission de devises. »

Les allégations de Frank Vanderlip étaient si insolites que le sénateur Robert L. Owen, président de la toute nouvelle commission sur la monnaie et la finance au Sénat, l'accusa le 18 mars 1913 de faire une campagne publique mensongère au sujet du projet de loi. L'intérêt public, selon ce qu'avait soutenu Carter Glass dans un discours du 13 septembre 1913 devant le Congrès, se verrait protégé grâce à un comité consultatif de financiers. « Il ne saurait y avoir rien de dangereux dans ces transactions. Un comité consultatif de banquiers, représentant

---

[16]Les résultats des élections de 1912 furent, en nombre de réprésentants : Wilson = 409, Roosevelt = 167, Taft = 15.

chacune des réserves régionales du système, le [le conseil des gouverneurs] rencontrera *a minima* quatre fois l'an. Comment aurions-nous pu faire preuve de plus de prudence en faveur de la sauvegarde de l'intérêt du peuple ? »

Glass soutint que le comité consultatif fédéral projeté contraindrait le conseil des gouverneurs de la Réserver fédérale à n'agir qu'en fonction de l'intérêt supérieur des Américains.

Le sénateur Root insista sur le problème de l'inflation, affirmant que la circulation des billets de banque connaîtrait une expansion indéfinie et provoquerait une inflation colossale à cause du texte instituant la Réserve fédérale. L'histoire postérieure du système de la Réserve fédérale démontra que non seulement cette loi encouragea l'inflation, mais aussi que l'émission de monnaie pouvait être restreint, causant de la déflation, comme ce fut le cas entre 1929 et 1939.

Parmi les opposants à ce système « décentralisé », nous trouvons Alfred Crozier, un avocat de Cleveland dans l'Ohio : il fut assigné à témoigner devant la commission du Sénat pour avoir publié en 1912 un ouvrage polémique, *U.S. Money vs. Corporation Currency*[17]. Il accusait le projet de loi Aldrich-Vreeland de 1908 de n'être qu'un paravent de Wall Street, en observant que, quand un gouvernement devait émettre sa monnaie en l'adossant sur des titres détenus par des acteurs privés, la nation n'était plus libre.

Crozier assura la commission du Sénat qu'elle « devrait prohiber l'octroi ou la commercialisation de prêts proposés dans le seul dessein d'influencer la cotation de titres et le niveau de la demande en crédit, ainsi que l'augmentation concertée des taux d'intérêts de la part des banques dans le but d'impacter l'opinion publique ou l'action d'un corps législatif. Depuis plusieurs mois, les médias indépendants rapportent que William McAdoo, secrétaire au Trésor, dénonce notamment une conspiration en cours chez d'importants intérêts financiers en vue d'obtenir une contraction monétaire et un accroissement des taux d'intérêts, afin d'inciter le grand public à réclamer du Congrès l'approbation de la législation monétaire désirée par ces mêmes intérêts. Le projet de loi dit de réglementation monétaire concède précisément à Wall Street et aux grandes banques ce pour quoi

---

[17] L'étude de Crozier mettait en lumière le désir des banksters de substituer « une monnaie d'affaires » à la monnaie légale des États-Unis telle qu'elle était garantie par l'article 1er, section 8, § 5, de la Constitution.

les banksters se sont battus un quart de siècle durant, à savoir UN CONTRÔLE PRIVÉ DE LA MONNAIE EN LIEU ET PLACE DE SON CONTRÔLE PUBLIC. Il y arrive aussi intégralement que le projet Aldrich. Les deux textes spolient le gouvernement et le peuple de tout contrôle sur l'argent public et accordent aux banques le pouvoir exclusif et dangereux pour les Américains de choisir si l'argent doit être rare ou abondant. Le projet Aldrich situe ce pouvoir dans une banque centrale. Le projet de loi gouvernementale le place dans douze banques régionales, toutes exclusivement entre les mains des mêmes intérêts privés qui auraient détenu et dirigé la banque d'Aldrich. Peu avant d'être assassiné, le président Garfield avait affirmé que celui qui contrôle la masse monétaire contrôle les entreprises et les activités des gens. Un siècle plus tôt, Thomas Jefferson avait prévenu les Américains qu'une banque centrale privée émettant une monnaie publique serait vis-à-vis des libertés du peuple une menace plus grande qu'une armée d'envahisseurs. »

Il est amusant de s'arrêter sur le nombre de présidents des États-Unis assassinés après s'être inquiétés de l'émission de la monnaie publique : Lincoln, avec son dollar « Greenback » ; et Garfield, qui avait discouru sur les questions monétaires juste avant son assassinat.

Maintenant, nous entrevoyons pourquoi une campagne aussi vaste et pleine de duperies concertées s'imposait, de la réunion secrète de l'île Jekyll aux deux projets « réformateurs » analogues, quoique présentés sous des dénominations différentes par les Démocrates et les Républicains. Les financiers avaient du mal à arracher au citoyen américain la gestion de l'émission de monnaie. La Constitution le réservait au peuple, par l'intermédiaire de son Congrès, jusqu'à ce que ce dernier convînt d'abandonner ce monopole aux banquiers désirant fonder leur banque centrale. Ainsi, afin que le Federal Reserve Act pût être adopté, une influence continue devait être déployée depuis les coulisses. Cette influence fut notamment exercée par deux personnages de l'ombre, non élus : l'immigré allemand Paul Warburg et le colonel Edward Mandell House, du Texas.

Paul Warburg avait fait une apparition devant la commission financière et monétaire de la Chambre des représentants, où il avait rapidement fait part du *curriculum vitæ* : « Je fais partie de l'établissement bancaire *Kuhn, Loeb Company*. Je suis arrivé en Amérique en 1902, étant né à Hambourg, en Allemagne, où j'ai appris les subtilités monétaires, ayant suivi des études de finance à Londres et à Paris, puis voyagé dans le monde entier. Pendant la Panique bancaire de 1907, la première idée que j'ai émise était : "laissez-nous avoir une chambre de compensation nationale". Le projet Aldrich reprend différentes dispositions qui ne sont autre chose que des principes fondamentaux du secteur bancaire. Concernant ce projet [le texte Owen-Glass], vous devez rechercher la même chose : centralisation des réserves, mobilisation du crédit commercial et émission souple de la monnaie. »

L'expression utilisée par Warburg, « mobilisation du crédit », est essentielle au vu de l'imminence de la Grande Guerre, dont le financement serait la première mission du système de la Réserve fédérale. Les États européens étaient quant à eux déjà en faillite à cause de leurs banques centrales pour avoir entretenu près d'un demi-siècle durant des armées densément fournis. Par conséquent, ceux-ci étaient incapables de financer un nouveau conflit. Une banque centrale soumet nécessairement les nations à un joug inexorable en matière d'armement et de défense, provoquant un endettement vertigineux. Elle produit ainsi dans le même mouvement une dictature militaire et un asservissement bancaire en obligeant les populations à payer les « intérêts » artificiellement créés par les financiers.

Le sénateur Stone prit la parole le 12 décembre 1913 dans le contexte de la lecture de la loi sur la Réserve fédérale au Sénat :

> « Des années durant, les grandes banques ont voulu obtenir au sein du Trésor des hommes à eux pour mieux servir leurs objectifs. Je ne citerais qu'un article de *World* : "Dès l'arrivée de M. McAdoo à Washington, une femme – nommée au département du Trésor à l'instigation de la National City Bank afin de recueillir des informations de première main en matière bancaire et sur tous les sujets pouvant intéresser ce géant de Wall Street – fut révoquée. Le secrétaire et son adjoint, John Skelton Williams, furent aussitôt vertement critiqués par les relais de cet établissement de Wall Street".
>
> « J'ai moi-même été plusieurs fois mis au courant que des banquiers refusaient d'octroyer un prêt à des individus à cause de leurs divergences d'opinions. Les grandes enseignes financières de New York et Chicago se pressaient de lever des fonds colossaux en vue de soutenir la campagne du sénateur Aldrich *et alii* arpentant les États-Unis pour défendre leur projet. Dans mon propre État, des financiers m'ont avoué qu'il avait été exigé d'eux qu'ils participent à cette cagnotte et qu'ils s'étaient exécutés de peur d'être mis sur la touche et boycottés. Il y a sur notre sol des banquiers ennemis du bien commun. Par le passé, la vigueur de l'industrie américaine a pu se retrouve paralysée par une poignée de banques géantes, à la seule fin de conserver leur

pouvoir exclusif sur les activités financières et les affaires économiques de notre pays. »

Dans son autobiographie, Carter Glass signale avoir été convoqué à la Maison-Blanche par Woodrow Wilson qui lui affirma avoir le projet d'émettre des obligations d'État de réserve. Et voici ce que décrit Glass : "Je restai un instant sans voix. Puis je protestai. Il n'y a aucune obligation gouvernementale ici, Monsieur le Président. Wilson me répondit qu'il avait été obligé d'accepter un compromis à ce sujet, dans le but de sauver le texte. »

L'expression « compromis à ce sujet » provenait directement de Paul Warburg. Dans *Roosevelt*[18], *Wilson and the Federal Reserve Law*, le colonel Elisha Ely Garrison écrivait : « En 1911, Lawrence Abbot – agent personnel de M. Roosevelt au sein de *The Outlook* – me remit une copie du fameux projet Aldrich de réforme monétaire. Je fis savoir que j'étais incapable de croire que l'auteur en était M. Warburg. Ce projet est identique au texte Aldrich-Wreeland prévoyant d'émettre des devises contre des titres. Warburg le sait tout comme moi. J'allai le voir aussitôt pour l'interroger à ce sujet. – Je veux connaître la vérité ! – Oui, c'est moi qui l'ai conçu. – Pourquoi donc ? lui demandai-je. – Il s'agit d'un compromis, expliqua Warburg[19]. »

Garrison affirme que le 8 février 1912 Warbug lui écrivit ceci :

« Je suis absolument certain qu'après une discussion approfondie vous verrez les choses de la même façon que moi, ou alors je les verrai comme vous – mais je préférerais que vous les voyiez comme moi. »

C'est une autre expression notable chez Warburg. Faisant en coulisse pression auprès de membres du Congrès afin de les pousser à servir ses intérêts, il proférait la menace à peine voilée de ce qu'il espérait qu'ils *verraient les choses à sa manière*. Tous ceux qui passèrent outre se virent, à l'occasion de l'échéance électorale suivante, confrontés à des adversaires soutenus par d'importantes sommes pour les faire gagner.

Le colonel Garrison, agent de la banque Brown Brothers (par la

---

[18]Theodore Roosevelt.

[19]Elisha Ely Garrison, *Roosevelt, Wilson and the Federal Reserve Law*, Boston, Christopher Publications, 1931.

suite Brown Brothers Harriman), avait d'excellentes relations avec le gratin financier. Du colonel House, il écrivait : « Le colonel House est parfaitement en phase avec le premier projet de M. Warburg ». Page 337, il cite ce même colonel House :

> « Je préconise en outre que le conseil supérieur compte cinq membres au lieu de quatre, et que leur mandat dure dix ans plutôt que huit, afin de permettre une meilleure stabilité et de priver le président du pouvoir de bouleverser la composition de ce conseil au cours de son mandat. »

« [P]river le président du pouvoir » : cette expression de House est déterminante, car, effectivement, par la suite les présidents sont demeurés impuissants à modifier le cours des événements. Ils n'avaient aucune prise sur la composition du conseil des gouverneurs pour y imposer une majorité semblable à celle de leur mandat présidentiel. Dans son ouvrage, Garrison dit encore :

> « Paul Warburg est l'organisateur de la loi instituant la Réserve fédérale après l'animosité et le soulèvement nationaux suscités par le projet Aldrich. Le baron Alfred Rothschild, de Londres, est le cerveau de ces deux projets. »

Le rabbin Stephen Wise évoque dans son autobiographie *Challenging Years* le colonel Edward Mandell House[20] sous les traits d'un « secrétaire d'État officieux ». House et Wilson savaient parfaitement qu'en promulguant la loi instituant la Réserve fédérale ils créaient un organe plus puissant encore que la Cour suprême. En réalité, le conseil des gouverneurs de la Réserve financière faisait office de cour suprême financière : il était impossible de faire appel de ses décisions.

En 1911, alors que Wilson n'était pas encore président des États-Unis, House s'était terré chez lui, au Texas, afin d'y terminer la rédaction d'un ouvrage intitulé *Philip Dru, Administrator*. Il s'agissait en apparence d'un roman, mais c'est en réalité le programme détaille d'un gouvernement américain futur qui, d'après House, « établirait le socialisme tel que Karl Marx l'avait rêvé ». Ce « roman » prévoyait l'institution d'un impôt sur le revenu progressif, d'un impôt sur les bénéfices, d'une assurance chômage, de la sécurité sociale ainsi que d'un système monétaire flexible. En bref, c'était l'ordre du jour politique que suivraient par la suite les administrations Woodrow

---

[20] Voir l'entrée « House » dans « Biographies ».

Wilson et Franklin D. Roosevelt. La maison B. W. Huebsch de New York publia de façon « anonyme » cet ouvrage qui circula amplement dans les milieux de gouvernement connaissant très probablement l'identité de son auteur.

George Sylvester Viereck[21], lequel connaissait de longue date House, commit par la suite un ouvrage où il évoquait les liens unissant Wilson et House : *The Strangest Friendship in History*[22]. Westbrook Pgler, chroniquer pour *Hearst* entre 1932 et 1956, entendit parler de l'ouvrage *Philip Dru* et contacta Viereck en 1955 afin de lui demander s'il en aurait un exemplaire. Viereck lui adressa celui qu'il possédait, et Pegler fit un article dessus, où il déclarait :

> « Parmi les institutions brièvement décrites dans *Philip Dru*, nous trouvons le système de la Réserve fédérale. Les Schiff, Warburg, Kahn, Rockefeller et Morgan se confiaient pleinement en House. Les intérêts des Schiff, Rockefeller et Morgan étaient physiquement représentés à l'occasion du mystérieux conciliabule de l'île Jekyll. Frankfurter atterrit à la faculté de droit de Harvard grâce aux contributions consenties par Felix et Paul Warburg, et, de fil en aiguille, nous avons eu Alger et Donald Hiss, Lee Pressman, Harry Dexter White et bien d'autres protégés de la Little Weenie[23]. »

Les opinions positivement socialistes de House s'étalaient sans ambages dans *Philip Dru, Administrator*, et ce notamment aux p. 57-58 où House écrit :

> « D'une manière directe et vigoureuse, il faisait voir que notre

---

[21] Cf. la notice « Viereck » dans « Biographies ».

[22] George Sylvester Viereck, *The Strangest Friendship in History. Woodrow Wilson and Col. House*, New York, Liveright, 1932.

[23] Le présent auteur se trouvait avec Viereck dans sa suite de l'hôtel Belleclaire quand Pegler le contacta pour lui demander l'ouvrage. Viereck le lui transmit par son secrétaire. Il riait de savoir Pegler aussi excité : "Avec ça, il devrait nous pondre un bon article !" me confia Viereck. De fait, Pegler signa un excellent billet. Il était cependant allé trop, mal lui en prit, en évoquant les Warburg. Tant qu'il limitait ses attaques à "La Grande Bouche" (Eleonore Roosevelt) et à son époux, on lui avait permis de continuer, mais comme il avait rendu public le lien unissant Warburg au cercle d'espions communistes de Washington sa signature fut aussitôt réprouvée par les grands journaux de la ville et la longue carrière de Pegler prit fin.

civilisation avait totalement tort étant donné qu'elle limitait – entre autres – l'efficacité, alors que personne ne manquerait de nourriture ou d'habits si la société était bien organisée. La conséquence ? C'était que les législations, les usages et les comportements en vigueur étaient également responsables de l'inégalité des chances et des profondes disparités observées entre une poignée de privilégiés et la populace. Cet état de fait avait pour fruit de rendre inefficace une importante portion de la population, dont la proportion d'efficience variait en fonction des pays, en fonction du rapport éducation-instruction-lois altruistes/ignorance-superstition-lois intéressées[24]. »

Dans son roman, House (*alias* Dru) s'imagine devenir dictateur et imposer à la population ses opinions révolutionnaires. Nous lisons à la page 148 : « Ils convenaient de ce que Dru était l'homme de la situation et qu'un cerveau providentiel avait enfin fait irruption dans la République ». *Infra*, il se dote du grade général : « Le général Dru rendit public son dessein de concentrer tous les pouvoirs attendus d'un dictateur […] Il les avait convaincus de ce qu'il était dépourvu de toute ambition personnelle […] Il s'autoproclama "administrateur de la République"[25]. »

Ce rêveur s'imaginant dictateur parvint dans la réalité à se hisser au rang de conseiller intime du président des États-Unis et à voir nombre de ses fantasmes devenir des lois ! Il donne à la page 227 la liste des législations qu'il aurait aimé promulguer en tant que dictateur : parmi celles-ci, nous trouvons les lois sur les pensions de retraite, les indemnités de chômage pour les salariés, les marchés coopératifs, un système bancaire de réserve fédérale, les prêts collaboratifs, les agences nationales pour l'emploi et autres « lois sociales ». Certaines furent adoptées sous la présidence Wilson ; d'autres durent attendre Franklin

---

[24]Col. Edward M. House, *Philip Dru, Administrator*, New York, B. W. Heubsch, 1912.

[25]Nous avons pris cette citation, extraite de *Philip Dru, Administrator* publié en 1912 par le colonel House, afin de démontrer son esprit marxiste et totalitaire. Huit années durant, House serait le principal conseiller du président Wilson. Par la suite, il poursuivrait son travail d'influence au sein de l'administration Franklin D. Roosevelt. Depuis son domicile de Magnolia (Massachusetts), House conseillait Roosevelt par l'intermédiaire de Felix Frankfurter qui se rendait régulièrement à la Maison-Blanche. Ce même Frankfurter serait par la suite désigné par Roosevelt à la Cour suprême.

D. Roosevelt qui, en réalité, s'inscrivait dans la droite ligne de l'administration Wilson. Le personnel avait de fait peu varié, et House continuait de superviser le gouvernement depuis les coulisses.

À l'image de la majorité des acteurs de l'ombre évoqués dans le présent ouvrage, le colonel Edward Mandell House était inféodé à l'inévitable « London connection ». Issu d'une famille néerlandaise, les « Huis », ses ancêtres, avaient vécu en Angleterre pendant près de trois siècles. Son père s'installa au Texas où il dut sa fortune à son activité de contrebande pendant la guerre de Sécession. Il vendait du coton et d'autres biens de contrebandes à ses relations britanniques, parmi lesquelles se trouvaient les Rothschild, et il prodiguait aux Texans acculés des produits de toutes sortes. House père n'avait guère confiance dans le sort incertain du Texas, si bien qu'il déposa prudemment tous les gains qu'il avait tirés de son commerce interlope à la banque Baring de Londres[26].

Il était l'un des individus les plus fortunés de tout le Texas à la fin de la guerre de Sécession. Son fils doit le prénom de « Mandell » à l'un des négociants dont il était l'associé. D'après Arthur Howden Smith, quand House père s'éteignit en 1880, ses biens furent partagés entre ses fils de cette façon : la firme bancaire pour Thomas William, la plantation sucrière pour John, et les plantations de coton – dégageant un revenu annuel de 20 000 $ – pour Edward Mandell[27].

Âgé de 12 ans, le jeune Edward Mandell House eut une méningite. Peu après, une insolation le paralysa : il demeura presque invalide et ses séquelles lui conféraient un étrange aspect asiatique. Il n'avait jamais embrassé la moindre profession, mais l'argent hérité de son père lui permit de s'ériger en faiseur de rois au sein de la vie politique texane,

---

[26]*Dope, Inc.* décrit ainsi la banque Baring : « Baring Brothers, première banque commerciale de l'opium, de 1789 à nos jours, entretenait également des relations étroites avec des familles de Boston [...] Au crépuscule du XIXe siècle, le banquier le plus important du groupe érigea la maison Morgan – laquelle prenait elle aussi part au trafic de l'opium en Orient [...] Les activités de Morgan en Extrême-Orient comprenaient le trafic de l'opium, sous le sceau officiel britannique [...] Le cas Morgan mériterait une attention particulière de la part des services de police et des agences de contrôles américains, en raison des liens étroits reliant le Morgan Guaranty Trust aux banques britanniques spécialisées dans la drogue. »

[27]Arthur Howden Smith, *The Real Col. House*, New York, Doran Company, 1918.

faisant élire cinq gouverneurs successifs, entre 1893 et 1911. Cette dernière année, il se rangea derrière Wilson dans la course présidentielle et lui servit sur un plateau d'argent la représentation texane, déterminante, qui assura son succès. C'est le 21 mai 1912, à l'hôtel Gotham, que House rencontra pour la première fois Wilson.

George Sylvester Viereck écrit dans *The Strangest Friendship in History. Woodrow Wilson and Col. House* :

« – Qu'est-ce qui était à la base de votre amitié ? demandai-je à House. – L'harmonie de nos personnalités et de nos opinions, me répondit-il. – Quels étaient votre objectif et le sien ? – Concrétiser dans la législation des projets généreux et progressistes[28]. »

House précisa à Viereck qu'il remit 35 000 $ à Wilson lorsqu'il le visita à la Maison-Blanche. Ce montant ne fut dépassé que celui consentit par Bernard Baruch au même Wilson : 50 000 $.

La concrétisation triomphale des projets de House n'échappe guère à l'attention des autres intimes de Wilson. House écrit à la page 157 du 1er volume de *The Intimate Papers of Col. House* : « Certains membres du cabinet, tel MM. Lane et Bryan, émettaient des commentaires quant à l'influence que Dru exerçait sur le président. "Tout ce que le livre avait esquissé se produit", observa Lane. "À la fin, le président, c'est Philip Dru"[29]. »

Toujours dans *The Intimate Papers of Col. House*, l'intéressé mentionnait plusieurs initiatives qu'il avait prises en faveur du Federal Reserve Act : « 19 décembre 1912. J'ai conversé avec Paul Warburg par téléphone au sujet de la réforme monétaire. Je lui ai fait part de mon passage à Washington et de ce que j'y avais accompli pour que tout aille comme sur des roulettes. Je lui ai précisé que le Sénat et les membres du Congrès paraissaient bien enclins à faire ce qu'il souhaitait et que le président Wilson, qui devait bientôt être investi, avait des idées précises sur la question[30]. »

Voilà donc le colonel House, agent de Warburg à Washington, assurant ce dernier que le Sénat et les membres du Congrès agiraient

---

[28] George Sylvester Viereck, *The Strangest Friendship...*, op. cit.

[29] Col. Edward Mandell House, *The Intimate Papers of Col. House*, éd. Charles Seymour, Houghton Mifflin Co., 1926-1928, vol. I, p. 157.

[30] *Ibid.*, vol. I, p. 163.

selon ses vœux, et que le futur président « avait des idées précises sur la question ». Dans une telle atmosphère, tout semblant de gouvernement représentatif s'était évanoui.

House continue, dans ses *Papers* :

« 13 mars 1913. Warburg et moi eûmes une conversation privée au sujet de la réforme monétaire.

« 27 mars 1913. M. J. P. Morgan fils et M. Denny, de son entreprise, sont arrivés à 17 h très exactement. McAdoo est arrivé une dizaine de minutes plus tard. Morgan avait un programme monétaire déjà tout prêt et relié. Je lui ai soufflé l'idée de le faire dactylographier pour que le tout ne fasse pas trop arrangé à l'avance, puis de le transmettre à Wilson (et moi-même) le jour même.

« 23 juillet 1913. J'ai tâché de démontrer au maire de Boston, Quincy, l'irresponsabilité des banquiers de l'Est s'opposant au projet de réforme monétaire. J'ai montré à Henry Higginson[31] comment ce texte de loi avait été minutieusement élaboré. Juste avant son arrivé, j'avais fini de lire un rapport du professeur Sprague, de Harvard, sur l'analyse faite par Paul Warburg du projet de loi Glass-Owen. J'en ferai part à Washington demain. Tous les financiers que Warburg savait avoir des connaissances pratiques sur le sujet ont été invités à prendre part à la rédaction du projet de réforme.

« 13 octobre 1913. Paul Warburg a été mon premier visiteur de la journée. Il est venu parler du problème monétaire. Il n'approuve pas un certain nombre de disposition du projet de réforme Glass-Owen. Je lui ai fait la promesse de le mettre en relation avec McAdoo et le sénateur Owen pour qu'il puisse en débattre avec qui de droit.

« 17 novembre 1913. Paul Warburg a appelé au sujet de son voyage à Washington. Plus tard, il est venu chez moi avec M. Jacob Schiff. Ils ne sont restés que quelques minutes. C'est principalement Warburg qui a pris la parole. Il avait une nouvelle proposition à faire concernant le regroupement des banques de réserve ordinaires, pour que ces éléments soient davantage soudés entre eux et aient une relation plus directe avec le conseil [des

---

[31] Le banquier le plus important de tout Boston.

gouverneurs]. »

Dans *The Strangest Friendship in History. Woodrow Wilson and Col. House*, George Sylveste Viereck écrivait : « Les Schiff, Warburg, Kahn, Rockefeller et Morgan se confiaient pleinement à House. Ce dernier servit d'intermédiaire entre la Maison-Blanche et les banques quand la législation sur la Réserve fédérale prit enfin une forme aboutie[32]. »

Page 45, Viereck observe : « Le colonel House estime que ce système monétaire est le couronnement de l'administration Wilson[33] ».

Le texte Glass (la version House pour la loi définitive instituant la Réserve fédérale) fut approuvé par la Chambre des représentants le 18 septembre 1913 par 287 voix pour et 85 contre. Le Sénat adoptait sa propre version le 19 décembre 1913 – pour : 54 ; contre : 34. Les différences notables à départager entre la version du Sénat et celle de la Chambre des représentants dépassaient les 40, de sorte que l'on fit croire aux adversaires du projet de réforme, dans les deux chambres du Congrès, que bien des semaines s'écouleraient encore avant le réexamen du texte. Les membres du Congrès s'apprêtaient à quitter Washington pour les vacances de Noël, pensant que l'ordre du jour n'évoquerait pas le projet de loi avant la nouvelle année. C'est ici que les banksters conçurent et consommèrent le plus bel acte de leur plan : ils départagèrent en un seul jour la totalité des 40 amendements et le soumirent aussitôt aux suffrages. Ainsi, la loi était approuvée le lundi 22 décembre 1913 par la Chambre des représentants (282 pour, 60 contre) et le Sénat (43-23).

Le *New York Times* évoqua cette loi dans son éditorial du 21 décembre 1913 :

« New York disposera d'une base plus solide pour son développement financier et la ville devrait bientôt devenir le cœur monétaire de la planète entière. »

En lettres capitales, le *New York Times* titrait en une le 22 décembre 1913 :

LE PROJET DE RÉFORME MONÉTAIRE POURRAIT ÊTRE ENTÉRINÉ AUJOURD'HUI. À 1 H 30 CE MATIN, LES

---

[32] George Sylvester Viereck, *The Strangest Friendship...*, *op. cit.*

[33] *Id.*

PARLEMENTAIRES AVAIENT APLANI PRESQUE TOUTES LEURS DIVERGENCES. PAS DE GARANTIES SUR LES DÉPÔTS. LE SÉNAT CÈDE SUR CE POINT, MAIS IL FAIT PASSER BON NOMBRE DE CHANGEMENTS.

« À une allure inouïe, le Congrès voué à aplani les divergences entre la Chambre de représentants et le Sénat quant au projet de loi sur la monnaie avait pratiquement terminé ses travaux, tôt ce matin. Samedi, les parlementaires n'ont guère fait plus qu'expédier les questions préliminaires, se réservant le dimanche pour mener à bien l'étude des 40 principaux points d'achoppement […] Aucun autre texte important ne sera examiné cette semaine dans aucune des deux chambres du Congrès. Leurs membres se préparent déjà à quitter Washington. »

Le *New York Times* disait bien : « une allure inouïe ». Derrière cette tactique de finition, nous pouvons deviner l'habileté de Paul Warburg. Plusieurs des adversaires les plus zélés du projet de loi avaient déjà quitté Washington. De tout temps, le fair-play politique exigeait que jamais un texte important ne soit soumis au vote la semaine précédant Noël. Cet usage fut cependant balayé d'un revers de main pour imposer au peuple américain le Federal Reserve Act.

Le *Times* reproduisit discrètement une courte citation du représentant Lindbergh déclarant que « cette loi établit le plus grand monopole de la terre entière » et cita le député de Guernsey dans le Maine, un républicain membre de la commission sur la monnaie et la finance de la Chambre des représentants : « C'est un projet de loi inflationniste. L'unique question à éclaircir concerne la gravité de l'inflation. »

Voici ce que Lindbergh affirma devant la Chambre des représentants en cette journée mémorable :

« Cette loi établit le plus grand monopole de la terre entière. Un gouvernement occulte, celui du pouvoir monétaire, aura droit de cité au moment même où le président promulguera ce texte législatif. Le peuple ne s'en rendra pas tout de suite compte, mais un jugement sera possible dans quelques années seulement. Bientôt, les trusts réaliseront qu'ils sont allés trop loin, y compris par rapport à leurs intérêts. Les Américains devront proclamer leur indépendance s'ils veulent se délivrer de ce joug monétaire. Pour cela, il leur faudra contrôler le Congrès. Les lobbyistes de Wall Street n'auraient guère pu nous duper si vous, députés et sénateurs, n'aviez transformé ce Congrès en une vaste blague […] Si notre Congrès représentait la population, il serait gage de stabilité. Ce système monétaire est le plus grand crime du Congrès. Le crime légal le plus scandaleux de toute l'histoire est dû à ce texte de loi financier. De nouveau, groupes parlementaires et leaders des partis ont privé le peuple d'un gouvernement autonome. »

Le *New York Times* publia dans son éditorial du 23 décembre 1913 une observation à mille lieux des critiques de Lindbergh : « Le projet de loi monétaire et bancaire s'est amélioré et s'est enrichi au Capitole à chaque va-et-vient d'une chambre à l'autre. Le Congrès a œuvré sous le regard des Américains pour réaliser cette loi. »

Le *New York Times* voulait probablement dire, par « sous le regard des Américains », *sous le regard de Paul Warburg*, qui avait plusieurs jours bénéficié d'un modeste bureau Capitole afin de superviser l'opération triomphale terminée avant Noël et qui permit l'adoption de cette loi, sénateurs et députés acquis à la cause le rencontrant à tout moment afin de suivre ses consignes.

La « rapidité inouïe » grâce à laquelle le Federal Reserve Act fut adoptée par le Congrès pendant ce que l'on appellerait aujourd'hui « le crime de Noël » couvrit un imprévu : Woodrow Wilson n'en était pas au courant, alors qu'on lui avait affirmé – comme à bien d'autres – que le texte ne serait guère réexaminé avant la nouvelle année. Il se refusa donc à promulguer la loi, s'opposant à ses stipulations concernant la désignation des directeurs de « catégorie B ». Dans sa biographie de Bernard Baruch, William L. White relate que ce personnage, plus important donateur de la campagne de Wilson, fut surpris d'apprendre que Wilson se refusait à parapher le texte. Il se rendit aussitôt à la Maison-Blanche et déclara au président qu'il ne s'agissait que d'un point de détail, lequel pourrait être abordé postérieurement à l'aide de « circulaires administratives ». L'essentiel était que le Federal Reserve Act fût promulgué sans tarder. Wilson signa, grâce à cette autorité de poids, cette législation le 23 décembre 1913. L'histoire prouverait qu'en ce jour maudit la Constitution des États-Unis a cessé d'être le texte de référence organisant le peuple américain, vu que ses libertés furent livrées à un groupuscule de financiers apatrides.

Le *New York Times* du 24 décembre 1913 titrait sa une comme suit : « WILSON PROMULGUE LA LOI MONÉTAIRE ! » Deux autres gros titres, toujours en majuscules, suivaient juste au-dessous : « LA PROSPÉRITÉ POUR LA LIBERTÉ », et : « AU SOUTIEN DE TOUTES LES CLASSES SOCIALES ». Qui pourrait donc se dresser contre une législation devant profiter à tout un chacun ? Le *New York Times* peignait l'ambiance joviale qui entoura la promulgation du texte par Wilson, en présence de sa famille et de personnalités officielles. Le quotidien jubilait : « La magie de Noël entourait l'événement ».

Rixey Smith affirme dans sa biographie de Carter Glass que les témoins de cette promulgation furent notamment le vice-président Marshall, le secrétaire Bryan, Carter Glass, le sénateur Owen, le secrétaire McAdoo, le porte-parole Champ Clark et quelques hauts-fonctionnaires du Trésor. Aucun des véritables concepteurs du texte (les comparses de l'île Jekyll) n'était présent : ceux-ci s'étaient prudemment soustraits au feu des projecteurs pour savourer leur victoire dans l'ombre.

Rixey Smith déclare en outre : « C'était comme si Noël avait été fêté avec deux jours d'avance. » Jacob Schiff écrivait le 24 décembre 1913 au colonel House : « Mon cher colonel House, je tiens à vous remercier pour le travail discret, mais ô combien efficace, que vous avez réalisé en faveur de la loi sur la monnaie, et vous féliciter de ce que ce projet a pu se concrétiser sous forme de loi. Tous mes vœux les meilleurs, très sincèrement, JACOB SCHIFF ».

Moore, représentant du Kansas, commenta l'adoption du texte en prenant la parole devant la Chambre des représentants : « Désormais, le président des États-Unis se fait le dictateur absolu des finances du pays. Il désigne un conseil de surveillance de sept individus appartenant tous à son parti politique, et cela même si ce dernier est minoritaire au Congrès. En dernier ressort, c'est le secrétaire au Trésor qui devra trancher dès qu'il y aura un désaccord entre lui-même et le conseil des gouverneurs, tandis qu'un seul et unique membre de ce conseil pourra être remplacé pendant le mandat du prochain président. »

Originellement de dix années, le mandat des membres du conseil des gouverneurs fut porté à quatorze ans par la loi bancaire de 1935 : cela signifiait que ces décideurs de la nation américaine en matière financière restaient en fonction plus longtemps que la durée de trois mandats présidentiels successifs, alors même qu'ils n'étaient guère élus par le peuple.

Si le colonel House, Jacob Schiff et Paul Warburg savouraient l'incomparable bonheur du devoir accompli, d'autres protagonistes du drame furent sujets à des remords tardifs. En 1916, Woodrow Wilson confiait (cf. *National Economy and the Banking System*, documents sénatoriaux, n° 3-223, 76e Congrès, 1re session, 1939) : « Notre système de crédit est concentré (au sein du système de la Réserve fédérale). En conséquence, la croissance de la nation et de l'ensemble de nos activités se trouve entre les mains de quelques individus. »

Quand Clarence W. Baron demanda à Warburg s'il approuvait la législation telle qu'elle avait été finalement promulguée, ce dernier répondit : « Ah ! elle ne comprend pas exactement tout ce que nous désirions, mais ce qui manque pourra toujours être ajouté par la suite au moyen de décisions administratives. »

La plupart des historiens contemporains attribuent le mérite de cette loi à Woodrow Wilson et à Carter Glass alors même que, de tous les personnages impliqués, Wilson est celui qui eut le moins de rapports avec le processus parlementaire d'adoption. George Creel, un journaliste chevronné de Washington, observait dans le *Harper's Weekly* du 26 juin 1915 : « Du côté du Parti démocrate, Woodrow Wilson n'avait aucune influence, hormis son patronage présidentiel. Ce fut Bryan qui s'occupa de la discipline du vote du Congrès concernant les tarifs douaniers, l'abrogation des droits de péage du canal de Panama et la loi monétaire. » Plus tard, M. Bryan écrirait : « Voici bien la seule chose que je regrette de toute ma carrière politique : le rôle que j'eus pour garantir l'adoption du Federal Reserve Act. »

The Nation commentait le 25 décembre 1913 : « La Bourse de New York a connu un regain de croissance non interrompue dès lors que fut notoire le fait que le Sénat s'apprêtait à approuver le Federal Reserve Act. »

Cela contredit l'allégation faisant du Federal Reserve Act une loi de réforme monétaire. Généralement, il faut considérer la Bourse de New York comme étant le baromètre le plus fiable pour connaître la signification profonde des législations promulguées à Washington. Le sénateur Aldrich signala également n'avoir plus aucun doute à l'égard du Federal Reserve Act. Dans un titre de presse qu'il détenait et auquel il avait donné le nom de *The Independent*, il écrivit en juillet 1914 : « Avant l'adoption de ce texte, les financiers new-yorkais ne pouvaient dominer que les réserves de New York. Désormais, nous pouvons dominer toutes les réserves bancaires d'Amérique. »

H. W. Loucks attaqua le Federal Reserve Act dans *The Great Conspiracy of the House of Morgan* : « Ils ont arraché au peuple, par le Federal Reserve Act, le pouvoir constitutionnellement garanti de battre la monnaie et de réguler sa valeur, pour se le transférer à eux-mêmes ». Loucks explique encore, page 31 : « La maison Morgan est désormais aux commandes de l'industrie, du commerce et des affaires publiques. Elle exerce un contrôle total sur les prises de décision des politiques issus des partis démocrate, républicain et progressiste. L'incroyable campagne actuelle en faveur d'une « préparation » est davantage planifiée pour une coercition interne que pour se défendre d'agressions extérieures[34]. »

La promulgation du Federal Reserve Act par Woodrow Wilson parachevait plusieurs années de collaboration avec le colonel House – son grand ami – et Paul Warburg. Franklin D. Roosevelt était l'un des personnages dont House fit la connaissance au sein de l'administration Wilson, où il était secrétaire délégué à la Marine. Franklin D. Roosevelt fit un « pèlerinage » chez le colonel House à Magnolia dès qu'il eut obtenu l'investiture du Parti démocrate aux élections présidentielles de 1932. Après la parenthèse républicaine de la décennie 1920, Roosevelt acheva la réalisation des objectifs de *Philip Dru, Administrator*[35] que Wilson n'avait pu atteindre. Les succès de Roosevelt comprenaient : la promulgation d'un système de sécurité sociale, l'impôt sur les bénéfices et la création d'une tranche d'impôt sur le revenu allant jusqu'à 90% des revenus.

Charles Seymour, biographe de House, a écrit : « Il était fatigué des intrigues entourant partis politiques et investitures. Même le rôle qu'il avait joué dans les réformes politiques utiles (le Federal Reserve Act, la révision des droits de douane et la réforme de l'impôt sur le revenu) ne le satisfaisait guère. À partir de début 1914, il consacra une partie toujours plus importante de son temps à ce qu'il considérait comme la forme la plus élevée de politique, pour laquelle il se sentait spécialement compétent : les affaires internationales[36]. »

En 1938, peu avant son décès, House confia à Charles Seymour :

« Ces quinze dernières années, même si peu l'auront soupçonné, j'étais au cœur des événements. Nulle personnalité étrangère d'importance ne venait en Amérique sans me rencontrer. J'étais proche des milieux qui assurèrent l'investiture de Roosevelt, qui me donna carte blanche pour le conseiller. Nos ambassadeurs m'adressaient régulièrement des rapports. »

Une analyse comparative du texte de loi de 1913 approuvée par la Chambre des représentants et de sa version amendée par le Sénat fait

---

[34]H. W. Loucks, *The Great Conspiracy of the House of Morgan*, chez l'auteur, 1916.

[35]E. M. House, *Philip Dru, Administrator*, New York, B. W. Heubsch, 1912.

[36]Col. E. M. House, *The Intimate Papers of Col. House*, Houghton Mifflin Co., 4 vol., 1926-1928.

état d'une surprenante modification... Le Sénat rejeta : « Les décideurs des banques de la Réserve fédérale pourront être suspendus pour un motif légitime, établi par écrit et permettant un débat, comme l'incompétence, les manquements au devoir, la fraude ou la dissimulation ; une telle révocation doit obtenir l'approbation du président des États-Unis. » La haute cour modifia ce passage pour obtenir : « Si un décideur ou agent d'une quelconque banque de la Réserve fédérale doit être suspendu ou révoqué, le motif de ladite révocation sera immédiatement communiqué par le conseil des gouverneurs, par écrit, à l'agent ou décideur visé et à sa banque. »

Cet amendement modifiait du tout au tout les conditions nécessaires à la révocation d'un agent ou directeur. Il n'y a plus de motif légitime ou de conditions exhaustives à la révocation. L'incompétence, les manquements au devoir, la fraude et la tromperie ne posent vraisemblablement donc aucun problème au conseil des gouverneurs... Et l'agent congédié ne peut plus en appeler au président.

À une question par écrit, le secrétaire-adjoint du conseil de la Réserve fédérale répondit qu'un seul agent avait été révoqué en l'espace de 36 ans, « pour un motif légitime », mais l'identité de l'agent et les détails de l'affaire furent tus, car il se serait agi d'une « affaire privée » entre un individu, sa banque de réserve et le conseil de la Réserve fédérale.

Le système de la Réserve fédérale fut inauguré en 1914 avec la mise en place de la commission opérationnelle instituée par Woodrow Wilson : celle-ci était composée du secrétaire au Trésor William McAdoo, de son gendre, du secrétaire à l'Agriculture Houston et de John Skelton Williams, contrôleur des finances chargé de la monnaie.

J. P. Morgan rencontra le 6 janvier 1914 les membres de cette commission opérationnelle à New York. Il leur demande de limiter à sept le nombre des aires régionales au sein du nouveau système.

Cette commission était censée choisir les sites des banques de réserve « décentralisées ». Même si J. P. Morgan était convaincu qu'il valait mieux ne pas en instituer plus de 4, la commission avait la possibilité d'établir entre 8 et 12 banques de réserve. La politique politicienne s'invita largement dans le choix des emplacements, car les 12 villes favorisées deviendraient des centres financiers à l'importance cruciale. La ville de New York était évidemment désignée d'avance... Richmond fut le choix suivant, afin de récompenser Carter Glass et Woodrow Wilson, tous deux natifs de Virginie et auxquels on accordait la paternité du Federal Reserve Act. Les autres élus de la commission furent : Boston, Philadelphie, Cleveland, Chicago, St. Louis, Atlanta,

Dallas, Minneapolis, Kansas City et San Francisco. Toutes ces localités devinrent par la suite d'importants « districts financiers ».

Ces bastions locaux faisaient toutefois bien pâle figure au sein d'un système totalement dominé par la banque de Réserve fédérale de New York. Dans ses *America's Sixty Families*, Ferdinand Lundberg signalait : « Dans les faits, la banque de Réserve fédérale de New York avait pris la tête du système de douze banques régionales, car New York était *le* marché monétaire des États-Unis. Les onze autres banques disposaient d'imposants bâtiments extrêmement coûteux, érigés pour sauvegarder la fierté locale et étouffer les peurs héritées d'Andrew Jackson dans le pays profond. Benjamin Strong, président de Bankers Trust (J. P. Morgan), fut désigné pour devenir le premier gouverneur de la banque de Réserve fédérale de New York. Membre de la haute finance, Strong avait de nombreuses années durant manipulé le système monétaire américain au profit des principales banques new-yorkaises. Au cours de son mandat, Strong fit nouer à la Réserve fédérale des liens étroits avec la Banque d'Angleterre et la Banque de France. Benjamin Strong conserva ses fonctions de gouverneur de la banque de Réserve fédérale de New York jusqu'à son extinction soudaine en 1928, au cours d'une enquête parlementaire au sujet de collusions occultes entre les gouverneurs des banques de réserve et les dirigeants des grandes banques centrales d'Europe. Ce sont ces collusions qui conduisirent à la Grande Dépression de 1929-1931[37]. »

Strong s'était marié avec la fille du président de Bankers Trust, ce qui lui avait permis de rejoindre une lignée impliquée dans les intrigues dynastiques jouant un rôle essentiel dans les sphères de la haute finance. Il avait également fait partie de l'équipe originelle de l'île Jekyll, au sein du « club des prénoms », et se retrouvait ainsi légitimé pour les plus hautes fonctions au sein de la Réserve fédérale, en tant que gouverneur de la réserve de New York qui chapeautait l'ensemble du système.

Paul Warburg se retrouve lui aussi mentionnée dans le livre de référence de J. Laurence Laughlin, *The Federal Reserve Act. Its Origins and Purposes* : « M. Paul Warburg, de la *Kuhn, Loeb Company*, présenta en mars 1910 un solide projet qui serait connu sous le nom de *banque de réserve unie des États-Unis*. Le *New York Times* du 24 mars 1910 rendit public ce plan. Les personnalités concernées par les travaux

---

[37]Ferdinand Lundberg, *America's Sixty Families*, 1937.

de la Commission monétaire nationale se rencontrèrent dans le secret sur l'île de Jekyll, pendant près de deux semaines, en décembre 1910. Ils redoublèrent d'efforts pour préparer un projet de loi devant être présenté par la Commission monétaire nationale au Congrès des États-Unis. Parmi les personnes présentes sur l'île de Jekyll, nous trouvons le sénateur Aldrich, H. P. Davison de la J. P. Morgan Company, Paul Warburg de la *Kuhn, Loeb Company*, Frank Vanderlip de la National City Bank et Charles D. Norton de la *First National Bank*. Il est indubitable que, parmi eux, l'intelligence financière la plus aboutie était celle de M. Warburg, en raison de sa formation bancaire en Europe. Le sénateur Aldrich n'avait quant à lui aucune connaissance financière particulière[38]. »

Harold Kelloch signa dans le *Century Magazine* de mai 1915 un article intitulé « Warburg the Revolutionist ». Kelloch y signalait, au sujet de Paul Warburg :

« Il a imposé ses vues à une nation de 100 000 000 d'âmes [...] Sans M. Warburg sur ce sol, le Federal Reserve Act n'aurait jamais vu le jour. L'établissement financier Warburg & Warburg à Hambourg est toujours demeuré une affaire exclusivement familiale. Dans la mesure où tous les Warburg sont nés dans la finance, nul autre qu'un Warburg ne pouvait réunir toutes les compétences nécessaires à l'élaboration de la réforme. En 1895, il obtint la main de la fille du défunt Salomon Loeb, de la *Kuhn, Loeb Company*. Il intégra cette dernière en 1902. Les revenus de M. Warburg issus de ses activités professionnelles s'élevaient à près d'un demi-million par an. Les aspirations de M. Warburg étaient purement désintéressées et patriotiques. »

Les véritables objectifs du Federal Reserve Act firent rapidement déchanter nombre de ceux qui étaient tombés dans le panneau de ses premiers commentaires autorisés. En 1916, W. H. Allen mentionnait dans le *Moody's Magazine* : « Le but du Federal Reserve Act était d'empêcher une concentration financière au profit des banques new-yorkaises, en incitant les banques régionales à utiliser sur place les fonds disponibles, mais les mouvements monétaires démontrent que depuis que la loi est en vigueur les officines new-yorkaises ont pris le dessus sur leurs homologues régionales tous les mois – à l'exception de décembre 1915. La stabilisation des taux ne s'est concrétisée qu'à New

---

[38] J. Laurence Laughlin, *The Federal Reserve Act. Its Origins and Purposes.*

York. Ailleurs, des taux élevés ont été conservés. Cette législation censée priver Wall Street de ses capacités de spéculation a véritablement conféré aux spéculateurs à la hausse aussi bien qu'à la baisse une arme comme jamais ils n'en avaient possédé auparavant. De fait, à mille lieues d'avoir tari les flux arrosant Wall Street – selon ce que M. Glass annonçait avec impudence – ce texte a au contraire élargi les vieux canaux et en a creusé deux nouveaux. Le premier mène directement à Washington pour fournir à Wall Street un instrument de contrôle sur les liquidités surnuméraires disponibles au Trésor américain. Une source intarissable de monnaie fiduciaire a d'ailleurs été trouvée grâce au pouvoir d'émettre des billets de banque. Le second canal coule vers les grandes banques centrales européennes : c'est grâce à lui que Wall Street peut sans s'inquiéter, en utilisant les ventes d'obligations pratiquement garanties par le gouvernement américain, jouir d'une immunité sur les demandes étrangères d'or qui sont à l'origine des principales crises de notre histoire. »

De nombreuses années durée, un épais mystère a recouvert les véritables détenteurs des actions des banques de la Réserve fédérale. Le représentant Wright Patnam, dénonciateur acharné du système, s'est efforcé de découvrir l'identité de ces actionnaires. Les actions des douze banques de réserve régionales originelles furent achetées par des banques nationales sur ces douze sites. Dans la mesure où il incombait à la banque de Réserve fédérale de New York de déterminer les taux d'intérêt et de superviser les transactions sur l'open market, et où elle contrôlait de la sorte en permanence dans tout le pays l'offre en matière monétaire, les actionnaires de cette institution sont en réalité les véritables chefs de tout l'échafaudage. Le nom de ces actionnaires peut enfin être révélé. Les certificats de l'actionnariat original des douze banques de la Réserve fédérale, lesquels indiquent les propriétaires des actions des banques nationales de chaque secteur, sont disponibles.

La banque de Réserve fédérale de New York a émis 203 053 actions et, selon les archives du 19 mai 1914 du contrôleur des finances chargé de la monnaie, les grandes banques new-yorkaises s'arrogèrent plus de la moitié des actions disponibles. La National City Bank, contrôlée par Rockefeller, Kuhn et Loeb, se taillait la plus belle part, avec 30 000 actions. La *First National Bank* de J. P. Morgan en acheta 15 000. Lors de leur fusion en 1955, leur entité nouvelle possédait donc un portefeuille d'un quart de toutes les actions de la banque de Réserve fédérale de New York, laquelle chapeautait l'ensemble du système, et ses dirigeants pouvaient donc faire nommer Paul Volcker ou n'importe quel autre homme de leur choix aux fonctions de président du conseil des gouverneurs de la Réserve fédérale. La Chase National Bank obtint

6 000 actions. La Marine Nation Bank de Buffalo, qui deviendrait la Marine Midland, en acquit tout autant. Cet établissement était la propriété de la famille Schoellkopf, laquelle détenait la Niagara Power Company et plusieurs autres intérêts stratégiques. La National Bank of Commerce de New York City obtint 31 000 actions.

Les actionnaires de ces banques détenant les actions de la banque de Réserve fédérale de New York sont ceux qui contrôlent les destinées politiques et économiques des citoyens américains depuis 1914. Ce sont les Rothschild d'Europe, Lazard Frères (Eugene Meyer), la *Kuhn Loeb & Compagny*, la *Warburg Company*, *Lehman Brothers*, *Goldman Sachs*, la famille Rockefeller et la clientèle de J. P. Morgan. Ces intérêts ont fusionné et, ces derniers temps, ils ne cessent de s'entrecroiser en vue d'un contrôle toujours plus étroit. La *National Bank of Commerce* est devenue la *Morgan Guaranty Trust Company* ; les Lehman Brothers ont fusionné avec la *Kuhn, Loeb Company* ; la *First National Bank* s'est mariée avec la *National City Bank* ; et, dans les onze autres banques régionales de la Réserve fédérale, ces mêmes actionnaires détiennent indirectement des actions ou contrôlent ces réserves, les autres actions de ces dernières étant détenues par les familles dirigeantes des États considérés, lesquelles détiennent ou contrôlent les principales industries locales[39].

Ces familles « locales » forment des comités régionaux aux ordres de New York, avec des groupes tels que le Council on Foreign Relations, la commission Trilatérale et autres outils de contrôle imaginés par leurs maîtres. Ce monde-là finance et dirige la vie politique de leur région, choisit les candidats à investir et leurs desseins ne se heurtent que rarement à un obstacle insurmontable.

La division originelle des États-Unis en quarante-huit États fédérés continentaux a été remise en question par l'institution de douze « districts financiers » sous la houlette des banques de la Réserve fédérale, d'où l'entrée dans une ère de « régionalisme » reposant sur douze districts n'ayant aucun rapport avec les frontières réelles des États.

Ces conséquences de l'adoption du Federal Reserve Act ont chacun démontré le bien-fondé des accusations proférées par Thomas Jefferson en 1791 contre un projet de banque centrale :

---

[39] Cf. tableaux V-IX.

– que les acquéreurs des actions de la banque de Réserve fédéral formeraient une société commerciale dont les parts pourraient être détenue – et elles le sont effectivement – par des non-nationaux ;

– que ces actions seraient transmises à une certaine lignée de successeurs ;

– qu'elles seraient placées à l'abri de toute confiscation ou déchéance ;

– que ces actionnaires seraient munis d'un monopole financier contraire aux lois luttant contre les monopoles ;

– et qu'ils s'arrogeraient le pouvoir de faire adopter des législations s'imposant aux lois des États.

Dans aucun État fédéré une législature ne saurait rendre nulle la moindre disposition établie par le conseil des gouverneurs de la Réserve fédérale au seul profit de ses actionnaires privés. Le conseil promulgue des décisions fixant les taux d'intérêt, la masse monétaire et la cotation de la devise. Toutes ces compétences abrogent *de facto* le pouvoir des législatures des États et leur responsabilité devant leurs électeurs.

Le *New York Times* avait annoncé que les banques de la Réserve fédérale seraient prêtes le 1er août 1914 pour démarrer leur activité. Cependant, en réalité, elles attendirent le 16 novembre 1914 pour commencer leurs opérations. Le total de leurs actifs s'élevait alors à 143 millions de dollars grâce à la vente des actions des banques de la Réserve fédérale aux actionnaires des banques nationales qui y avaient souscrit. Sur ces 143 millions, le montant qui aura été réellement déboursé pour l'acquisition de ces actions reste nappé de mystère. Plusieurs historiens supposent que les actionnaires n'auraient déboursé en liquidités que la moitié de cette somme ; d'autres pensent qu'ils n'ont rien versé du tout, s'étant contentés de signer des chèques tirés sur les banques nationales qu'ils contrôlaient. Cette dernière hypothèse paraît la plus probable, car dès le départ les opérations de la Réserve fédérale n'étaient que « du papier émis contre du papier » et les entrées des livres comptables ne comprenaient que les valeurs changeant de mains.

Les individus choisis par le président Woodrow Wilson afin de former le premier conseil des gouverneurs de la Réserve fédérale étaient issus du « groupe des banquiers ». C'était parce que Wilson avait déclaré représenter « les gens ordinaires » contre les « intérêts particuliers » qu'il avait été investi par le Parti démocrate aux élections présidentielles. D'après Wilson en personne, il ne lui était possible de ne désigner qu'un seul nom au conseil des gouverneurs de la Réserve fédérale : les autres furent déterminés par les financiers de New York. Le choix de Wilson se porta sur Thomas D. Jones, administrateur de Princeton et directeur d'International Harvester ainsi que de quelques autres sociétés. Co-siégèrent avec lui Adolph C. Miller, économiste de l'université de Chicago (Rockefeller) et à Harvard (Morgan), qui avait également exercé la fonction de secrétaire adjoint à l'Intérieur ; Charles S. Hamlin, jadis secrétaire adjoint au Trésor huit années durant ; F. A. Delano, parent de Roosevelt ayant fait carrière dans les chemins de fer en prenant le contrôle d'un grand nombre de sociétés ferroviaires pour le compte de la *Kuhn, Loeb Company* ; W. P. G. Harding, président de la *First National Bank* d'Atlanta ; et Paul Warburg, de la *Kuhn, Loeb Company*. D'après *The Intimate Papers of Col. House*, Warburg fut choisi parce que « le président accueillit favorablement la proposition (de House) Paul Warburg de New York en raison de ses compétences et expériences en matière monétaire, démontrées aussi bien sous des administrations républicaines que démocrates[40]. »

Delano, même s'il était lui aussi citoyen américain, était tout comme Warburg né sur un sol étranger. Selon le docteur Josephson et d'autres chercheurs, Warren Delano – son père – avait eu des activités à Hong Kong dans le commerce de l'opium chinois, et c'est ainsi que Frederick Delano est né dans cette même ville en 1863.

Paul Emden écrit dans *The Money Powers of Europe* : « Les Warburg ont acquis leur exceptionnelle position au cours des vingt derniers années du siècle dernier, parallèlement à l'essor de la *Kuhn, Loeb Company* à New York, avec laquelle ils entretenaient à la fois une relation de famille et des rapports personnels. Paul Warburg accomplit avec un incroyable brio en 1913 la refonte du système bancaire américain sur laquelle il travaillait depuis 1911 avec le sénateur Aldrich : il avait ainsi minutieusement déterminé les bases monétaires et financières des États-Unis[41]. »

Le 6 mai 1914, le *New York Times*[42] remarquait que Warburg

---

[40]Charles Seymour, *The Intimate Papers of Col. House*, 4 vol., 1926-1928, Houghton Mifflin Co.

[41]Paul Emden, *The Money Power of Europe in the 19th and 20th Century*, Londres, S. Low, Marston Co., 1937.

[42]L'édition du 30 avril 1914 du *New York Times* rapportait que les douze régions rassemblaient des souscriptions à hauteur de 74 740 800 $ et que les banques souscriptrices ne paieraient que la moitié de ce montant sous six mois.

s'était « retiré » de la *Kuhn, Loeb Company* pour intégrer le conseil des gouverneurs, mais sans démissionner de ses fonctions importantes au sein de l'*American Surety Company*, de *Baltimore & Ohio Railroad*, de *National Railway of Mexico*, de Wells Fargo ou encore de la *Westinghouse Electrice Corporation*, sociétés qui continuaient de le faire siéger dans leurs conseils d'administration. Le *Who's Who* rappelait ces rôles d'administrateur, en ajoutant l'American *I. G. Chemical Company* (filiale d'I. G. Farben), l'*Agfa Ansco Corporation*, la *Westinghouse Acceptance Company*, la *Warburg Company of Amsterdam*, ainsi que la présidence du conseil d'administration de l'*International Acceptance Bank* et de biens d'autres banques, sociétés ferroviaires ou diverses.

« La *Kuhn, Loeb Company* et Warburg disposent de quatre voix, c'est-à-dire dire de la majorité au conseil de la Réserve fédérale[43]. »

En dépit de son retrait de la *Kuhn, Loeb Company* en mai 1914 afin de siéger au conseil des gouverneurs de la Réserve fédérale, Warburg fut convoqué par une sous-commission du Sénat en juin 1914 pour répondre à diverses questions sur le rôle qui avait été le sien en coulisse dans l'adoption du Federal Reserve Act par le Congrès américain. Cette première présageait des questions portant sur la rencontre secrète de l'île Jekyll : Warburg refusa d'obtempérer. Il adressa le 7 juillet 1914 une lettre à G. M. Hitchcock, le président de la commission sur la monnaie et la finance au Sénat, que lui demander de répondre à quelque question que ce fût pourrait nuire à l'autorité du conseil des gouverneurs, et qu'il devait donc décliner l'invitation. Warburg était semble-t-il prêt à duper la commission du Sénat pour qu'elle le confirme dans sa fonction sans lui poser davantage de questions. Le *New York Times* du 10 juillet 1914 défendait Warburg contre l'« Inquisition sénatoriale ». Dans la mesure où Warburg n'avait point encore été questionné, et où les sénateurs n'étaient pas spécialement disposés à le faire parler en utilisant quelque moyen de pression, le mot « Inquisition » paraît plus qu'inapproprié. L'affaire fut réglée quand la commission du Sénat, par une reddition pitoyable, accepta que M. Warburg reçût à l'avance la liste de ses questions, pour qu'il puisse en prendre connaissance et obtenir la dispense de répondre à celles qui pourraient nuire à son rôle au sein du conseil des gouverneurs. Le 23 juillet 1914, *The Nation* rapportait : « M. Warburg

---

[43]Clarence W. Barron, *More They Told Barron*, Arno Press, 1973. *New York Times*, 12 juin 1914, p. 204.

s'est finalement entretenu avec le sénateur O'Gorman, acceptant de rencontrer officieusement la sous-commission du Sénat afin de parvenir à un compromis et de donner toutes les informations qu'ils pourraient raisonnablement désirer. À Washington, l'opinion tient la confirmation de M. Warburg dans ses fonctions comme déjà assurée. » *The Nation* avait raison : le terrain ayant été préparé par son « entremetteur », le sénateur O'Gorman de New York plus familière surnommé « le sénateur de Wall Street », la nomination de M. Warburg fut validée. Le sénateur Robert L. Owen avait auparavant accusé Warburg d'être l'agent américain de la famille Rothschild, mais l'interroger à cet égard aurait effectivement pu faire penser à « l'Inquisition » du Moyen Âge et ses collègues sénateurs étaient trop civilisés pour accepter une telle possibilité[44].

Au cours des auditions de Paul Warbug par la commission du Sénat sur la banque et la monnaie, le sénateur Bristow demanda le 1er août 1914 :

« Combien de ces associés (de la *Kuhn, Loeb Company*) sont-ils citoyens américains ?

Warburg. − Ils sont tous citoyens américains, sauf M. Kahn, qui est sujet britannique.

Bristow. − Il a été par le passé candidat au Parlement, n'est-ce pas ?

Warburg. − On me l'a dit. Cela lui avait été conseillé et il en avait le désir. »

En outre, Paul Warburg a fait état devant la commission : « Je me suis rendu en Angleterre où j'ai demeuré pendant deux années, dans un premier temps pour travailler dans l'établissement financier d'escompte Samuel Montague & Company. Ensuite, je suis allé en France, pour y travailler dans une banque française.

Le président. − Et quelle était cette banque française ?

Warburg. − La Banque russe pour le commerce extérieur, qui

---

[44]La confirmation de Warburg fut scellée le 8 août 1914 par 38 voix pour et 11 contre. Son principal adversaire fut le sénateur Bristow du Kansas, que le *New York Times* dépeignit comme étant un « républicain radical » et dont la remarquable bibliothèque d'ouvrages rares concernant les affaires financières fut acquis par votre serviteur en 1983 en vue d'étayer le présent travail.

entretient une agence à Paris.

Bristow. – D'après ce que je sais, vous dites avoir été républicain, mais quand M. Theodore Roosevelt a fait son apparition vous êtes devenu un sympathisant puis un soutien de M. Wilson ?

Warburg. – Oui.

Bristow. – Alors que votre frère (Felix Warburg) soutenait Taft ?

Warburg. – Oui.

Les trois associés de la *Kuhn, Loeb Company* soutenaient ainsi trois candidats différentes pour les présidentielles américaines. Paul Warburg était derrière Wilson, Felix Warburg finançait Taft, et Otto Kahn soutenait Theodore Roosevelt. Paul Warburg clarifia cette situation peu commune devant la commission en prétextant qu'ils n'avaient aucune influence politique l'un sur l'autre, « vu que la finance et le politique ne s'entremêlent pas ».

Les interrogations concernant la désignation de Warburg s'évanouirent grâce à la bronca déclenchée par la seule désignation au conseil des gouverneurs dont Wilson était pleinement responsable : celle de Thomas B. Jones. Des journalistes avaient découvert que ce dernier, lors de sa nomination, faisait l'objet de poursuites de la part du procureur général des États-Unis. Wilson prit la défense de celui qu'il avait désigné, rétorquant à la presse : « La plupart des individus liés à ce qu'il est habituel d'appeler "les grandes entreprises" sont honnêtes, probes et patriotes ». En dépit des justifications de Wilson, la commission du Sénat sur la finance et la monnaie commença des auditions au sujet des compétences de Thomas D. Jones pouvant légitimer son accès au conseil des gouverneurs. Wilson adressa alors une lettre au président de cette commission, le sénateur Robert L. Owen :

À la Maison-Blanche, le 18 juin 1914

Cher sénateur Owen,

M. Jones a toujours pris le parti des droits du peuple contre ceux des privilégiés. C'était le souci du service public qui l'unissait à la Harvester Company, et non des intérêts privés. Parmi de nombreux autres noms, il est le seul que j'ai pu personnellement choisir en toute conscience.

Sincèrement,

Woodrow Wilson

Woodrow Wilson fit savoir : « Il n'y a nulle raison de penser que ce rapport défavorable rende compte de l'avis du Sénat en tant que tel ». Plusieurs semaines plus tard, Thomas D. Jones se désista et la nation se passa de ses services.

Parmi les autres membres originels du conseil des gouverneurs, nous trouvons le secrétaire au Trésor William McAdoo, gendre de Wilson et président de *Hudson-Manhattan Railroad,* une société de chemins de fer contrôlée par la *Kuhn, Loeb Company* ; ainsi que John Skelton Williams, contrôleur des finances chargé de la monnaie.

Paul Warburg s'exclama, quand les banques de la Réserve fédérale inaugurèrent leurs activités le 16 novembre 1914 :

« Ce jour peut être considéré comme étant le 4 Juillet de l'histoire économique des États-Unis ».

CHAPITRE IV

LE COMITÉ CONSULTATIF FÉDÉRAL

Le 30 septembre 1913, lors de l'adoption du Federal Reserve Act par la Chambre des représentants, Carter Glass assurait dans l'hémicycle que l'intérêt national serait garanti par un comité consultatif de financiers :

> « Il ne saurait y avoir rien de menaçant dans ces activités. Un comité consultatif de financiers représentant tous les districts régionaux du système de réserves se réunira avec le conseil des gouverneurs au moins quatre fois l'an. Quelle plus grande précaution aurions-nous pu instituer en vue de garantir l'intérêt des citoyens ? »

Carter Glass n'expliqua alors, ni jamais par la suite, les motifs qui lui faisaient accroire qu'un aréopage de banquiers protégerait l'intérêt national. De même, il n'apporta pas une seule preuve montrant que dans toute l'histoire des États-Unis des banquiers aient jamais agi de la sorte. Dans les faits, le comité consultatif fédéral s'avéra correspondre au rouage administratif essentiel que Paul Warburg avait imaginé dans le Federal Reserve Act. C'était le type exact du contrôle occulte du système depuis les coulisses qu'il appelait de ses vœux. Immédiatement après son adoption au Congrès, C. W. Barron – un journaliste en finance – lui demanda s'il approuvait le texte qui avait été finalement entériné. Warburg repartit : « Eh bien, il ne comporte pas absolument tout ce que nous voulions, mais ce qui y fait défaut pourra lui être ajouté par la suite au moyen de règlements administratifs ». Le comité consultatif devint le vecteur idéal des projets de Warburg. Pendant soixante-dix années, il a agi dans un anonyme à peu près complet, ses membres et leurs liens avec les affaires passant inaperçus pour le grand public.

Le sénateur Robert Owen, président de la commission du Sénat sur la banque et la monnaie, s'était exprimé six mois avant le vote de la loi (citation du *New York Times*, 3 août 1913) :

« Le Federal Reserve Act accordera aux intérêts financiers, industriels et commerciaux l'escompte sur les effets de commerce qualifiés et équilibrera de la sorte notre vie industrielle et commerciale. Le dessein des banques de la Réserve fédérale n'est guère de faire fortune, mais de servir un bien national essentiel consistant à mettre les commerçants et entrepreneurs en relation avec les banques et à garantir un marché fixe de produits manufacturés, de denrées agricoles et de main-d'œuvre. Il n'y a aucune raison que les banques contrôlent le système de la Réserve fédérale. La stabilité offrira à notre commerce un développement sain et tous azimuts. »

Les espoirs du sénateur Owen furent atomisés par l'ascendant des conjurés de l'île Jekyll sur la composition originale des institutions concernées. Le couple Morgan-Kuhn, Loeb avait acquis suffisamment d'actions de la banque de Réserve fédérale de New York pour s'en assurer le contrôle, avec quasiment la moitié des actions par l'intermédiaire de leurs cinq établissements new-yorkais (*First National Bank*, National City Bank, National Bank of Commerce, Chase National Bank et Hanover National Bank), mais en plus ces acteurs avaient convaincu le président Woodrow Wilson de nommer l'un des participants de l'expédition sur l'île de Jekyll, Paul Warburg, au sein du conseil des gouverneurs de la Réserve fédérale.

Chacune des douze banques de la Réserve fédérale était censée élire un membre du comité consultatif fédéral qui rencontrerait quatre fois l'an à Washington le conseil des gouverneurs, en vue de le « conseiller » quant aux politiques monétaires à mener. Cela donnait l'impression de garantie une démocratie parfaite : de fait, les douze « conseillers », représentant chacun une zone différente des États-Unis, devaient défendre les intérêts économiques de leurs diverses régions en disposant tous d'une seule voix. Peut-être admirable dans sa formulation, ce concept prit une allure tout à fait différente dans les dures réalités économiques. Pensez-vous que le directeur d'une banque de St. Louis ou de Cincinnati siégeant en réunion aux côtés de Paul Warburg et de J. P. Morgan afin de les « conseiller » en matière monétaire irait à l'encontre de deux des financiers les plus influents de la planète, alors que la moindre note griffonnée par l'un ou l'autre pourrait suffire à acculer sa petite banque à la faillite ?

En réalité, les petites banques des douze districts de la Réserve fédérale n'étaient que des satellites des grands intérêts de la finance new-yorkaise, dont ils étaient à la merci. Martin Mayer fait observer dans *The Bankers* ceci : « J. P. Morgan a entretenu à travers tout le pays des "correspondances" avec nombre de petites banques[45] ». Les grandes banques new-yorkaises ne se contentaient point de transactions à plusieurs millions avec d'autres intérêts financiers de premier plan : elles réalisaient également nombre d'opérations modestes à travers tous les États-Unis, avec des établissements « correspondants ».

Manifestement assuré du fait que ses manigances ne seraient jamais exposées au grand jour, le couple actionnaire Morgan-Kuhn, Loeb choisit les membres du comité consultatif fédéral sans y aller par quatre chemins : ceux-ci furent pris parmi les établissements où le consortium disposait d'action et parmi leurs banques satellites. Il semblerait que personne ne s'en soit aperçu parmi le monde de la finance, étant donné que rien n'a été ébruité à ce sujet pendant les soixante premières années d'existence de la Réserve fédérale.

L'accusation selon laquelle des actionnaires new-yorkais pussent contrôler le comité consultatif fédéral étant semble-t-il nécessairement trop grosse, son premier président fut élu en 1914 par les membres de cet organe en la personne de J. B. Morgan, président de la *First National Bank* de Chicago. En 1914, le *Rand McNally* offrait la liste des principales banques correspondantes des gros établissements. Par exemple : la banque de correspondance de la *First National Bank* de New York contrôlée par Baker et Morgan était son homonyme de Chicago, laquelle avait à son tour pour principal établissement de correspondance la *Bank of Manhattan* à New York, contrôlée par Jacob Schiff et Paul Warburg de la *Kuhn, Loeb Company*. On y voyait James B. Forgan répertorié également en tant que directeur de l'*Equitable Life Insurance Company*, elle aussi contrôlée par Morgan. Les liens unissant la *First National Bank* de Chicago à ces banques new-yorkaises étaient cependant encore plus étroits que ce que laisse accroire cet annuaire.

À la page 701 de *The Growth of Chicaco Banks*, par F. Cyril James, on trouvera une allusion aux « liens fructueux entre la *First National Bank* de Chicago et les intérêts Morgan. L'établissement de Chicago dépêcha en urgence un ambassadeur bienveillant à New York pour inviter George F. Baker à siéger au directoire de la *First National Bank* de Chicago[46] ». (De J. B. Forgan à Ream, le 7 janvier 1903.) De fait, Baker et Morgan avaient personnellement sélectionné le premier

---

[45]Martin Mayer, *The Bankers*, New York, Weybright and Talley, 1974, p. 207.

[46]F. Cyril James, *The Growth of Chicago Banks*, New York, Harper, 1938.

président du comité consultatif fédéral.

James B. Forgan (1852-1924) établit en outre la « London Connection » à l'œuvre dans le système de la Réserve fédérale. Natif de St. Andrews en Écosse, c'est là-bas qu'il a commencé sa carrière dans la banque, au sein de la Royal Bank of Scotland, établissement de correspondance de la Banque d'Angleterre. Il a débarqué au Canada pour la Bank of British North America, avant d'être employé par la Bank of Nova Scotia qui l'a dirigé vers Chicago au cours de la décennie 1880. À l'orée du XXe siècle, il devenait président de la *First National Bank* de Chicago.

Six années durant, il a assumé les fonctions de président du comité consultatif fédéral. Lors de son départ de cet organisme, il fut remplacé par Frank O. Wetmore, qui prit également sa succession dans le rôle de président de la *First National Bank* de Chicago, au moment où Forgan était promu à la présidence du conseil des gouverneurs de la Réserve fédérale.

Au sein du premier comité consultatif fédéral, le représentant du district de réserve de New York n'était autre que... J. P. Morgan. Il fut choisi pour président du comité exécutif. Paul Warburg et J. P. Morgan participaient ainsi aux réunions du conseil des gouverneurs lors des quatre premières années d'existence de la Réserve fédérale, entourés des gouverneurs et autres membres du comité, lesquels étaient conscients que leur avenir était corrélé à ces deux financiers de premier plan.

En 1914, un autre membre du comité consultatif fédéral s'appelait Levi L. Rue, représentant le district de Philadelphie. Rue présidait la Philadelphia National Bank, que le *Rand McNally* de 1914 identifiait comme étant la première banque correspondante de la *First National Bank* de New York. La *First National Bank* de Chicago faisait elle aussi de la Philadelphia National Bank son principal établissement de correspondance à Philadelphie.

Nous trouvons parmi les autres membres de ce comité consultatif fédéral Daniel S. Wing, président de la *First National Bank* de Boston ; W. S. Rowe, président de la *First National Bank* de Cincinnati ; et C. T. Jaffray, président de la *First National Bank* de Minneapolis.

Tous ces établissements étaient des banques de correspondance des « *Big Five* » de New York contrôlant le marché financier américain.

Jaffray avait quant à lui un lien encore plus étroit avec les intérêts Baker-Morgan. Afin de réinvestir d'importants dividendes de l'année issus de leurs parts au sein de la *First National Bank* de New York,

Baker et Morgan fondèrent en 1908 une holding : la First Security Corporation. Celle-ci acquit 500 actions dans la *First National Bank* de Minneapolis. Aussi, même s'il fut « choisi » par les actionnaires de la banque de réserve de Minneapolis afin de représenter leurs intérêts, Jaffray est bien plus qu'un simple employé de Baker ou Morgan. La First Security Corporation détenait en outre 50 000 parts au sein de la Chase National Banks, 5 400 du côté de la National Bank of Commerce, 2 500 chez Bankers Trust, 928 pour la Liberty National Bank, celle-là même dont Henry P. Davison avait été président quand il fut débauché pour rejoindre le groupe J. P. Morgan. Il faut encore y ajouter des actions de New York Trust, d'Atlantic Trust et de Brooklyn Trust. First Security se focalisait sur les actions dont la valeur était évidente et qui promettaient de beaux dividendes. Ce fonds rapporta en 1927 5 000 000 $, en surplus des huit millions qui arrosèrent ses actionnaires.

E. F. Swinney, autre membre du premier comité consultatif fédéral, présidait la *First National Bank* de Kansas City. Il était en outre administrateur de *Southern Railway*, se voulait « politiquement sans étiquette » d'après le *Who's Who*.

Archibald Kains représentait le district de San Francisco au sein du comité consultatif fédéral, mais il conservait un pied à New York en tant que président de l'American Foreign Banking Corporation.

Après avoir fait office de gouverneur entre 1914 et 1918, Paul Warburg ne sollicita guère le renouvellement de son mandat. Il n'était cependant point disposé à couper les ponts avec la Réserve fédérale qu'il avait eu de tant de mal à instituer et à rendre opérationnelle. J. P. Morgan renonça avec force courtoisie à son siège au sein du comité consultatif fédéral : ainsi, les dix années suivantes, Paul Warburg représenta le district de réserve de New York au comité. Il en fut le vice-président de 1922 à 1925, puis le président en 1926-1927. Warburg demeurait de la sorte la présence dominante des sessions du conseil des gouverneurs tout au long de la décennie 1920, quand les banques centrales européennes conçurent la violente contraction du crédit réputée avoir précipité le krach de 1929 suivi de la Grande Dépression.

Même si la plupart des « avis » émis au conseil des gouverneurs par le comité consultatif fédéral ne firent jamais l'objet du moindre procès-verbal, des bribes de ces conseils furent relayées, en de rares occasions, par de courtes dépêches du *New York Times*. Son édition du 21 novembre 1916 rapportait que le comité consultatif fédéral avait siégé à Washington pour sa réunion trimestrielle :

> « L'absorption du crédit européen et de son extension à l'Amérique du Sud ainsi qu'à d'autres pays a été évoquée. Les

responsables de la Réserve fédérale ont signalé que, afin de maintenir leur positionnement mondial dans la finance, les États-Unis doivent s'attendre à devoir remplir un grand nombre des services jusque-là assumés par l'Angleterre, en étendant les crédits à court terme nécessaires à la production et à l'acheminement de toutes sortes de marchandises dans les échanges internationaux. Les acceptations commerciales à l'étranger nécessitent en outre des taux d'escompte inférieurs et des marchés de l'or plus libres ainsi que davantage fiables. » (La première guerre mondiale battait son plein en cette année 1916.)

Outre ses fonctions au sein des conseil des gouverneurs et comité consultatif fédéral, Paul Warburg continua de conseiller les financiers des stratégies qu'ils devaient adopter. Il prit la parole le 22 octobre 1915 devant le Twin City Bankers Club de St. Paul dans le Minnesota. Voici la teneur de son discours :

« Il est dans votre intérêt d'agir de façon à ce que les banques de la Réserve fédérale soient aussi puissantes qu'elles peuvent l'être. Imaginer ce que l'avenir peut réserver à la croissance des affaires financières américaines dépasse l'esprit humain. Étant donné que les principales puissances européennes sont cantonnées aux limites de leurs nations et que les États-Unis sont devenus la nation créditrice de la planète entière, les bornes du terrain qui s'offre devant nous ne sont déterminées que par notre capacité à nous étendre sans risques. La grandeur de notre avenir financier sera en fin de compte limitée par la quantité d'or que nous sommes capables de rassembler en vue de fonder solidement notre superstructure de banque et de crédit. »

La composition du conseil des gouverneurs de la Réserve fédérale ainsi que du comité consultatif fédéral, depuis ses premiers membres jusqu'à ceux d'aujourd'hui, met en lumière des liens entre la rencontre de l'île Jekyll et la finance londonienne. Ceci est la preuve irréfutable, que n'importe quel tribunal accepterait, de l'existence d'un projet de prise de contrôle de la monnaie et du crédit du peuple américain au profit de ses tireurs de ficelles. Les fameux pionniers de l'île Jekyll s'appelaient Frank Vanderlip, président de la National City Bank, qui acquit en 1914 une bonne partie des actions de la banque de réserve fédérale de New York ; Paul Warburg, de la *Kuhn, Loeb Company* ; Henry P. Davison, l'homme de confiance de J. P. Morgan, par ailleurs administrateur de la *First National Bank* de New York et de la National Bank of Commerce qui prirent elles aussi une participation importante au sein du capital de la banque de réserve de New York ; et Benjamin Strong, réputé être un lieutenant de Morgan également, qui hérita de la charge de gouverneur de la banque de réserve fédérale de New York dans les années 1920[47].

---

[47] « Le comité consultatif fédéral a une très grande influence sur le conseil des gouverneurs. J. P. Morgan, Jr, fils de feu J. P. Morgan et dirigeant de la J. P. Morgan Company, figure évidemment à la tête de ce comité. Les douze membres de ce dernier, comme chacun sait, proviennent des mêmes écoles. Le Federal Reserve Act n'est pas seulement une législation accordant un privilège spécial : des individus privilégiés ont carrément été choisis pour contrôler la Réserve fédérale et conseiller ses administrateurs. Le conseil des gouverneurs et le comité consultatif fédéral gèrent le système de la Réserve fédéral en tant qu'instances dirigeantes. Pas un seul fonctionnaire, si jamais il en avait la velléité, n'oserait croiser le fer avec eux. » (Tiré de *Why Is Your Country At War?*, de Charles Lindbergh, publié en 1917.) Ces lignes expliquent pour quelle raison Woodrow Wilson ordonna au printemps 1918 à des agents de son administration de saisir les planches d'impression de cet ouvrage et d'en détruire tout exemplaire.

CHAPITRE V

LA MAISON ROTHSCHILD

La réussite du complot favorable à la Réserve fédérale suscitera de nombreuses interrogations dans l'esprit de nos lecteurs peu familiers de l'histoire des États-Unis. Comment l'alliance Kuhn, Loeb-Morgan, aussi influente était-elle, pouvait penser être – d'une part – en capacité d'instituer un système qui lui permettrait de drainer la totalité de la monnaie et du crédit des citoyens américains et – d'autre part – qu'une telle loi serait adoptée ?

Précisément, la possibilité d'élaborer ce « projet de loi de Réserve fédérale », émanation directe de l'équipée de l'île Jekyll – et de le concrétiser était indubitablement dans les cordes du couple Kuhn, Loeb-Morgan. Laissons parler John Moody à travers son article « The Seven Men » publié par le *McClure's Magazine* en août 1911 :

> « Sept individus contrôlent désormais, depuis Wall Street, une immense portion de l'industrie et des ressources fondamentales des États-Unis. Trois de ces hommes – J. P. Morgan, James J. Hill et George F. Baker, ce dernier étant à la direction de la *First National Bank* de New York – font partie de la nébuleuse Morgan ; les quatre autres – John D. et William Rockefeller, ainsi que James Stillman, aux manettes de la National City Bank, et Jacob H. Schiff, de la *Kuhn, Loeb Company* – sont liés à la *Standard Oil City Bank* [...] Le système capitaliste centralisé étend son emprise sur l'ensemble des États-Unis [...] Ce processus est non seulement économiquement logique, mais il est aussi automatisé d'un point de vue pratique[48]. »

La conjuration de 1910 destinée à s'emparer du contrôle de la

---

[48] John Moody, « The Seven Men », *McClure's Magazine*, août 1911, p. 418.

monnaie et du crédit du peuple américain a dont été menée par des individus contrôlant déjà la plupart des ressources de l'Amérique. D'après John Moody, il était sur le plan pratique automatique que leurs activités se développent de la sorte.

Ce que John Moody ignorait, ou qu'il ne signalait pas à ses lecteurs, c'est que ces individus parmi les plus influents des États-Unis rendaient des comptes à une autre puissance, étrangère celle-ci, une puissance qui cherchait résolument à étendre son emprise aux États-Unis depuis le commencement même de cette jeune république. Cette puissance, c'est la puissance financière anglaise se concentrant dans la branche londonienne de la maison Rothschild. La vérité, c'est qu'en 1910 les États-Unis étaient en pratique dirigés par le Royaume-Uni. Et rien n'a changé aujourd'hui à cet égard. Les dix principes holdings bancaires américaines, détenant toutes des succursales à Londres, sont fermement gérées par une poignée d'établissements bancaires : la *J. P. Morgan Company, Brown Brothers Harriman, M. M. Warburg & Co., Kuhn-Loebe*, et J. Henry Schroder. Ceux-ci entretiennent des liens étroits avec la maison Rothschild, principalement grâce à la supervision que cette dernière exerce sur le marché monétaire international en manipulant les cours de l'or. Le cours mondial de l'or est ainsi quotidiennement déterminé dans les bureaux de *N. M. Rothschild & Company* à Londres...

Même si ces sociétés étaient en apparence américaines, ayant simplement des agences londoniennes, la réalité est qu'elles prenaient leurs ordres à Londres. L'histoire de ces établissements bancaires est aussi fascinante que méconnue du grand public. Elles puisent leur source dans le trafic international de l'or, des esclaves, des diamants et de diverses marchandises de contrebande. Les considérations morales n'ont pas leur place dans les décisions prises par ces entreprises en matière d'affaires : seuls l'argent et le pouvoir les intéressent.

De nos jours, à Newport dans l'État de Rhode Island, les touristes s'émerveillent devant les somptueuses demeures d'individus immensément riches, sans réaliser que ces « domaines » rappellent les ambitions des millionnaires victoriens... mais aussi les fortunes colossales que ces quelques Américains ont consolidées à Newport au moment où cette ville était la capitale de la traite esclavagiste.

La traite humaine eut des siècles durant sa plaque tournante à Venise. Cependant, la Grande-Bretagne, nouvelle maîtresse des mers, profita à compter du XVIIe siècle de sa domination maritime afin de monopoliser ce « commerce ». Tandis que les colonies américaines fleurissaient, le peuple américain – farouchement indépendant et dont la majorité ne voulait pas de l'esclavage – découvrit avec force surprise que l'on débarquait de nombreux esclaves vers ses ports.

De nombreuses années durant, Newport fut le chef-lieu de ce trafic abject. Voici ce que déclarait en 1791 William Ellery, percepteur du port de Newport : « [...] un Éthiopien pouvait changer de tâche aussi rapidement qu'un marchand de Newport pouvait changer les revenus de sa production lentement acquis contre un commerce des plus lucratifs [...] ».

John Quincy Adams observait à la page 459 de son *Journal* : « L'ancienne prospérité de Newport était principalement due aux importants bénéfices du commerce d'esclaves africains ».

La domination de J. P. Morgan et de la firme Brown au sein de la finance américaine peut être datée du développement de Baltimore, quand cette ville devint la capitale de la traite esclavagiste au XIXe siècle. Ces deux sociétés, fondées à Baltimore, ouvrirent des filiales à Londres, se placèrent sous la houlette de la maison Rothschild et leurs potentats revinrent ouvrir des succursales à New York aux États-Unis afin de devenir *la* puissance essentielle de la finance, mais aussi du gouvernement politique. Les années passant, les postes essentiels de l'administration ont de plus en plus été occupés par des individus liés à ces financiers. Robert Lovett a par exemple exercé la fonction de secrétaire à la Défense, tandis qu'il était associé de Brown Brothers Harriman. Thomas S. Gates était quant à lui associé de la société Drexel and Company, succursale de J. P. Morgan. George H. W. Bush, l'actuel vice-président des États-Unis, est le fils de Prescott Bush, lui aussi associé de Brown Brothers Harriman. Prescott Bush, longtemps sénateur du Connecticut, a en outre créé l'entreprise médiatique CBS, qu'il dirigea longtemps.

Afin de comprendre pourquoi ces entreprises agissent de la sorte, il convient de se remémorer rapidement leurs origines. Rares sont ceux qui savent que la J. P. Morgan Company a commencé son activité sous l'étiquette « George Peabody & Co. » Ce George Peabody (1795-1869) est né à South Danvers dans le Massachusetts. Il a commencé dans les affaires en 1814, à Georgetown, en tant que grossiste en mercerie. Son entreprise – Peabody, Riggs and Company – œuvrait parallèlement sur le marché des esclaves de Georgetown. Il partit s'installer avec son associé à Baltimore en 1815, en vue de se rapprocher des sources d'approvisionnement ; là, ils furent en activité de 1815 à 1835 sous la dénomination « Peabody & Riggs ».

Peabody se retrouva toujours davantage impliqué dans des relations commerciales dont le cœur se situait à Londres. En 1835, il y ouvrit la société George Peabody & Company. Il disposait dans la capitale anglaise d'excellentes entrées dans le monde des affaires, grâce à une autre entreprise originaire de Baltimore, Brown Brothers, laquelle s'était établie à Liverpool. Alexander Brown s'était installé à Baltimore en 1797, pour y établir l'établissement bancaire voué à devenir le plus ancien des États-Unis. Il est toujours en activité, à travers Brown Brothers Harriman à New York, Brown, Shipley & Company en Angleterre, et Alex Brown & Son à Baltimore. L'influence occulte exercée par cette nébuleuse s'explique grâce au fait que sir Montagu Norman, longtemps gouverneur de la Banque d'Angleterre, était un associé de Brown, Shipley & Company[49]. À l'époque considéré comme étant tout simplement le financier le plus influent de la planète, sir Montagu Norman a organisé en 1927, les « discussions officieuses » entre les dirigeants des banques centrales qui menèrent directement au grand krach boursier de 1929.

George Peabody eut la surprise, peu après son arrivée à Londres, d'être convié à une audience avec le fort bourru baron Nathan Mayer Rothschild. Sans y aller par quatre chemins, Rothschild expliqua à Peabody qu'une bonne partie de l'aristocratie londonienne montrait ouvertement son aversion à son endroit et boudait ses invitations. Il proposa à Peabody, individu à la fortune encore modeste, de se faire la renommée d'hôte prodigue dont les réceptions seraient au cœur de toutes les conversations du gratin londonien. Tous les frais seraient bien évidemment assumés par Rothschild. Peabody accepta cette proposition et devint rapidement l'hôte le plus populaire de la capitale. Son dîner annuel du 4 juillet, pour célébrer l'indépendance des États-Unis, devint extrêmement prisé par l'aristocratie britannique, dont nombre de membres jubilaient entre eux de la grossièreté et des mauvaises

---

[49] « Un accord officieux voulait qu'un administrateur de Brown, Shipley & Co. siégeât au conseil des gouverneurs de la Banque d'Angleterre, et Norman y fut élu en 1907. » *Montagu Norman. Current Biography*, 1940.

manières de Rothschild tout en savourant le vin de Peabody, sans se rendre compte que chaque goutte qu'ils avalaient était payée par Rothschild.

A PILLAR of the EXCHANGE

Il n'est guère surprenant que l'hôte le plus célèbre de Londres devint aussi un homme d'affaires des plus prospères, d'autant plus que la maison Rothschild le soutenait en cachette. Peabody menait généralement ses affaires avec un capital de 500 000 £ en liquidités. Il se révéla fort astucieux dans ses acquisitions et cessions des deux côtés de l'océan. En Amérique, son relais était la firme Beebe, Morgan & Company à Boston, dirigée par Junius S. Morgan, le père de John Pierpont Morgan.

Peabody, ne s'étant jamais marié, n'avait aucun héritier, et le grand et beau Junius Morgan lui fit une excellente impression. En 1854, le « patron » persuada ce dernier de venir à Londres le rejoindre en tant qu'associé dans sa société George Peabody & Company. En 1860, John Pierpont Morgan – le fils de Junius – fut placé comme apprenti au sein du cabinet new-yorkais Duncan, Sherman, ce qui suscita le courroux de son père : celui-ci concocta aussitôt un plan pour convaincre Charles H. Dabney – l'un des principaux collaborateurs de Duncan, Sherman – de s'associer avec son fils dans une nouvelle entreprise : Dabney, Morgan & Company. Le *Bankers Magazine* de décembre 1864 rapportait que Peabody avait clôturé son compte chez Duncan, Sherman et que l'on s'attendait à ce que d'autres sociétés fissent de même. Sans surprise, les comptes de Peabody furent alors confiés à la Dabney, Morgan Company.

John Pierpont Morgan était né aux États-Unis en 1837, pendant la première panique bancaire. Fait à signaler, celle-ci avait été provoquée par la maison Rothschild, à laquelle Morgan allait s'associer.

Exaspéré par les manigances de financiers essayant de le persuader de renouveler l'acte constitutif de la deuxième Banque des États-Unis, le président Andrew Jackson déclara en 1836 : « Vous n'êtes qu'un nid de vipères. Mon intention est de vous déloger et, de par l'Éternel, je vous extirperai. Si seulement le peuple était conscient de l'injustice flagrante dans laquelle notre monnaie et notre système bancaire sont tombées, il y aurait une révolution avant demain matin. »

Quoique Nicholas Biddle présidât la Banque des États-Unis, on savait pertinemment que le baron James de Rothschild était, depuis Paris, le principal investisseur de cette banque centrale. Même si Jackson avait opposé son *veto* au renouvellement de l'acte constitutif de cet établissement, il n'avait vraisemblablement point conscience que, quelques mois plus tôt, à savoir le 1er janvier 1835, la maison Rothschild avait noué des liens étroits avec le gouvernement américain en tant qu'agent financier du département d'État, en supplantant la société Baring.

Henry Clews, célèbre banquier, montre dans son ouvrage *Twenty-eight Years in Wall Street*[50] que la panique bancaire de 1837 avait été élaborée parce que l'acte constitutif de la deuxième Banque des États-Unis avait expiré en 1836. Le président Jackson ne se contenta pas de retirer immédiatement de la deuxième Banque des États-Unis les fonds gouvernementaux – 10 000 000 $ –, mais il les déposa en outre dans les banques de divers États. La conséquence concrète, selon Clews, fut que les États-Unis entrèrent dans une grande prospérité : ce brusque afflux de liquidités occasionna une croissance soudaine de l'économie nationale et le gouvernement solda la totalité de la dette nationale, laissant 50 000 000 $ d'excédents dans les caisses du Trésor.

---

[50]Henry Clews,

Les financiers européens avaient une réponse face à cela. Clews révèle *infra* : « La panique bancaire de 1837 fut aggravée par la Banque d'Angleterre quand en une seule journée elle se sépara de tous ses actifs liés aux États-Unis ».

La Banque d'Angleterre était évidemment le synonyme de « baron Nathan Mayer Rothschild ». Pourquoi la Banque d'Angleterre « se sépara »-t-elle en un jour de tous ses actifs liés aux États-Unis, c'est-à-dire qu'elle refusa d'acheter ou d'escompter tous les titres, obligations et autres effets de crédits basés aux États-Unis ? L'objectif de cette initiative était de provoquer une panique financière immédiate en Amérique, pour y provoquer une contraction totale du crédit, stopper l'émission de nouvelles actions ou obligations, et ruiner ceux qui chercheraient à convertir en liquidités leurs titres américains. C'est dans ce contexte de panique bancaire que John Pierpont Morgan vint au monde. Joseph Morgan, son grand-père, était un fermier prospère qui possédait 5.3 hectares à Hartford dans le Connecticut. Il ouvrit par la suite le City Hotel et l'Exchange Coffe Shop, puis il fut en 1819 l'un des fondateurs de l'*Aetna Insurance Company*.

George Peabody considéra avoir fait le bon choix en se désignant Junius S. Morgan pour successeur. Ce dernier accepta de maintenir ses relations secrètes avec la N. M. Rothschild Company et il élargit sans tarder les activités de l'entreprise en acheminant vers les États-Unis d'importantes quantités de minerais pour la construction de voies ferroviaires. Le fer de Peabody est à l'origine d'un grand nombre de chemins de fer créés aux États-Unis entre 1860 et 1890. En 1864, heureux de prendre sa retraite et de confier sa société à Morgan, Peabody autorisa la modification du nom de l'entreprise, et elle fut renommée « Junius S. Morgan Company ». Depuis ce jour, la société de Morgan n'a guère cessé d'être gouvernée depuis Londres, et John Pierpont Morgan a passé une grande partie de sa vie dans sa somptueuse demeure londonienne, à Prince's Gate.

La panique bancaire de 1857 fut l'une des plus grandes réussites de la très prospère aventure Rothschild-Peabody, Morgan. Depuis la panique de 1837, vingt ans avaient passé : ses leçons avaient été oubliées par une foultitude d'investisseurs impatients désirant violemment miser sur les profits d'une Amérique en croissance. Il était temps de les plumer une nouvelle fois ! La Bourse fonctionne à la manière d'une vague s'échouant sur la grève : elle emporte avec elle une infinité de créatures minuscules qui en retirent, tout au long de leur existence, l'oxygène et l'eau nécessaires à leur survie. Ces créatures surfent sur la crête de la « vague-croissance ». Tout à coup, à marée haute, la vague s'échoue sur la grève, se retire et laisse derrière elle, sur le sable, tous ses organismes privés d'eau. Une autre vague pourrait venir opportunément les sauver, mais selon toute vraisemblance elle restera trop loin et un certain nombre de ces éléments sont condamnés. De la même façon, les vagues de la croissance alimentées par de la monnaie artificiellement créée se retirent à l'occasion d'une contraction tout aussi artificielle du crédit, laissant ceux qu'elle a portés très haut perdre leur souffle et dépérir sans espoir de secours.

Corsair, the Life of J. P. Morgan[51] nous décrit la panique bancaire de 1857 provoquée par l'effondrement du marché des céréales et la soudaine faillite d'Ohio Life and Trust à cause d'une perte de 5 000 000 $. 900 autres entreprises américaines firent faillite dans le sillage de celle-ci. Fait notable : une seule société a, non seulement survécu, mais carrément prospéré malgré ce krach. Dans *Corsair*, nous apprenons que la Banque d'Angleterre avait prêté 5 000 000 £ à George Peabody & Company au cours de la panique de 1857. Dans son ouvrage *Morgan the Magnificent*[52], Winkler montre que la Banque d'Angleterre avait avancé la somme d'1 000 000 £ à Peabody en vue de sauver sa société, un montant énorme pour l'époque, équivalent à 100 000 000 $ du jour. Toutefois, aucune autre entreprise ne fit l'objet d'un tel traitement de faveur au cours de cette panique. Matthew Josephson en révèle la raison à la page 60 de *The Robber Barons* :

> « George Peabody and Company, le grand arbre qui a permis à la maison Morgan de croître, était réputé pour ses qualités conservatrices et ses vertus. Au cours de la panique financière de 1857, quand des titres dépréciés étaient abandonnés sur le marché américain par des investisseurs démunis, Peabody et le vieux Morgan – qui détenaient d'importantes liquidités – acquirent largement toutes les obligations porteuses d'une valeur réelle et ils les revendirent beaucoup plus cher une fois le bon sens recouvré[53]. »

L'histoire de Morgan peut ainsi être reconstituée à l'aide des différentes biographies qui lui sont consacrées. Après la création de la panique, un portefeuille arriva sur le marché avec des liquidités d'1 000 000 £ pour racheter des titres à prix bas aux investisseurs

---

[51]*Corsair, the Life of Morgan*, Boston, Little, Brown & Co., 1981.

[52]John K. Winkler, *Morgan the Magnificent*, New York, Vanguard, 1930.

[53]Matthew Josephson, *The Robber Barons*, New York, Harcourt Brace, 1934.

paniqués, afin de les revendre plus tard en engrangeant d'immenses profits. Ce portefeuille était celui de la firme de Morgan, derrière qui nous trouvons les manœuvres astucieuses du baron Nathan Mayer Rothschild. Même si Morgan figurait de temps à autre comme agent financier d'une opération de Rothschild, leur association à Londres et New York demeura secrète, y compris pour les observateurs financiers les plus sagaces. Tandis que l'aventure Morgan croissait rapidement à la fin du XIXe siècle jusqu'à dominer les finances de la nation américaine, nombre de commentateurs ont été surpris par le manque d'appétit apparent des Rothschild vis-à-vis des investissements possibles dans l'économie américaine qui se développait à grande vitesse. Dans *The Masters of Capital*, page 27, John Moody remarque : « Les Rothschild se contentaient de demeurer les proches alliés de Morgan [...] à l'égard du territoire américain[54] ». Si la prudence est la mère de la sûreté, le secret – lui – est son grand-père !

Le motif pour lequel les Rothschild d'Europe préféraient agir de façon anonyme en Amérique, derrière la façade de J. P. Morgan & Company, est rendu explicite par George Wheeler dans *Pierpont Morgan and Friends, the Anatomy of a Myth*, page 17 :

« Des mesures étaient cependant prises, y compris en ce moment, pour l'extraire des eaux troubles de la finance – et ces dispositions ne furent guère prises par Pierpont Morgan en personne. Son nom fut suggéré pour la première fois en vue de lui confier la mission de restaurer une réserve [fédéral], à l'instigation de la branche londonienne de la maison Rothschild, les patrons de Belmont[55]. »

Wheeler continue en expliquant qu'un vaste mouvement anti-Rothschild s'était formé en Europe et en Amérique. Ce mouvement prenait pour cible les activités bancaires de la famille Rothschild. Quoiqu'en 1837 ils comptaient un agent immatriculé aux États-Unis en la personne d'August Schoenberg, qui troquait son nom contre celui de « Belmont » en arrivant en Amérique cette même année pour y représenter les Rothschild, il est extrêmement avantageux pour eux d'avoir un délégué américain qui ne serait pas réputé être un agent des Rothschild.

---

[54] John Moody, *The Masters of Capital*, p. 27.

[55] George Wheeler, *Pierpont Morgan and Friends, the Anatomy of a Myth*, New Jersey, Prentice Hall, 1973.

La maison londonienne de Junius S. Morgan & Company continuait d'être la tête de pont des activités Morgan, mais après le décès du vieux Morgan en 1890 dans un accident de la route sur la Côte d'Azur, John Pierpont Morgan prit la tête de la société. Après avoir été entre 1864 et 1871 le représentant américain de sa firme londonienne à travers la Dabney Morgan Company, Morgan avait intronisé en 1871 un nouvel associé : Anthony Drewel, de Philadelphie. Parallèlement, il œuvra à travers Drexel Morgan and Company jusqu'en 1895. Cette année-là, Drexel mourut et Morgan changea une nouvelle fois la dénomination de la branche américaine, laquelle devint J. P. Morgan & Company.

LaRouche[56] explique qu'une association secrète, connu sous l'étiquette « Round Table Groupe », fut créée le 5 février 1891 par Cecil Rhodes, son banquier lord Rothschild, lord Rosebery (un Rothschild par alliance) et lord Curzon. LaRouche révèle que ce Round Table Group était relayé aux États-Unis par la nébuleuse Morgan. Dans *Tragedy and Hope,* le docteur Carrol Quigley décrit ce groupe comme étant « la société secrète américano-britannique », observant que : « La colonne vertébrale de cette organisation court le long d'une coopération préexistante allant de la banque Morgan à New York jusqu'à un groupe de financiers internationaux conduits à Londres par les frères Lazard (en 1901)[57]. »

Dans son ouvrage *Pawns In The Game,* William Guy Carr relate plusieurs faits : « En 1899, J. P. Morgan et Drexel se rendirent en Angleterre, avec le dessein de prendre part à la Convention internationale des banquiers. À leur retour, J. P. Morgan fut sélectionné à la tête des intérêts Rothschild aux États-Unis. Après la conférence de Londres, J. P. Morgan & Company à New York, Drexel & Company à Philadelphie, Grenfell & Company à Londres, Morgan Harjes Cie à Paris, la M. M. Warburg Company en Allemagne et en Amérique, et la maison de Rothschild se retrouvaient tous associés[58]. »

Manifestement, inconscient du lien unissant Peabody aux Rothschild, tout comme du fait que les Morgan avaient toujours été

---

[56]Lyndon H. LaRouche, J^r, *Dope, Inc.*, New York, The New Benjamin Franklin House Publishing Company, 1978.

[57]Dr Carrol Quigley, *Tragedy and Hope,* New York, Macmillan Co.

[58]William Guy Carr, *Pawns In The Game,* chez l'auteur, 1956, p. 60.

inféodés à la maison Rothschild, Carr supposait que la relation qu'il avait découverte datait de 1899, alors qu'elle remontait en réalité à 1835[59].

Après la première guerre mondiale, le *Round Table Group* prit le nom de *Council on Foreign Relations* (CFR) aux États-Unis et celui de *Royal Institute of International Affairs* (RIIA) à Londres. Les dirigeants officiels des États britannique et américain étaient choisis parmi leurs membres. Au cours de la décennie 1960, tandis que l'attention se focalisait toujours plus sur les discrètes activités gouvernementales du CFR, des groupes associés représentant les mêmes intérêts financiers virent le jour : le Bilderberg et la Commission Trilatérale. Les responsables de premier plan, à l'instar de Robert Roosa, étaient membre des trois organismes.

Gustavus Myers observe dans *George F. Peabody. History of the Great American Fortunes* (mod. Lib. 537) que Junius S. Morgan, le père de J. P. Morgan était devenu un associé de George Peabody dans les affaires financières. « Quand la guerre de Sécession éclata, George Peabody & Company représenta financièrement au Royaume-Uni le gouvernement américain [...] Grâce à ces activités inédites, la richesse du groupe décupla soudain ; là où ses associés avaient jusqu'alors accumulé des richesses à un rythme déjà remarquablement rapide, encore des millions et millions de dollars abondèrent en extrêmement peu d'années. » D'après les auteurs contemporains, les méthodes de George Peabody & Company n'étaient pas seulement douteuses, elles relevaient carrément de la trahison. De fait, alors qu'elle agissait en Angleterre de façon à aider notre ennemi, l'entreprise était la plénipotentiaire du gouvernement des États-Unis, étant grassement rémunérée pour faire valoir ses intérêts. Nous lisons dans la *Springfield Republic* en 1866 : « Tous ceux qui connaissent bien ce sujet savent pertinemment que Peabody et ses associés n'ont fait preuve d'aucune

---

[59] 30 juillet 1930, *McFadden Basis of Control of Economic Conditions.* Ce contrôle par un cénacle de la superstructure des affaires planétaires, du bien-être et du progrès de l'humanité est un sujet intéressant énormément le grand public. Pour l'analyser, il faut commencer par le noyau dirigeant gravitant autour de la J. P. Morgan Company. Avant cette époque, il n'y avait jamais eu de contrôle aussi efficace et étroit de la finance, de la production industrielle, du crédit et des salaires, concentré entre les mains de la nébuleuse Morgan... L'ascendant de Morgan sur le système de la Réserve fédérale s'est exercé par l'intermédiaire de l'administration de la banque de réserve fédérale de New York.

loyauté et ne nous ont apporté nulle aide dans notre lutte pour la conservation de notre nation. Ils ont exacerbé l'aversion primaire que les Anglais éprouvaient contre notre cause et son succès ; ils œuvraient et abondaient davantage en faveur des Sudistes que dans l'intérêt de notre nation. George Peabody & Company est le groupe ayant le plus contribué à enfler notre marché monétaire et à miner la confiance des citoyens en nos finances ; personne d'autre n'aura gagné plus d'argent que dans ces manigances. Les sommes si généreusement prodiguées par M. Peabody à nos établissements éducatifs ont été acquises par les spéculations de sa maison financière sur nos malheurs. » En outre, *The New York Times* du 31 octobre 1866 ajoutait, cité par John Elson, *Reconstruction Carpetbaggers Money Fund. Lightning over the Treasury Building* (Boston, Meador Publishing Co., p. 53) : « La Banque d'Angleterre, avec ses succursales bancaires d'Amérique (sous la houlette de J. P. Morgan), la Banque de France et la Reichsbank d'Allemagne formaient un ensemble de coopérations bancaires entremêlées, dont le principal but était l'exploitation des peuples. »

D'après *Pawns In The Game*[60] de William Guy Carr, les premiers conciliabules entre ces planificateurs de marque se tinrent en 1773 au sein de la boutique d'orfèvrerie de Mayer Amschel Bauer à Francfort. Celui-ci prit le nom de « Rothschild » – ou *Rotes Schild* –, emprunté à l'écusson rouge suspendu au-dessus de sa porte et signalant son magasin (ce blason rouge renvoie aujourd'hui aux armes officielles de la ville de Francfort). Il « n'avait que 30 ans quand il fit venir douze autres très fortunés et puissants à Francfort. Son dessein était de les persuader qu'en convenant de mettre en commun leurs moyens ils seraient capables de financer et de contrôler la Révolution dans le monde entier, et l'utiliser comme vecteur d'une prise de contrôle total sur les richesses, les ressources naturelles et la main-d'œuvre de la planète entière. Après avoir emporté leur adhésion, Mayer leur révéla son projet révolutionnaire. Ce programme s'appuierait sur tous les pouvoirs qui pourraient être subornés grâce aux moyens qu'ils mettraient en commun. Grâce à une utilisation intelligente de l'addition de leurs fortunes, il leur serait possible de créer des conditions économiques tellement hostiles que les masses pourraient être réduites par le chômage à un état frôlant la famine… Les propagandistes rémunérés attiseraient des sentiments d'envie et de vengeance contre les classes dirigeantes en mettant en lumière toutes les situations réelles

---

[60]William Guy Carr, *Pawns In The Game*, chez l'auteur, 1956.

ou fantaisistes d'abus, de conduite immorale, d'injustice, d'oppression et de persécution. Ils inventeraient en outre des sorts infamants aux personnes qui pourraient, si on ne les discréditait pas, parasiter leurs plans... Rothschild s'empara d'un manuscrit et en commença la lecture : c'était un plan d'action minutieusement concocté. 1° Il argua que la *loi* n'était que de la *force* déguisée et qu'il était dans l'ordre des choses de conclure que "de par les lois de la nature, le droit réside dans la force". 2° La liberté politique est une idée, non un fait. Tout ce qu'il était nécessaire de faire pour usurper le pouvoir politique était de prêcher le "libéralisme" pour que l'électorat, en vue de faire progresser cette idée, glane des miettes de pouvoir et de satisfaction sur lesquelles les conjurés pourraient facilement mettre la main. 3° L'orateur déclara que le *pouvoir de l'or* avait pris la place du pouvoir des dirigeants libéraux. Il fit valoir qu'il n'était guère important pour la réussite de son projet que les gouvernements établis fussent détruits par des ennemis extérieurs ou intérieurs, pourvu que les vainqueurs soient contraints par la nécessité à demander l'aide du "Capital" qui "se trouve entièrement entre nos mains ». 4° Il soutint que l'utilisation de tous les moyens disponibles pour réaliser leur objectif était justifiée, en s'appuyant sur le fait qu'un homme politique adroit, toujours placé dans une position transitoire et instable, ne fondera jamais la moralité. 5° Il affirma : "Notre droit repose sur la force. Le mot *droit* est une notion abstraite sans valeur intrinsèque. J'ai découvert un nouveau *droit* : celui d'agir par le *droit de la force* en vue de refondre toutes les institutions établies et de devenir le Souverain seigneur de tous ceux qui nous auront gentiment délégué les prérogatives issues de leurs anciennes positions". 6° La puissance de nos ressources doit rester invisible jusqu'au moment où notre pouvoir aura acquis une telle solidité qu'aucune force imprévue ne pourra plus l'ébranler.

« Il continua son exposé en 25 points. Le n° 8 avait trait à l'instrumentalisation de l'alcool, de la drogue, de la corruption des mœurs et du vice en vue de corrompre la jeunesse de façon systématique dans le monde entier. Au point n° 9, ils s'arrogeaient le droit de s'accaparer des propriétés par tous les moyens et sans hésiter si cela leur permettait de s'assurer souveraineté et domination. Point n° 10 : "Nous avons été les premiers à mettre le triptyque 'Liberté, Égalité, Fraternité' dans la bouche de la populace, ce qui a fait émerger une nouvelle aristocratie. Ce qui est nécessaire pour être membre de cette aristocratie, c'est la *richesse*, laquelle dépend de nous". Point n° 11 : "Les guerres doivent être menées de façon à ce que les nations en lice, dans tous les camps, s'endettent le plus possible auprès de nous". Point n° 12 : "Les candidats à des fonctions publiques doivent être serviles et obéir à nos consignes, devant être disponibles pour notre service". Point n° 13 : la propagande, par la combinaison de fortunes colossales, contrôlera tous les médias d'information de l'opinion publique. Point n° 14 : les paniques et crises économiques auront pour résultat l'instauration d'un gouvernement mondial, le nouvel ordre imposé par un gouvernement unique. »

Comme Frederick Morton l'a écrit dans *The Rothschilds*, la famille Rothschild a joué deux siècles durant un rôle de premier plan au sein de la finance internationale :

« Ces 150 dernières années, l'histoire de la maison Rothschild a constitué, dans des proportions effarantes, l'histoire occulte de l'Europe de l'Ouest » (préface). En raison des fruits de leurs prêts, non à des individus mais à des États, ses membres ont engrangé des profits énormes, ainsi que le montre Morton à la page 36 : « Quelqu'un a dit un jour que la fortune des Rothschild résidait dans la faillite des nations[61]. »

Dans *The Empire of the City*, E. C. Knuth remarque : « Le fait que la maison Rothschild ait constitué sa fortune dans les grands krachs et les grandes guerres de l'histoire, aux moments mêmes où les autres perdaient la leur, est indubitable[62]. »

Voici ce que nous lisons dans la *Great Soviet Encyclopaedia* : « La famille Rothschild est le parfait exemple d'une association de personnes (directoires internationaux) à l'échelle de l'Europe de l'Ouest. Les branches des Rothschild à Londres et à Paris sont unies par leurs liens de maille, mais aussi du fait que leurs membres sont les associés de sociétés qu'ils contrôlent ensemble[63] ». Cette encyclopédie fournit de plus la description de ces sociétés en les présentant comme des trusts internationaux.

Le patriarche de la famille, Mayer Amschel Rothschild, avait monté à Francfort une petite affaire de vente d'or et de pièces de

---

[61] Frederick Morton, *The Rothschilds*, New York, Fawcette Publishing Company, 1961.

[62] E. C. Knuth, *The Empire of the City*, p. 71.

[63] *Great Soviet Encyclopaedia*, 3ᵉ éd., Londres, Macmillan, 1973, vol. 14, p. 691.

monnaie. Bauer de son nom de naissance[64], il signalait sa boutique par une enseigne arborant un aigle sur un écu rouge, une reprise des armes de la ville de Francfort, ce à quoi il avait ajouté cinq flèches d'or tenues par le volatil entre ses serres, afin d'évoquer ses cinq fils. C'est de ce blason qu'il a tiré le nom « Rothschild », ce qui signifie « écusson rouge ». Quand l'électeur de Hesse fit fortune en louant des mercenaires hessois aux Britanniques cherchant à réprimer l'insurrection des colonies américaines, Rothschild s'est vu confier la gestion des investissements de ces liquidités. Il fit d'excellents profits, pour lui-même et pour l'électeur, et s'attira de la sorte d'autres grands comptes. En 1785, il déménageait dans une demeure plus imposante, au 148 Judengasse, une maison sur cinq niveaux surnommée « l'écusson vert », qu'il partagea avec la famille Schiff.

Ses cinq fils établirent des maisons dans les principales villes d'Europe, les plus prospères étant celles de James à Paris et de Nathan Mayer à Londres. Dans *The Romance of the Rothschilds*[65], Ignatius Balla relate comment le Rothschild de Londres a consolidé sa fortune. Il se rendit à Waterloo, quand le sort du continent y était en jeu. Il s'aperçut que Napoléon étaient en train de perdre la bataille et il se

---

[64]Henry Clews, *Twenty-eight Years in Wall Street*, p. 397 : « Le nom de naissance de Rothschild était Bauer ».

[65]Ignatius Balla, *The Romance of the Rothschilds*, Londres, Everleigh Nash, 1913.

précipita vers Bruxelles. Il essaya de louer à Ostende un bateau pour revenir en Angleterre, mais, une tempête faisant rage, personne ne voulait prendre le large. Rothschild proposa 500 F, puis 700, et finalement 1 000 F pour un bateau. Un marin lui répondit : « Je vous emmènerai pour 2 000 : au moins, si nous faisons naufrage, ma veuve aurait quelque chose ». Et ils traversèrent la Manche malgré la tempête.

Le lendemain matin, Rothschild était comme à son habitude à la Bourse de Londres. Tout un chacun remarque sa grande fatigue et sa pâleur extrême. Il se mit soudainement à vendre largement, à se défaire de ses titres en très grande quantité. La panique prit aussitôt d'assaut le marché. « Rothschild vend : il sait que nous avons perdu la bataille de Waterloo ! » Rothschild et tous les satellites qu'on lui connaissait continuèrent de se débarrasser de leurs actions. Balla explique : « Rien ne semblait pouvoir arrêter le désastre. Parallèlement, il rachetait discrètement tous les titres délaissés par l'intermédiaire d'agents que personne ne connaissait. Il gagne en un seul jour près de 1 000 000 £, ce qui fit naître un dicton : "Les Alliés ont remporté la bataille de Waterloo, mais son vainqueur fut en réalité Rothschild"[66]. »

Richard Lewinsogn écrivait dans *The Profits of War* : « Les profits de guerre que Rothschild a enregistrés au cours des guerres napoléoniennes financèrent ses spéculations boursières postérieures. L'Autriche, sous Metternich, après avoir longuement hésité, accepta en fin de compte d'être financièrement dirigée par la maison Rothschild[67] ».

---

[66] Le 1er avril 1915, *The New York Times* rapportait qu'en 1914 le baron Nathan Mayer de Rothschild esta en justice afin de censurer l'ouvrage d'Ignatius Balla, arguant que l'anecdote sur Waterloo concerne son grand-père était calomnieuse et diffamatoire. Les tribunaux estimèrent que l'histoire était fondée, débouta Rothschild et le condamna aux dépens. Le quotidien américain faisait remarquer dans le même article que : « La fortune totale de Rothschild avait été évaluée à 2 000 000 000 $ ». Un précédent billet du *New York Times*, du 27 mai 1905, observait que le baron Alphonse de Rothschild, à la tête de la branche française des Rothschild, détenait au sein de sa fortune des titres américains estimés à 60 000 000 $, alors que les Rothschild étaient présumés être inactifs sur le sol américain... Cela explique pourquoi J. P. Morgan, leur agent, ne possédait que 19 000 000 $ en titres lors de son décès en 1913, et que les titres manipulés par Morgan étaient en réalité détenus par son commanditaire, Rothschild.

[67] Richard Lewinsohn, *The Profits of War*, E. P. Dutton, 1937.

Nathan Mayer Rothschild, après le succès de son *coup de Waterloo*, s'assura le contrôle de la Banque d'Angleterre grâce à son quasi-monopole des *Consols* et autres titres. Plusieurs banques « centrales » – qui avaient le pouvoir de battre monnaie – avaient commencé à œuvrer en Europe : la Banque de Suède, en 1655, qui commença l'émission de billets de banque en 1661 ; mais la première du genre fut la Banque d'Amsterdam, laquelle finança la prise de pouvoir d'Oliver Cromwell en Angleterre en 1649, sous le couvert de différends religieux. Cromwell expira en 1657 et le trône d'Angleterre fut restauré en 1660, avec le couronnement de Charles II, qui mourut en 1685. En 1689, le même cénacle de financiers reprit le pouvoir en Angleterre en plaçant le roi Guillaume d'Orange sur le trône. Ce dernier « remboursa » sans tarder ceux qui l'avaient soutenu en intimant au Trésor anglais de leur emprunter 1 250 000 £. Il octroya en outre la charte royale de la Banque d'Angleterre qui les habilitait à consolider la dette nationale (venant précisément d'être créée par cet emprunt) et garantissait le règlement des intérêts et du capital par la taxation directe de la population. Le texte interdisait aux orfèvres du secteur privé de stocker de l'or et d'émettre des gages, ce qui concéda aux actionnaires de la Banque d'Angleterre un monopole monétaire. Il fut aussi exigé des marchands d'or qu'ils conservent leurs métaux précieux dans les coffres de la Banque d'Angleterre. Une décision gouvernementale les avait dépouillés du privilège d'émettre la monnaie en circulation, mais plus encore leurs fortunes étaient directement transférées à ceux-là mêmes qui les avaient supplantés[68].

Dans *Cantos* 46, 27, Ezra Pound évoque les privilèges inouïs que William Paterson avait signalés dans son apologie de la charte de la Banque d'Angleterre :

« Paterson disait : "Cette banque puise ses bénéfices dans les intérêts qu'elle impose sur de l'argent créé à partir de rien". »

Ce « rien » qu'il évoque est évidemment l'opération comptable de l'établissement, qui « crée » de l'argent virtuel en créant une ligne de compte signifiant que l'on vous a « prêté » 1 000 $ qui n'existaient guère jusqu'à l'enregistrement de cette écriture par la banque…

Le Trésor anglais devait dès 1698 16 000 000 £ à la Banque

---

[68]N. B. Aux États-Unis, lorsque les actionnaires de la Réserve fédérale eurent consolidé leur pouvoir en 1934, le gouvernement américain promulgua lui aussi des décrets empêchant le privé de stocker ou détenir de l'or.

d'Angleterre. À compter de 1815, tout d'abord à cause de l'accumulation des intérêts, la dette publique se montait à 885 000 000 £. Une part de l'augmentation de cette dette fut provoquée par les guerres ayant émaillé tout le long de la période, dont les guerres napoléoniennes et celles que le Royaume-Uni a menées en vue de conserver ses colonies américaines.

William Paterson (1658-1719) n'a pas lui-même beaucoup profité de « l'argent que la banque a créé à partir de rien » dans la mesure où il s'est retiré de la Banque d'Angleterre un an après sa création, à cause d'un désaccord politique. Par la suite, un autre William Paterson serait l'un des rédacteurs de la Constitution des États-Unis, tandis que ce nom reste associé à celui de la notion néfaste de banque centrale.

Paterson s'était retrouvé dans l'impossibilité de collaborer avec les actionnaires de la Banque d'Angleterre. Parmi eux, nombreux étaient les anonymes, mais une ancienne description de la Banque d'Angleterre mentionnait qu'elle constituait : « Une société d'environ 1 330 personnes, en incluant le roi et la reine d'Angleterre, qui en possédaient 10 000 £ en actions, le duc de Leeds, le duc du Devonshire, le comte de Pembroke et le comte de Bradford. »

Grâce à ses spéculations fructueuses, le baron Nathan Mayer de Rothschild, comme il se faisait dorénavant appeler, régna sur Londres en tant que puissance financière suprême. Un beau jour, à l'occasion d'une réception donnée dans son hôtel particulier, il s'exclama avec force arrogance : « Je me moque de la marionnette qui occupe le trône d'Angleterre pour gouverneur un Empire sur lequel le soleil ne se couche jamais… C'est l'homme qui contrôle la masse monétaire de la Grande-Bretagne qui contrôle l'Empire britannique, et c'est moi qui contrôle la masse monétaire anglaise. »

À Paris, son frère James était lui aussi parvenu à dominer la finance française. David Druck écrit dans son *Baron Edmond de Rothschild* : « La fortune de [James] Rothschild avait atteint la barre des 600 000 000. En France, un seul homme était davantage fortuné : le roi, dont les richesses étaient évaluées à 800 000 000. La richesse additionnée de tous les banquiers de France était de 150 000 000 inférieure à celle de James Rothschild seul. Cela lui conférait naturellement des moyens formidables, pouvant même lui permettre de renverser le gouvernement chaque fois qu'il le voulait. Il est par exemple notoire qu'il renversa le gouvernement du président du Conseil

Thiers[69]. »

L'expansion de l'Allemagne sous Bismarck s'accompagna de sa dépendance vis-à-vis de Samuel Bleichroder, banquier de la cour du roi de Prusse, connu pour être depuis 1828 un agent des Rothschild. Le docteur von Bethmann-Hollweg, par la suite chancelier d'Allemagne, était le fils de Moritz Bethmann de Francfort qui avait organisé des intermariages avec les Rothschild. L'empereur Guillaume Ier se fiait largement à Bischoffsheim, Goldschmidt et sir Ernest Cassel de Francfort, qui émigra en Angleterre pour devenir le banquier attitré du prince de Galles, lequel devait devenir Édouard VII. La fille de Cassel épousa lord Mountbatten, créant pour cette famille un lien direct avec l'actuelle couronne britannique.

Josephson[70] révèle que Philip Mountbatten était apparenté aux Meyer Rothschild de Francfort par les Cassel. La maison de Windsor avait donc un lien familial direct avec les Rothschild. Lorsque Édouard, le fils de la reine Victoria, devint en 1901 le roi Édouard VII, il rétablit d'excellentes relations avec les Rothschild.

Voici ce qu'en dit dans *Behind The Throne* Paul Emden :

« La préparation d'Édouard à cette fonction était très différente de celle reçue par sa mère, d'où le fait qu'il fut moins "autoritaire" qu'elle. Il conserva auprès de lui, par reconnaissance, les individus qui l'avaient accompagné au moment de la construction du chemin de fer de Bagdad [...] parmi ses conseillers furent admis Leopold et Alfred de Rothschild, plusieurs membres de la famille Sassoon et, surtout, son conseiller financier attitré : sir Ernest Cassel[71]. »

« L'immense fortune que Cassel avait amassée en assez peu de temps lui conférait une énorme influence dont il ne fit jamais un mauvais usage. Il unit la société Vickers Sons à la Naval Construction Company et à la Maxim-Nordenfeldt Guns & Ammunition Company, une fusion qui fit naître la multinationale Vickers Son & Maxim. Des hommes d'affaires évoluaient dans un registre fort différent de celui de Cassel, à l'instar des Rothschild. La gestion de leur société reposait sur

---

[69]David Druck, *Baron Edmond de Rothschild*, New York, chez l'auteur, 1850.

[70]E. M. Josephson, *The Strange Death of Franklin D. Roosevelt*, New York, Chedney Press, 1948, p. 39.

[71]Paul Emden, *Behind The Throne*, Londres, Hoddard Stoughton, 1934.

des principes démocratiques et ses différents associés devaient tous faire partie de la famille. Ils menaient un grand train de vie, avec une hospitalité remarquable et des manières princières : il était logique qu'Édouard VII les eût trouvés sympathiques. Par leurs liens de famille à l'international et leurs relations d'affaires toujours plus étendues, ils connaissaient le monde entier, s'avéraient parfaitement informés sur tout et avaient une connaissance assurée sur des sujets qui n'étaient jamais évoqués au grand jour. Dès le départ, cette association entre finance et politique avait été la marque de fabrique des Rothschild. La maison Rothschild en savait toujours que ce que l'on pouvait savoir par les journaux, et même plus encore que ce que contenaient les rapports arrivant au Foreign Office. L'ombre des Rothschild s'étendait aussi en coulisse dans les autres pays, derrière les trônes. Il fallut un grand nombre de publications et de révélations dans les années qui suivirent la guerre pour qu'un public plus large sache à quel point l'influence d'Alfred de Rothschild avait puissamment infléchi la politique d'Europe centrale au cours des vingt années qui avaient précédé le conflit. »

Le contrôle de la monnaie se doubla du contrôle des moyens d'information. Kent Cooper, directeur d'Associated Press, observait dans son autobiographie *Barriers Down* :

« Les financiers internationaux soumis à la maison Rothschild prirent une participation dans les trois plus grandes agences de presse européennes[72]. »

Les Rothschild avaient ainsi acquis le contrôle de l'agence de presse internationale Reuters, avec siège à Londres, de l'agence Havas en France ainsi que de l'agence allemande Wolf, le tout contrôlant la diffusion de toute l'information en Europe.

Dans *Inside Europe*[73], John Gunther remarquait en 1936 que le président du Conseil en France, fin 1935, n'était qu'une créature de l'oligarchie financière, laquelle était dominée par douze personnalités à la solde du baron Edmond de Rothschild, dont six banquiers.

Ce carcan imposé par la London Connection aux médias a été dévoilé dans un récent ouvrage de Ben J. Bagdikian, *The Media Monopoly*, duquel il a été dit qu'il s'agissait d'« un reportage cinglant

---

[72] Kent Cooper, *Barriers Down*, p. 21.

[73] John Gunther, *Inside Europe*, 1936.

sur les 50 grandes sociétés qui contrôlent ce que l'Amérique voit et lit[74] ». Bagdikian, qui supervisait le *Saturday Evening Post* – la revue la plus influente des États-Unis – jusqu'à ce que ce « monopole » la coule brusquement, dévoile l'existence de directoires croisés parmi les 50 conglomérats contrôlant l'information, mais il ne fait guère le lien entre ceux-ci et les cinq établissements bancaires londoniens les contrôlant. Il évoque le fait que CBS est étroitement lié au *Washington Post*, à Allied Chemical, à la Wells Fargo Bank ainsi qu'à d'autres entreprises, mais il ne précise pas à son lecteur que Brown Brothers Harriman contrôle CBS ou que la famille d'Eugene Meyer (Lazard Frères) domine Allied Chemical, le *Washington Post*, la Kuhn Loeb Company et la Wells Fargo Bank. Il établit que *The New York Times* est intimement imbriqué dans le Morgan Guaranty Trust, American Express, la First Boston Corporation et d'autres sociétés, mais il n'explique pas la façon dont ces organismes sont étroitement unis entre eux. Le système de la Réserve fédérale n'est jamais mentionné dans son essai, et cette absence même est suspecte.

Bagdikian révèle la manière dont le monopole médiatique engendre la fermeture progressive d'un nombre toujours plus grands de quotidiens et de revues. Washington, avec un unique quotidien, le *Washington Post*, est un cas sans équivalent parmi les capitales mondiales : Londres compte 11 quotidiens, Paris 14, Rome 18, Tokyo 17 et Moscou 9... Il s'appuie sur une étude de la *World Presse Encyclopaedia* de 1982 signalant que les États-Unis occupent, parmi les pays industrialisés, la dernière place en ce qui concerne le nombre de journaux quotidiens vendus pour 1 000 habitants. La Suède était en tête avec 572 ; les États-Unis derniers avec 287. Les Américains manifestent donc une défiance générale vis-à-vis des médias, en raison d'un monopole manifeste et de leur parti pris. La presse préconise comme un seul homme une taxation plus lourde des travailleurs, des dépenses gouvernementales plus élevées, un État-providence disposant de pouvoirs totalitaires, des rapports étroits avec la Russie et la dénonciation systématique de tous les véritables opposants du communisme. Ce n'est là que la propagande de la London Connection. Celle-ci fait état d'un racisme frénétique et a comme devise la célèbre phrase de la papesse du mouvement, Susa Sontag : « la race blanche est le cancer de l'humanité ». Et tout un chacun devrait combattre ce « cancer »... Le monopole sur les médias traite ses adversaires de deux

---

[74]Ben H. Bagdikian, *The Media Monopoly,* Boston, Beacon Press, 1983.

façons : soit en menant de front des attaques diffamatoires que l'individu lambda n'a guère les moyens de contrecarrer en passant par la case justice ; soit en enterrant les voix discordantes sous une chape de plomb, le traitement habituel auquel est assujetti tout travail faisant des révélations sur ses manigances occultes.

Si le programme de Rothschild conçu en 1773 ne se concrétisa en aucun mouvement politique ou économique particulier, nous pouvons découvrir les éléments essentiels de ce projet dans toutes les révolutions politiques qui ont eu lieu depuis. LaRouche montre que les Round Tables ont soutenu le socialisme fabien en Angleterre tout en encourageant le régime national-socialiste par l'intermédiaire d'un membre allemand de la Round Table : le Dr Hjalmar Schacht. Cette mouvance aurait également instrumentalisé le gouvernement nazi tout au long de la deuxième guerre mondiale grâce à l'amiral Canaris, membre de la Round Table, pendant qu'Allen Dulles supervisait depuis la Suisse une entreprise de coopération de services secrets pour le compte des Alliés !

CHAPITRE VI

LA LONDON CONNECTION

« Ainsi, mon cher Coningsby, vous constatez que le monde est mû par des personnalités très différentes que ce que peuvent imaginer ceux dont l'œil ne perce pas jusqu'aux coulisses. »

Benjamin Disraeli[75], Premier ministre du Royaume-Uni pendant le règne de la reine Victoria

En 1775, les colons d'Amérique proclamèrent leur indépendance vis-à-vis du Royaume-Uni et gagnèrent leur liberté à l'issue de la Révolution américaine. Même s'ils ont acquis leur liberté politique, l'indépendance financière renvoyait à un problème autrement plus complexe. Sur ordre de banquiers européens, Alexander Hamilton fonda en 1791 la première Banque des États-Unis, une banque centrale disposant peu ou prou des mêmes prérogatives que la Banque d'Angleterre. Les influences étrangères qui œuvraient clandestinement derrière cette institution furent capables, plus d'un siècle plus tard, de faire adopter par le Congrès le Federal Reserve Act. Elles mettaient enfin la main sur une banque centrale émettrice de l'économie américain. Quoique la banque de la Réserve fédérale ne fût ni « fédérale » – se trouvant entre les mains d'actionnaires privés –, ni une « réserve » – dans la mesure où elle était vouée à produire de la monnaie au lieu d'en garder en réserve –, elle a véritablement acquis une puissance financière immense, à tel point qu'elle a progressivement marché sur le terrain du gouvernement élu par les citoyens. L'indépendance des États-Unis a été peu à peu, à travers la Réserve fédérale, inexorablement, reprise par la sphère d'influence anglaise. La « London Connection » est de la sorte devenu

---

[75]Disraeli, *Coningsby*, Londres, Longmans Co., 1881, p. 252.

l'arbitre de la politique américaine.

À la suite de la seconde guerre mondiale et la perte de l'Empire, l'influence de l'Angleterre en tant que puissance politique planétaire a paru décliner. Pour l'essentiel, c'était exact : le Royaume-Uni de 1980 n'était plus celui de 1880. L'Angleterre ne dominait plus les mers, ne restant une puissance militaire que de deuxième voire de troisième ordre. Cependant, et ce n'est qu'un paradoxe, tandis que sa puissance politico-militaire déclinait, son influence financière croissait. Voici ce que nous lisons dans *Capital City* : « En pratique, sous tous les angles d'observation imaginables, Londres s'impose comme étant le centre financier mondial prédominant [...] Dans la décennie 1960, la domination de Londres s'est consolidée[76] ».

Donnons un éclairage expliquant déjà partiellement ce phénomène...

> « Daniel Davison, dirigeant Morgan Grenfell à Londres, a affirmé : "Les banques américaines ont fait venir l'argent, les clients, les capitaux et les compétences nécessaires, qui ont fait de Londres la place dominante qu'elle est [...] les banques américaines sont les seules à voir un prêteur en ultime recours. Le conseil de la Réserve fédérale, aux États-Unis, peut – et doit – créer du dollar dès que cela s'avère nécessaire. Les importantes transactions en dollars ne pourraient être conçues sans les Américains. Sans ces derniers, Londres n'aurait jamais été un centre financier planétaire crédible"[77]. »

Pouvant disposer de sommes colossales produites à sa demande par le conseil des gouverneurs de la Réserve fédérale en Amérique, Londres est ainsi le cœur de la finance internationale. Mais comment cela est-il possible ? Nous avons précédemment montré qu'aux États-Unis la politique monétaire, les taux d'intérêts, la masse monétaire, le cours de la devise et la vente d'obligations sont fixés, non par les prestigieux membres du conseil des gouverneurs de la Réserve fédérale, mais par la banque de réserve fédérale de New York. La prétendue décentralisation du système de la Réserve fédérale, avec ses douze établissements « régionaux » dotés d'une égale autonomie, demeure la duperie qu'elle a toujours été depuis l'adoption en 1913 du Federal

---

[76]McRae et Cairncross, *Capital City*, Londres, Eyre Methuen, 1963, p. 1.

[77]*Ibid.*, p. 225.

Reserve Act. Mais croire que la politique monétaire américaine ne serait décidée qu'au sein de la banque de réserve fédérale de New York serait une autre erreur... Penser que cette banque régionale serait elle-même autonome et libre de fixer, sans influence externe, la politique monétaire de tout le pays est totalement fallacieux.

Nous aurions pu croire en une telle autonomie si nous ignorions que la part majoritaire des actions de la banque de réserve fédérale de New York avait été acquise par trois banque new-yorkaises : la National City Bank, la *First National Bank* et la National Bank of Commerce. En 1914 comme aujourd'hui, l'analyse des principaux actionnaires de ces établissements montre leur rapport direct avec Londres.

La National City Bank a ouvert en 1812, sous le nom de « City Bank », à l'endroit même où la Banque des États-Unis disparue – les dispositions de son acte constitutif ayant expiré – avait mené ses opérations. Elle rassemblait grosso-modo les mêmes actionnaires, agissant désormais dans un cadre américain légal et constitutionnel.

Au commencement du XIXe siècle, le nom le plus célèbre associé à la City Bank était celui de Moses Taylor (1806-1882). Le père de ce dernier avait été un agent secret d'Astor, sommé d'acquérir des propriétés pour son compte tout en taisant l'identité du véritable acquéreur. Astor parvint grâce à cette stratégie à rassembler un nombre impressionnant de terres agricoles et de biens immobiliers au potentiel de valeur colossal à Manhattan. Si le capital d'Astor était censé émaner de son commerce de fourrures, nombre de sources montrent qu'Astor représentait aussi des intérêts étrangers. LaRouche[78] révèle que, dans les années précédant la guerre d'indépendance et celles qui suivirent, Astor avait reçu de belles récompenses de la part des Britanniques en échange de précieux renseignements et de son activité visant à inciter les Indiens à attaquer et tuer des colons américains le long des frontières. Cette récompense ne lui fut point versée en espèces : il obtint plutôt un pourcentage sur le commerce britannique de l'opium avec la Chine. Les revenus liés à cette concession particulièrement lucrative constituent le socle de la fortune des Astor.

Le jeune Moses Taylor, par l'intermédiaire des rapports entretenus par son père avec la famille Astor, eut toute la latitude nécessaire pour décrocher à l'âge de 15 ans une petite place au sein d'un établissement

---

[78]Lyndon H. LaRouche, *Dope, Inc.*, New York, New Benjamin Franklin House Publishing Co., 1978.

bancaire. Comme dans de nombreux autres cas évoqués dans le cours de cet ouvrage, Taylor croisa la route de la réussite quand bien d'autres Américains rencontraient la faillite, en période de violente contraction du crédit : il doubla sa fortune alors que plus de la moitié des entreprises de New York déposaient le bilan lors de la panique de 1837. Il devint en 1855 le président de la City Bank. Celle-ci avait au cours de la panique de 1857 tiré profit de la faillite d'un grand nombre de concurrents. Taylor paraissait bénéficier – comme George Peabody et Junius Morgan – d'une appréciable réserve de liquidités lui permettant d'acquérir des actions dépréciées. Il reprit quasiment toutes les actions de Delaware Lackawanna Railroad, pour 5 $ pièce. Il les revendit sept années plus tard à 240 $ l'unité : Moses Taylor pesait dorénavant 50 000 000 $.

Taylor fut nommé en août 1861 à la présidence du Comité des emprunts visant à financer le gouvernement de l'Union au cours de la guerre de Sécession. Cet organe proposa au gouvernement 5 000 000 $ à 12% afin de financer l'effort de guerre. Choqué, Lincoln refusa tout net : il finança la guerre en demandant au Trésor d'émettre les célèbres « billets verts » adossés à l'or. Taylor continua d'amasser des richesses tout au long du conflit ; dans les dernières années de son existence, il fit du jeune James Stillman son protégé. Disparaissant en 1882, Moses Taylor laissait derrière lui 70 000 000 $[79] et c'est Percy Pyne, son gendre, qui lui succéda à la présidence de la City Bank, devenue entre-temps la National City Bank. Paralytique, Pyne était à peine capable de se rendre dans les bureaux de sa banque pour la faire marcher. Cette dernière stagna pendant neuf années dans la mesure où tout son capital émanait de la propriété de Moses Taylor. William Rockefeller, le frère de John D. Rockefeller, y prit une participation, se montrant impatient de la voir se développer. Il persuada en 1891 Pyne de céder ses fonctions à James Stillman : la National City Bank deviendrait rapidement la principale dépositaire des revenus pétroliers des Rockefeller. Le fils de ce William Rockefeller, un autre William, épousa « Elsie », c'est-à-dire Isabelle, la fille de James Stillman.

À l'instar de bien d'autres acteurs du secteur financier à New

---

[79]Le 24 mai 1882, *The New York Times* remarquait que Moses Taylor présidait en 1861 le Comité des emprunts des banques associés de New York. Des titres valant 200 000 000 $ lui furent confiés et c'est probablement grâce à lui plus qu'à aucun autre que le gouvernement trouva en 1861 la moyen de poursuivre la guerre.

York, James Stillman avait lui aussi des relations londoniennes : son père, don Carlos Stillman, était venu à Brownsville dans le Texas pendant la guerre de Sécession, en tant qu'agent britannique et briseur de blocus. Faisant valoir ses relations financières de New York, don Carlos trouva facilement une place d'apprenti pour son fils au sein d'un établissement bancaire. En 1914, quand la National City Bank achetait quasiment 10% des actions de la banque de réserve fédérale de New York fraîchement créée, deux des petits-enfants de Moses Taylor – Moses Taylor Pyne et Percy Pyne – détenaient 15 000 des actions de la National City Bank. H. A. C. Taylor, le fils de Moses Taylor, en avait 7 699. John W. Sterling, l'avocat de la banque, du cabinet Shearman & Sterling, détenait en outre 6 000 actions de cette banque. Cependant, James Stillman en possédait quant à lui 47 498, soit presque 20% des 250 000 actions de cette société (voir tableau I).

Le deuxième principal actionnaire de la banque de réserve fédérale de New York en 1914 n'était autre que la *First National Bank*. Même si son fondateur George F. Baker en possédait 20 000 actions et son fils G. F. Baker, J^r, 5 000 (soit 25% des actions de la banque, qui en dénombrait 100 000, à eux deux), la *First National Bank* était communément considérée comme étant « la banque Morgan ». La fille de George F. Baker, S^r, s'était mariée avec George F. St. George de Londres. Les St. George s'établirent par la suite aux États-Unis où leur fille Katherine St. George devint une parlementaire de premier rang de nombreuses années durant. Le Dr E. M. Josephson écrivait à son sujet : « Mme St. George – cousine au premier degré de FDR et favorable au New Deal – a fait savoir : "La démocratie est un échec"[80]. » Edith Brevoort Baker, fille de George Baker, J^r, convola en 1934 avec John M. Schiff, petit-fils de Jacob Schiff. Actuellement, celui-ci est président d'honneur de la Lehman Brothers Kuhn Loeb Company.

En 1914 toujours, le troisième plus grand actionnaire de la banque de réserve fédérale de New York était la National Bank of Commerce qui avait émis 250 000 actions. Par l'intermédiaire des intérêts qu'il détenait dans Equitable Life – société qui elle-même en possédait 24 700 – et dans Mutual Life, J. P. Morgan possédait 17 294 actions de la National Bank of Commerce. Il en avait 10 000 autres à travers J. P. Morgan and Company (7 800 actions), J. P. Morgan, J^r (1 100 actions) et son associé H. P. Davison (1100 actions). Paul Warburg, l'un des

---

[80] E. M. Josephson, *The Strange Death of Franklin D. Roosevelt*, New York, Chedney Press, 1948.

gouverneurs du conseil de la Réserve fédérale, possédait quant à lui 3000 actions au sein de la *National Bank of Commerce*. Jacob Schiff, son associé, en détenait 1000 : Morgan contrôlait donc manifestement cette banque, qui n'était finalement qu'un satellite de la Junius S. Morgan Company et de la N. M. Rothschild Company de Londres, ainsi que de la *Kuhn, Loeb Company*, cette dernière étant comprise parmi les principaux agents des Rothschild.

Le financier Thomas Fortune Ryan possédait en 1914 5 100 actions de la National Bank of Commerce. Son fils John Barry Ryan prit pour femme la fille d'Otto Kahn, l'associé de Warburg et Schiff au sein de la *Kuhn, Loeb Company*. Virginia Fortune Ryan, la petite-fille de ce Ryan, se maria avec lord Airlie, l'actuel directeur de la J. Henry Schroder Banking Corporation à Londres et New York.

A. D. Juillard, l'un des administrateurs de la National Bank of Commerce en 1914, présidait l'A. D. Juillard Company et siégeait aux conseils d'administration de New York Life et du Guaranty Trust, toutes entreprises contrôlées par J. P. Morgan. Juillard avait aussi des relations britanniques, étant l'un des dirigeants de la North British & Mercantile Insurance Company. Juillard détenait 2 000 actions de la National Bank of Commerce et était en outre administrateur de la Chemical Bank.

Josephson nous montre dans *The Robber Barons* que Morgan dominait dès 1900 New York Life, Equitable Life et Mutual Life, dont les actifs se montaient à 1 000 000 000 $, ces trois entreprises disposant chaque année de 50 000 000 $ pour leurs investissements. Voici ce que l'essayiste écrit :

> « Il [Morgan] s'assura dans cet ensemble d'alliances secrètes le contrôle direct de la National Bank of Commerce, puis une propriété partielle de la *First National Bank* en s'alliant avec George F. Baker, le très influent financier conservateur qui la dirigeait. Puis, à l'aide de ces actions et de directoires croisés, il associa à ces premières banques d'autres grands établissements : Hanover, Liberty, Chase[81]... »

Mary W. Harriman, veuve d'E. H. Harriman, détenait en 1914 5 000 actions de la National Bank of Commerce. L'empire ferroviaire d'E. H. Harriman avait été intégralement financé par Jacob Schiff de la *Kuhn, Loeb Company*. Toujours en 1914, Levi P. Morton avait 1 500

---

[81] Matthew Josephson, *The Robber Barons*, p. 409.

actions au sein de la National Bank of Commerce. Il avait été le 22ᵉ vice-président des États-Unis, ancien représentant des États-Unis pour les relations avec la France et président de la L. P. Morton Company à New York, de Morton-Rose and Company et de Morton Chaplin à Londres. Il figurait parmi les administrateurs de l'*Equitable Life Insurance Company*, de la Home Insurance Company, du Guaranty Trust et du Newport Trust.

La plupart de nos lecteurs, notamment américains, rejetteront sans doute *a priori* la stupéfiante affirmation selon laquelle la Réserve fédérale serait en réalité dirigée depuis Londres. Minsky s'est cependant fait connaître avec sa théorie du « cadre dominant ». Ce théoricien argumente que dans tout cas concret s'exerce un « cadre dominant » auquel se rapporte tout ce qui relève de ce cas et à travers lequel ce dernier doit être interprété. Concernant les décisions monétaires de la Réserve fédérale, ce « cadre dominant » renvoie aux choix faits par l'entité devant le plus en bénéficier. De prime abord, il semblerait que cette entité puisse être identifiée aux principaux actionnaires de la banque de réserve fédérale de New York. Nous avons toutefois montré que tous ces actionnaires avec des liens avec Londres. Ensuite, quand nous lisons dans *Capital City*[82] que 17 entreprises seulement opèrent en tant que banques d'affaires dans la City de Londres – le quartier-général de la finance en Angleterre –, il devient d'autant plus manifeste que la London Connection incarne une influence prédominante. Ces 17 banques d'affaires ont toutes dû être habilitées par la Banque d'Angleterre et, de fait, la plupart des gouverneurs de cette dernière ont été piochés parmi les associés de ces 17 établissements. Clarke a fait le classement de ces 17 banques par ordre de capitalisation… En 2ᵉ position figure la J. Henry Schroder Banking Company. Morgan Grenfell, la firme londonienne de la famille Morgan, et l'entreprise essentielle de cette dernière, arrive à la 6ᵉ place. Lazard Frères : 8ᵉ ; N. M. Rothschild Company : 9ᵉ. La Brown Shipley Company, la branche de Brown Brothers Harriman à Londres, se place à la 14ᵉ ligne de ce classement.

Ces cinq banques d'affaires contrôlent en réalité depuis Londres les banques new-yorkaises détenant la majorité et le contrôle de la banque de réserve fédérale de New York.

La tutelle des décisions de la Réserve fédérale s'appuie aussi sur

---

[82] McRae et Cairncross, *Capital City*, Londres, Eyre Methuen, 1963.

une autre situation unique. Tous les jours, les délégués de quatre autres établissements bancaires londoniens se retrouvent dans les bureaux de la N. M. Rothschild Company à Londres pour y fixer le cours du jour de l'or. Ces établissements sont la Samuel Montagu Company, répertoriée au 5e rang parmi les 17 banques d'affaires londoniennes, Sharps Pixley, Johnson Matheson & Mocatta, ainsi que Goldsmid. En dépit d'une incroyable surenchère de papier-monnaie et de devises submergeant désormais la planète et nourrissant les spéculations, toute extension du crédit doit revenir, à un moment ou un autre, s'adosser – ne serait-ce que de façon anecdotique – sur l'or déposé dans quelques banques à travers le globe. Par le fait même, les banquiers d'affaires de Londres ayant la possibilité de fixer chaque jour le cours de l'or incarnent les arbitres ultimes de la masse monétaire et du cours des devises d'États devant s'incliner devant leur puissance. Parmi les grands États concernés, nous trouvons les États-Unis. Nul dirigeant de la banque de réserve fédérale de New York ni du conseil des gouverneurs de la Réserve fédérale ne saurait disposer d'un pouvoir planétaire sur l'argent comparable à celui de ces financiers affairistes de Londres. Tout en déclinant sur les plans politique et militaire, la Grande-Bretagne exerce aujourd'hui la plus grande de toutes les influences : le pouvoir financier. C'est ainsi que Londres est actuellement la capitale financière du globe.

CHAPITRE VII

LES LIENS AVEC HITLER

La J. Henry Schroder Banking Company comptait, sur notre liste des 17 banques d'affaires composant à elles seuls le comité des établissements habilités de Londres, la deuxième capitalisation boursière la plus importante. Quoique à peu près inconnue aux États-Unis, cette société a joué un rôle essentiel dans l'histoire américaine. À l'instar des autres banques de ce classement, elle a dans un premier temps dû recevoir l'agrément de la Banque d'Angleterre et, tout comme la famille Warburg, les Schroder ont commencé leurs transactions bancaires à Hambourg. En 1900, le baron Bruno von Schroder fondait la firme londonienne de sa banque. Peu après, en 1902, Frank Cyril Tiarks le rejoignit. Ce dernier épousa par la suite Emma Franziska, de Hambourg, avant de diriger la Banque d'Angleterre entre 1912 et 1945.

La J. Henry Schroder Banking Company eut un rôle primordial au cours de la première guerre mondiale, depuis les coulisses. Les historiens n'ont aucune explication décisive du déclenchement de la Grande Guerre. Certes, l'archiduc François-Ferdinand fut assassiné à Sarajevo par Gavril Princeps. L'Autriche exigea les excuses de la Serbie, laquelle lui envoya un mot d'excuse. Malgré ce geste, l'Autriche déclara la guerre et, de fil en aiguille, les autres États d'Europe entrèrent dans le conflit. Une fois la guerre commencée, on se rendit compte qu'il n'était guère facile de l'assumer. Le problème essentiel était que l'Allemagne manquait désespérément de nourriture et de charbon, et que sans l'Allemagne le conflit ne pouvait durer. John Hamill explique dans *The Strange Career of Mr. Hoover*[83] comment fut résolu ce

---

[83] John Hamill, *The Strange Career of Mr. Hoover*, New York, William Faro, 1931.

dilemme[84]. Il cite l'édition du 4 mars 1915 du *Nordeutsche Allgemeine Zeitung* : « La justice exige cependant que toute transparence soit faite quant à l'action fondamentale entreprise par les autorités allemandes en Belgique afin de résoudre ce problème. C'est d'elles qu'est venue l'initiative et ce ne fut que grâce à leurs rapports suivis avec le comité américain de secours que la question du ravitaillement a été résolue. » Hamill note : « C'était à cette fin que fut planifié en Belgique ce comité de secours : pour continuer à alimenter l'Allemagne ».

Ce comité de secours en Belgique avait été mis sur pied par Émile Francqui, directeur d'une grande banque belge, la Société Générale, ainsi que par un promoteur minier de Londres : un Américain répondant au nom de Herbert Hoover. Il était associé à Francqui dans nombre de scandales ayant débouché sur des procès retentissants, à l'instar du scandale de la Kaiping Coal Company en Chine. Celui-ci aurait été à l'origine de la « révolte des Boxers », dont l'objectif aurait été d'expulser hors de Chine tous les entrepreneurs étrangers. Hoover faisait l'objet d'une interdiction à la Bourse de Londres : un jugement avait en effet été rendu contre lui et son associé Stanley Rowe qui écopa de dix années de prison. Avec un tel *curriculum vitæ*, Hoover était le candidat idéal pour inaugurer une nouvelle carrière dans l'humanitaire !

Même si son nom est inconnu aux États-Unis, Émile Francqui fut le véritable auteur de l'essor de la fortune de Herbert Hoover. Page 156, Hamill voit en Francqui le responsable de nombreux abus commis contre les indigènes du Congo : « Pour chaque cartouche utilisée, ils devaient rapporter la main d'un Noir ». L'effrayant parcours de Francqui a pu être la source d'accusations par la suite portées en Belgique contre les soldats allemands qui auraient coupé les mains de femmes et d'enfants, bruit qui n'avait aucun fondement. Hamill indique en outre que Francqui « trompa les Américains en vue de les inciter à abandonner en 1901 la concession chinoise des chemins de fer Hankou-Canton tout en "se tenant prêt" au cas où Hoover aurait besoin d'aide dans la "prise" des mines de charbon de Kaiping. C'est cet "humaniste" qui reçut seul la fonction de distribuer au cours de la Grande Guerre du "secours" en Belgique, et Hoover était chargé des achats et de la logistique. Francqui administrait avec ce dernier la Chinese Engineering and Mining Company (des mines de Kaiping) grâce à

---

[84]Les exemplaires de l'ouvrage de Hamill ont été systématiquement localisés et détruits par des agents du gouvernement, étant donné qu'il parut juste avant la campagne menée par le président Hoover pour sa réélection.

laquelle Hoover achemina vers le Congo 200 000 esclaves chinois condamnés à un travail forcé dans les mines de cuivre qu'avait Francqui. »

Hamill évoque à la page 311 « Francqui ouvrant les bureaux du Secours belge au sein de sa banque, la Société Générale, par une initiative solitaire appuyée par une lettre d'autorisation émanant du gouverneur allemand, le général von der Goltz, datée du 16 octobre 1914.

L'édition du 18 février 1930 de *The New York Herald Tribune*, citée par le député Louis McFadden le 26 février 1930 devant la Chambre des représentants, stipulait : « L'un des deux directeurs pour la Belgique de la Banque des règlements internationaux sera Émile Francqui, de la Société Générale, membres des deux commissions au Plan Young et Dawes. Le conseil d'administration de cette banque internationale ne comptera pas de personnalité plus prestigieuse qu'Émile Francqui, jadis ministre des Finances, vétéran du Congo et de la Chine […] Il est répertorié comme étant l'individu le plus riche de Belgique, comptant parmi les douze hommes les plus fortunés d'Europe. »

En dépit de son rôle de premier plan, l'index du *New York Times* ne mentionne Francqui que très rarement pour les vingt dernières années de sa vie. Citant *Le Peuple* de Bruxelles, *The New York Times* du 3 octobre 1931 annonçait un voyage de Francqui aux États-Unis : « Monsieur Francqui, en tant qu'ami du président Hoover, ne manquera pas de le visiter ».

Le 30 octobre 1931, *The New York Times* rendait compte de cette visite sous le gros titre : « La rencontre Hoover-Francqui est restée officieuse ». « Il nous a été indiqué que M. Francqui avait été la soirée du mardi l'invité spécial du président et qu'ils avaient conversé, de manière totalement officieuse, des problèmes financiers du monde en général. M. Francqui fut l'associé du président Hoover pendant la guerre, lors de ses dernières activités en Belgique. Leurs retrouvailles n'eurent aucun sceau officiel : M. Francqui est là en tant que citoyen et particulier, ne menant à bien aucune mission officielle. »

Pas la moindre allusion aux collusions affairistes Hoover-Francqui qui étaient la cible d'importants procès à Londres ! La visite de Francqui induisit vraisemblablement le moratoire Hoover sur les dettes de guerre allemandes qui étonna les milieux financiers. McFadden informa le 15 décembre 1931 la Chambre des représentants, à travers une dépêche publiée dans le *Public Ledger* du 24 octobre 1931 à Philadelphie, que « les Allemands dévoilent le secret de Hoover. Le président américain menait des négociations suivies avec le gouvernement allemand dès décembre 1930 au sujet d'un moratoire d'un an sur la dette ». McFadden continuait : « Derrière l'annonce de Hoover, des négociations brouillonnes et secrètes – aussi bien en Allemagne que dans les bureaux des banquiers allemands à Wall Street – ont duré plusieurs mois. Il convenait que l'Allemagne fût imbue d'argent américain. Il fallait que M. Hoover fût quant à lui élu, car ce projet avait été conçu avant même qu'il ne devînt président. Si les financiers internationaux allemands de Wall Street – à savoir la *Kuhn, Loeb Company*, J. & W. Seligman, Paul Warburg, J. Henry Schroder – et leurs satellites n'avaient pas eu ce projet en tête, Herbert Hoover n'aurait jamais eu accès à la présidence des États-Unis. C'est l'influence des frères Warburg, dirigeants de la très importante banque *Kuhn, Loeb Company*, et les subsides financiers qu'ils apportèrent dans sa compagne, qui permirent à M. Hoover de devenir président. En échange de ces bons services, M. Hoover avait promis de promulguer un moratoire sur les dettes allemandes, mais il chercha à exempter du champ d'application du moratoire Hoover l'emprunt de 125 000 000 $ consenti à l'Allemagne par Kreuger. En la matière, l'escroquerie de Kreuger devint notoire quand il alla voir en janvier à la Maison-Blanche son ami Herbert Hoover. »

Hoover ne se contenta pas de recevoir à la Maison-Blanche Francqui, mais également Ivar Kreuger, l'escroc le plus fameux de tout le XXe siècle.

À la mort de Francqui le 13 novembre 1935, *The New York Times* l'immortalisait de la sorte : « Le roi du cuivre congolais […] M. Francqui, qui avait acquis des pouvoirs souverains sur le belga, l'indexa sur l'étalon-or l'année dernière, à l'occasion d'une crise. Il avait mené en 1891 une expédition au Congo ayant permis au roi Léopold de s'emparer de cette contrée. Homme à la fortune colossale, il était classé parmi les douze individus les plus riches d'Europe. Francqui eut la main sur d'énormes gisements de cuivre. En 1926, il devint ministre d'État, puis ministre des Finances en 1934. Son orgueil était de n'avoir jamais accepté la moindre rémunération, pas même un centime, pour ses services au gouvernement. Quand il était consul général à Shanghai, il avait obtenu des concessions de grande valeur, principalement avec les mines de charbon de Kaiping et le chemin de fer de Tianjin. Il fut gouverneur de la Société Générale de Belgique et de la Lloyd royale belge, ainsi que régent de la Banque nationale de Belgique. »

The New York Times n'évoque point les liens d'affaires unissant Francqui et Hoover. Tout comme son homologue belge, Hoover refusa lui aussi toute rémunération pour ses « services au gouvernail » et, en tant que secrétaire au Commerce puis président des États-Unis, il reversa son salaire à l'État fédéral.

McFadden lança le 13 décembre 1932 une résolution d'*impeachment* contre le président Hoover pour crimes et délits graves. Celle-ci s'appuyait sur de nombreuses pages, évoquant des violations de contrats, des dissipations illicites des ressources financières fédérales ou encore la nomination d'Eugene Meyer au conseil des gouverneurs de la Réserve fédérale. Le texte fut laissé de côté et ne fut jamais étudié par la Chambre des représentants.

Dans ses critiques du moratoire Hoover concernant les dettes de guerre allemandes, McFadden faisait référence aux soutiens financiers « allemands » de Hoover. Quoique tous les principaux protagonistes de la « London Connection » fussent bel et bien originaires d'Allemagne (et la plupart de Francfort), ils œuvraient depuis Londres au moment où ils subventionnèrent la candidature de Hoover à la présidence des États-Unis, et c'était dans cette ville que Hoover avait réalisé la majeure partie de sa carrière.

En outre, le moratoire Hoover n'était guère voué à « aider » l'Allemagne, étant donné que Hoover n'avait jamais été « pro-Allemands ». Ce moratoire sur les dettes de guerre de l'Allemagne était nécessaire pour que cette dernière pût se réarmer. En 1931, les diplomates réellement tournés vers l'avenir pouvaient anticiper la seconde guerre mondiale ; or, il ne saurait y avoir de guerre sans « agresseur ».

Hoover avait en outre mis en place de nombreux programmes de promotion minière dans différentes parties du globe en tant qu'agent secret des Rothschild et il obtint en guise de récompense la direction d'une des principales entreprises des Rothschild : les mines du Rio Tinto en Espagne et Bolivie.

Francqui et Hoover s'étaient lancés dans la tâche en apparence impossible d'approvisionner l'Allemagne au cours de la première guerre mondiale. Leur réussite fut saluée par le *Nordeutsche Allgemeine Zeitung* du 13 mars 1915 remarquant qu'une importante quantité de nourriture arrivait désormais de Belgique par voie ferroviaire. L'annuaire *Schmoller* de 1916 concernant la législation, l'administration et l'économie politique estimait que 500 000 tonnes de viande, 750 000 de pommes de terre, 750 000 de pain et 60 000 de beurre avaient été acheminés entre la Belgique et l'Allemagne cette année-là. Edith Cavell, une patriote britannique ayant fait tourner plusieurs années durant un petit hôpital en Belgique, signa dans le *Nursing Mirror* de Londres du 15 avril 1915 un billet dans lequel elle dénonçait le fait que les approvisionnements du « Secours belge » étaient dirigés vers l'Allemagne afin de nourrir l'armée allemande. Les Allemands considéraient que Mlle Cavell n'avait pas d'importance et n'y firent point attention, mais à Londres les services secrets britanniques furent fâchés par sa révélation et exigèrent des Allemands qu'ils la missent aux arrêts pour espionnage.

À la tête des services secrets britanniques et associé de la *Kuhn, Loeb Company*, sir William Wiseman craignait que la continuation de la guerre fût menacée et il recommanda discrètement aux Allemands de condamner à mort Edith Cavell. Ces dernières l'arrêtèrent sans enthousiasme et l'accusèrent d'avoir aidé des prisonniers de guerre à s'évader. Pour un tel délit, la sentence habituelle était trois mois de prison, mais ses juges s'inclinèrent devant les volontés de sir William Wiseman et la firent exécuter, faisant d'elle l'une des plus grandes martyres de la première guerre mondiale.

Une fois Edith Cavell mise hors d'état de nuire, les manigances du « Secours belge » continuèrent. Cependant, des émissaires allemands approchèrent de nouveau en 1916 les responsables britanniques afin de leur signaler qu'ils ne pensaient pas que l'Allemagne pourrait poursuivre son effort militaire, non seulement à cause des pénuries alimentaires, mais aussi en raison de difficultés financières. Du « secours d'urgence » en plus grande quantité fut acheminé et l'Allemagne continua la guerre jusqu'en novembre 1918. Deux des principaux assistants de Hoover n'étaient autres que Prentiss Gray – ancien professionnel du transport maritime de bois sur la côte ouest – et Julius H. Barnes – marchand céréalier de Duluth. Après le conflit, ces deux hommes devinrent des associés de la J. Henry Schroder Banking Corporation à New York et ils engrangèrent d'importantes richesses, avant tout dans les céréales et le sucre.

Barnes et Gray se virent attribuer des fonctions importantes au sein de la toute nouvelle US Food Administration grâce à l'entrée en guerre des États-Unis, sous la direction de Herbert Hoover. Barnes fut le président de la branche céréalières de l'US Food Administration en 1917-1918, tandis que Gray fut désigné à la tête du transport maritime. G. A. Zabriskie, un autre associé de J. Henry Schroder, fut choisi à la direction du conseil américain d'équité des prix du sucre. De la sorte, la London Connection contrôlait au cours de la Grande Guerre l'ensemble de l'alimentation aux États-Unis par l'intermédiaire de ses « magnats » du sucre et des céréales. En dépit de nombreuses plaintes pour corruption et de scandales éclaboussant l'US Food Administration, il n'y eut pas la moindre inculpation. Après le conflit, les associés de la J. Henry Schroder Company se retrouvèrent avec la propriété de la majeure partie de l'industrie sucrière cubaine. L'un de ses associés, M. E. Rionda, présidait la Cuba Cane Corporation et dirigeait la Manati Sugar Company ainsi que l'American British & Continental Corporation et d'autres sociétés. Le baron Bruno von Schroder, administrateur et associé de l'entreprise, figurait parmi les dirigeants de la North British & Mercantile Insurance Company. Son père, le baron Rudolph von Schroder de Hambourg, se trouvait à la tête de Sao Paulo Coffee Ltd., l'une des plus grandes entreprises brésiliennes de café, en compagnie de F. C. Tiarks – qui, à son tour, était actif au sein de la société Schroder[85].

Après la Grande Guerre, Zabriskie – qui avait été un « magnat » du sucre aux États-Unis en président le conseil américain d'équité des prix du sucre – présida plusieurs très grosses sociétés du secteur du pain et de la biscuiterie en Amérique : Empire Biscuit, la Southern Baking Corporation, Columbia Baking et quelques autres.

Au sein de l'US Food Administration, Hoover se choisit comme principal adjoint Lichtenstein Strauss, lequel devait bientôt être un associé de la *Kuhn, Loeb Company* en épousant la fille de Jerome Hanauer, impliqué dans cette société. Au cours de sa fameuse carrière humanitaire au sein du comité du secours belge et de l'US Food Administration, puis – après la guerre – de l'American Relief Administration, l'associé le plus proche de Hoover fut le dénommé Edgar Rickard, né en France à Pontgibaud. D'après le *Who's Who*, celui-ci déclarait avoir été « l'assistant administratif de Herbert Hoover dans tous les organismes où ce dernier eut un rôle, pendant et après la Grande Guerre, dont le comité du secours en Belgique. Il a également travaillé pour l'US Food Administration entre 1914 et 1924. » Il est demeuré l'un des amis intimes de Hoover, et les Rickard et Hoover passaient régulièrement des vacances ensemble. Hamill nous signale que Hoover, une fois devenu le secrétaire au Commerce de Coolidge, concéda à son ami des brevets de Hazeltine Radio qui lui rapportèrent des droits à hauteur d'1 000 000 $ par an.

La London Connection convint en 1928 de catapulter Herbert Hoover à la présidence des États-Unis. Il y avait cependant un hic : même si Herbert Hoover était né aux États-Unis, et par conséquent

---

[85]Le 11 octobre 1923, *The New York Times* mentionnait : « Frank C. Tiarks, gouverneur de la Banque d'Angleterre, passera deux semaines sur notre sol afin d'organiser l'ouverture de la filiale bancaire de J. Henry Schroder (Londres) ».

constitutionnellement éligible à la présidence, il n'y avait jamais eu la moindre adresse, aussi bien privée que professionnelle, dans la mesure où il s'était expatrié dès ses études à Stanford achevées. Ainsi, au cours de sa campagne électorale, Herbert Hoover fit figurer comme adresse américaine la suite 2000 au 42 Broadway à New York : c'était le bureau d'Edgar Rickard, qui partageait cette suite n° 2000 avec Julius H. Barnes, magnat céréalier et associé de la J. Henry Schroder Banking Corporation.

Une fois élu président des États-Unis, Herbert Hoover fit en sorte de désigner Eugene Meyer, l'un des membres de son ancien réseau à Londres, à la fonction de gouverneur du conseil de la Réserve fédérale. Le père de Meyer avait compté parmi les associés de Lazard Frères à Paris et à Londres. Meyer avait été avec Baruch l'un des individus les plus influents aux États-Unis pendant la première guerre mondiale. Il faisait partie du fameux triumvirat exerçant des pouvoirs phénoménaux : Meyer présidait la War Finance Corporation, Bernard Baruch le War Industries Board, et Paul Warburg le conseil des gouverneurs de la Réserve fédérale.

Étant donné qu'il critiquait Eugene Meyer de longue date, le président de la commission sur la banque et la monnaie de la Chambre des représentants Louis McFadden se signala dans l'hémicycle par un discours dénonçant la nomination de Meyer par Hoover, en portant cette accusation (extraite de l'édition du 17 décembre 1930 du *New York Times*) : « Il représente les intérêts Rothschild et n'est qu'un agent de liaison entre le gouvernement français et J. P. Morgan ». Le même journal rapportait le 18 décembre que « Herbert Hoover est profondément inquiet » et que les propos de McFadden formaient « une affaire malencontreuse ». *The New York Times* commentait dans sa page d'éditorial du 20 décembre, sous le titre « McFadden Again » : « Cette prise de parole devrait précipiter la ratification par le Sénat de la nomination de M. Meyer à la Réserve fédérale. Ce discours était incohérent, comme le sont communément tous les propos de M. McFadden. » Et comme le quotidien l'avait pronostiqué, le candidat Meyer fut facilement approuvé par les sénateurs.

Non contente d'avoir placé un affidé à la Maison-Blanche, la J. Henry Schroder Corporation prit bientôt part à de nouvelles aventures internationales : rien de moins qu'un programme visant à déclencher la seconde guerre mondiale. Il s'agissait de fournir au moment opportun les finances nécessaires à la prise de pouvoir de Hitler en Allemagne. Même si l'on a pu attribuer la responsabilité du financement de Hitler à d'innombrables personnalités – à l'instar de Fritz Thyssen, Henry Ford et J. P. Morgan –, les nôtres ont – avec d'autres – réellement mis sur la table des millions de dollars pour subventionner son militantisme politique au cours de la décennie 1920, tout comme elles l'avaient fait pour d'autres candidats ayant une certaine chance de remporter des élections mais qui s'évanouirent et dont on n'entendit plus guère parler. Pour nombre d'observateurs de la scène politique allemande, il semblait en décembre 1932 indubitable que Hitler serait lui aussi condamné à plonger rapidement dans l'ombre. Quoiqu'il ait obtenu des succès au cours de ses campagnes nationales, il avait dilapidé tout l'argent lui venant de ses fournisseurs habituels et devait dès lors affronter de lourdes dettes. Otto Lehmann-Russbeldt nous apprend dans son ouvrage *Aggression* que : « Le 4 janvier 1933, Hitler fut invité à participer à une réunion de la Schroder Bank à Berlin. Les industriels et les financiers les plus importants d'Allemagne réglèrent ses difficultés financières et lui permirent de pallier la dette colossale qu'il avait contractée pour financer sa milice privée. Hitler promit en échange de casser l'influence des syndicats, promesse qu'il tint le 2 mai 1933[86]. »

Les frères John Foster et Allen W. Dulles, du cabinet d'avocats new-yorkais Sullivan & Cromwell et représentant la banque Schroder, participèrent à cette réunion du 4 janvier 1933. Les Dulles étaient généralement présents pour les discussions importantes. Ils avaient représenté les États-Unis à la conférence de la paix de Paris (1919). John Foster Dulles donna de sa personne au poste de secrétaire d'État d'Eisenhower, tandis qu'Allen Dulles dirigea la CIA de longues années. Les défenseurs des frères Dulles ont rarement essayé de défendre leur participation à la réunion qui présageait l'avènement de Hitler à la chancellerie d'Allemagne, préférant arguer que l'événement n'avait jamais eu lieu. Un de leurs biographes, Leonard Mosley, évite le problème dans *Dulles* en écrivant : « Les deux frères avaient passé beaucoup de temps en Allemagne, où la société Sullivan & Cromwell avait des intérêts considérables au début de la décennie 1930, représentant plusieurs gouvernements régionaux, quelques grands groupes industriels, un grand nombre d'entreprises américaines ayant des intérêts dans le pays et quelques particuliers fortunés[87] ».

Allen Dulles devint par la suite un administrateur de la J. Henry Schroder Company. Ni lui ni J. Henry Schroder ne sont soupçonnés

---

[86]Otto Lehmann-Russbeldt, *Aggression*, Londres, Hutchinson & Co., Ltd., 1934, p. 44.

[87]Leonard Mosley, *Dulles*, New York, Dial Publishing Co., 1978, p. 88.

d'être pro-nazis ou favorables à Hitler ; le fait est simplement que, si Hitler ne devenait pas chancelier d'Allemagne, la deuxième guerre mondiale – conflit qui doublerait leurs bénéfices – aurait eu peu de chances d'éclater[88].

Voici ce que nous lisons dans *The Great Soviet Encyclopaedia* : « L'établissement bancaire Schroder Bros. (c'était la banque de Hitler) fut créé en 1846 ; ses associés actuels sont les barons von Schroder, ayant des parents aux États-Unis et en Angleterre[89] »[90].

Le rédacteur en chef de la rubrique « Finances » du *Daily Herald* de Londres commit le 30 septembre 1933 un article évoquant : « La décision de M. Norman d'accorder aux nazis le soutien de la Banque [d'Angleterre] ».

Dans sa biographie de Montagu Norman, John Hargrave précise ceci :

« Il est à peu près certain que Norman, agissant depuis son repère de Threadneedle Street [N.D.E. *id est* la Banque d'Angleterre], fit tout son possible pour aider d'un point de vue financier l'hitlérisme à s'emparer du pouvoir politique et à le conserver. »

Le baron Wilhelm de Ropp – journaliste comptant parmi ses intimes le commandant F. W. Winterbotham, directeur du renseignement aérien des services secrets britanniques – appela à Londres le philosophe nazi Alfred Rosenberg pour le présenter à lord Hailsham, ministre de la Guerre, à Geoffrey Dawson, rédacteur en chef du *Times*, et à Norman, gouverneur de la Banque d'Angleterre. Rosenberg rencontra le représentant de la banque Schroder de Londres

---

[88]Ezra Pound, au cours d'une émission sur Radio Rome le 18 avril 1943, faisait savoir : « [...] et en Amérique des individus, ne se contentant pas de ce conflit, préparent déjà le suivant. C'est le moment ou jamais de s'y opposer. »

[89]*The Great Soviet Encyclopaedia*, Londres, Macmillan, 1973, vol. 2, p. 620.

[90]Le 11 octobre 1944, *The New York Times* mentionnait : « Le sénateur Claude Pepper a émis des critiques à l'égard de John Foster Dulles, conseiller du gouverneur Dewey pour les relations extérieures, en raison de ses liens avec le cabinet juridique Sullivan & Cromwell et pour avoir financièrement assisté Hitler en 1933. Pepper a fourni le compte rendu de la réunion du 4 janvier 1933 avec Franz von Papen et Hitler au sein de la demeure du baron Schroder à Cologne et, à partir de ce moment, les nazis accélérèrent leur marche vers le pouvoir. »

après avoir conversé avec Norman. Le gérant de cet établissement bancaire, F. C. Tiarks, figurait en outre parmi les dirigeants de la Banque d'Angleterre. Donnons le témoignage de Hargrave (p. 217) : « Début 1934, un aréopage de financiers de la City triés sur le volet se réunit dans le bureau de Norman dont les murs étaient aveugles : sir Robert Kindersley (associé des Lazard Brothers), Charles Hambro, F. C. Tiarks et sir Josiah Stamp (autre administrateur de la Banque d'Angleterre). Le gouverneur Norman fit un exposé sur la situation politique de l'Europe. Une nouvelle puissance, une très grande "force stabilisatrice", s'était établie : l'Allemagne nazie. Norman conseilla à ses compères d'insérer Hitler dans leurs plans de financement en Europe. Il n'y eut aucune opposition. »

Antony C. Sutton établissait dans *Wall Street and the Rise of Hitler* : « Le baron Kurt von Schroeder, nazi, fit office d'intermédiaire afin de transmettre en 1944 de l'argent d'ITT vers la SS de Heinrich Himmler, alors que la seconde guerre mondiale battait son plein et que les États-Unis étaient en guerre contre l'Allemagne[91] ». Né en 1889, Kurt von Schroeder était un associé de l'établissement bancaire J. H. Stein & Co., à Cologne, fondé en 1788. Après l'avènement du nazisme en 1933, Schroeder fut choisi pour représenter le pays au sein de la Banque des règlements internationaux. En 1940, la commission Kilgore fit état de ce que l'influence Schroeder sur le gouvernement hitlérien était si important qu'il obtint la désignation de Pierre Laval à la tête du gouvernement français pendant l'Occupation. Cette commission a divulgué une liste d'une bonne douzaine de fonctions importantes exercées par Kurt von Schroeder dans les années 1940, dont la présidence de la Deutsche Reichsbahn, la présidence du Conseil du Reich aux Affaires économiques, la direction d'un groupe SS, le conseil à la Poste du Reich, l'administration de la Deutsche Reichsbank et d'autres banques, ainsi que différents rôles dans des groupes industriels de premier plan. Schroeder siégeait au conseil d'administration de toutes les succursales d'International Telephone and Telegraph en Allemagne.

La banque londonienne de Schroeder se fit en 1938 l'agent financier de l'Allemagne en Grande-Bretagne. L'établissement new-yorkais de Schroeder avait fusionné en 1936 avec les Rockefeller pour former Schroder, Rockefeller, Inc., avec siège social au 48 Wall Street.

---

[91] Antony C. Sutton, *Wall Street and the Rise of Hitler*, Seal Beach (Californie), 76 Press, 1976, p. 79.

Carlton P. Fuller, de Schroder, présidait cette firme dont Avery Rockefeller était le vice-président. Ce dernier avait été le discret associé de J. Henry Schroder de nombreuses années et avait mis sur pied l'entreprise du bâtiment Bechtel Corporation dont des employés (en disponibilité) jouent désormais un rôle de premier plan au sein de l'administration Reagan, aux fonctions de secrétaire à la Défense et de secrétaire d'État.

Dans *The Game of the Foxes*[92], Ladislas Farago rapportait que le baron William de Ropp, agent double, s'était introduit dans les plus hautes sphères allemandes à la veille de la deuxième guerre mondiale et expliquait que Hitler se reposait sur Ropp, son conseiller particulier, pour tout ce qui avait trait à la Grande-Bretagne. Ce fut sur les conseils de Ropp que Hitler se refusa à débarquer en Angleterre.

Victor Perlo écrivait dans *The Empire of High Finance* :

« Le gouvernement de Hitler a fait de la banque londonienne de Schroder son agent financier au Royaume-Uni et en Amérique. Le compte bancaire personnel de Hitler était domicilié au sein de la J. M. Stein Bankhaus, la succursale allemande de la banque Schroder. F. C. Tiarks, de la J. Henry Schroder Company britannique, faisait partie de la Fraternité anglo-germanique, de même que deux de ses associés, l'entreprise ayant elle-même la qualité de membre à titre de personnalité morale[93]. »

L'histoire va beaucoup plus loin que ce que soupçonnait Perlo : J. Henry Schroder *était* la Fraternité anglo-germanique, l'équivalent britannique du mouvement America First, qui attirait également des patriotes ne désirant pas voir leur pays impliqué dans une guerre superflue contre l'Allemagne. Dans la décennie 1930, jusqu'au déclenchement de la deuxième guerre mondiale, les Schroder donnèrent beaucoup d'argent à la Fraternité anglo-germanique, ce qui eut pour conséquence de persuader Hitler de ce qu'il pouvait compter sur une solide cinquième colonne pro-allemande en Angleterre, englobant nombre de financiers et d'hommes politiques de premier ordre. Au Royaume-Uni, au cours de la même décennie, il y avait deux mouvances politiques opposées : le parti de la guerre, emmené par

---

[92]Ladislas Farago, *The Game of the Foxes*, 1973.

[93]Victor Perlo, *The Empire of High Finance*, International Publishers, 1957, p. 177.

Winston Churchill ; et le parti de l'apaisement, dominé par Neville Chamberlain. Après Munich, Hitler ne pouvait que penser que le mouvement de Chamberlain était le groupe politique dominant de l'Angleterre, et que Churchill ne resterait qu'un piètre agitateur. Hitler croyait, grâce à ses soutiens financiers : les Schroder, que la guerre n'aurait pas lieu. Il ne soupçonnait pas les pièges tendus par ses relais du parti de l'apaisement : dès que Chamberlain aurait joué sa partition consistant à le tromper, il serait placé de côté pour laisser la place de Premier ministre à Churchill. Ce n'est pas que Chamberlain, mais bien Hitler lui aussi, qui quitta Munich en se figurant avoir signé la « paix pour notre temps ».

La tromperie réussie de Hitler par les Schroder permet de dissiper plusieurs interrogations troublantes autour de la seconde guerre mondiale. Pourquoi Hitler laissa-t-il l'armée britannique quitter Dunkerque et regagner l'Angleterre alors qu'il pouvait l'écraser ? S'opposant aux conseils offensifs de ses généraux qui voulaient donner le coup de grâce à l'armée anglaise, Hitler joua l'attentisme pour ne pas s'aliéner les nombreux partisans dont il croyait disposer au Royaume-Uni. Il refusa pour la même raison de débarquer en Angleterre au moment où il jouissait d'une réelle supériorité militaire, pensant que ce n'était guère nécessaire dans la mesure où la nébuleuse de la Fraternité anglo-germanique était disposée à conclure la paix. Le voyage de Rudolf Hess en Angleterre correspondit au désir d'avoir la confirmation de ce que le groupe Schroder était favorable à la paix et prêt à participer à un effort commun contre les Soviétiques. Rudolf Hess continue aujourd'hui encore de croupir en prison, de longues années après la guerre, parce que sa libération pourrait lui permettre de témoigner de ce qu'il s'était rendu en Angleterre pour contacter les membres de la Fraternité anglo-germanique, c'est-à-dire le groupe Schroder, afin de mettre en place un projet de conclusion de la guerre[94].

---

[94]Donnons quelques comptes rendus du *New York Times*... 21 octobre 1945 : « Une émission diffusée sur Radio Luxembourg disait cette nuit que le baron Kurt von Schroder, ancien banquier ayant contribué financièrement à l'essor du parti national-socialiste, avait été identifié au sein d'un camp américain de prisonniers et arrêté ». 1er novembre 1945 : « Quartier général de l'armée britannique. Le baron Kurt von Schroder, âgé de 55 ans, banquier, ami de Heinrich Himmler, est détenu à Düsseldrof dans l'attente d'une décision quant à son inculpation en tant que criminel de guerre, selon ce qu'a déclaré officiellement aujourd'hui le gouvernement militaire ». 29 février 1948 : « Une enquête immédiate a été exigée hier par la Société de prévention contre une

Au cas où quelqu'un ne voudrait voir ici que de l'histoire ancienne n'ayant aucun rapport avec la vie politique contemporaine, introduisons le nom de John Lowery Simpson, de Sacramento en Californie. Même si celui-ci apparaissait pour la première fois en 1952 dans l'édition américaine du *Who's Who*, M. Simpson atteste avoir servi Herbert Hoover au sein du comité du secours en Belgique entre 1915 et 1917, à l'US Food Administration en 1917-1918, au comité du secours américain en 1919 et dans la P. N. Gray Company de 1919 à 1921 à Vienne. Gray dirigeait le fret maritime pour le compte de l'US Food Administration, ce qui lui donna la possibilité de créer sa propre compagnie de transport maritime après la guerre. À l'instar d'autres « humanistes » de l'entourage de Hoover, Simpson rejoignit lui aussi la J. Henry Schroder Banking Company (la banque attitrée d'Adolf Hitler) ainsi que la J. Henry Schroder Trust Company. Il fut en outre reçu en tant qu'associé au sein de la Schroder-Rockefeller Company au moment où ce fonds d'investissement finança une société de construction vouée à devenir la plus importante de la planète entière : Bechtel Incorporated. Simpson présidait le service financier de la Bechtel Company, de Bechtel International et de Canadian Bechtel. Il précise avoir été le représentant des intérêts de Bechtel-McCone dans la production de guerre pendant la deuxième guerre mondiale. Il servit dans la commission de contrôle des Alliés en Italie en 1943-1944. Il se maria avec Margaret Mandell, issue de la famille de négociants qui légua son nom au colonel Edward *Mandell* House, et il soutint financièrement une personnalité californienne à la fonction de gouverneur dans un premier temps, puis à la présidence.

Simpson et la J. Henry Schroder Company imposèrent ensuite Caspar Weinberger, un ancien employé de Bechtel, au poste de secrétaire à la Défense. Ils destinèrent un autre vétéran de Bechtel, George Pratt Schultz, qui se trouvait être un héritier de la Standard Oil,

---

troisième guerre mondiale, en vue d'établir la raison pour laquelle le financier nazi allemand Kurt von Schroder n'était pas poursuivi comme criminel de guerre par les tribunaux militaires alliés. Elle remarquait que Schroder avait été condamné en novembre dernier à trois mois d'emprisonnement et à une amende de 1 500 marks par une cour allemande de dénazification à Bielefeld, dans la zone C britannique. Monteith Gilpin, le secrétaire de cette organisation, a précisé qu'en l'état de la question il était nécessaire de savoir pourquoi Schroder avait pu échapper à la justice des Alliés et pour quelle raison nos propres représentants n'ont pas exigé qu'il soit jugé par une cour militaire alliée. "Schroder est aussi coupable que Hitler ou Goering". »

à la fonction de secrétaire d'État, réaffirmant par là l'union Schroder-Rockfeller. L'administration « conservatrice » de Reagan compte donc un secrétaire à la Défense émanant de la Schroder Company, un secrétaire d'État issu de Schroder-Rockefeller et un vice-président dont le père était un administrateur et associé de Brown Brothers Harriman !

La Heritage Foundation eut elle aussi un poids colossal dans les décisions politiques prises par l'administration Reagan. Nous pouvons désormais savoir que la Heritage Foundation fait partie du réseau de l'institut Tavistock piloté par les services secrets britanniques. Les décisions financières sont toujours prises au sein de la Banque d'Angleterre. Or, qui est à la tête de cette institution ? Sir Gordon, Richardson, président de la J. Henry Schroder Co. de Londres et de New York, entre 1962 et 1972, avant de devenir gouverneur de la Banque d'Angleterre. La London Connection n'avait jamais tenu aussi fermement les rênes du gouvernement des États-Unis !

The New York Times annonçait le 3 juillet 1983 que Gordon Richardson, gouverneur de la Banque d'Angleterre les dix années précédentes, était remplacé par Robert Leigh-Pemberton, président de la National Westminster Bank. La liste des administrateurs de cette National Westminster Bank n'est pas autre chose que le *Who's Who* de la classe dirigeante anglaise... En son sein, nous trouvons lord Aldenham, son président, par ailleurs président de la banque d'affaires Antony Gibbs & Son, l'un des 17 établissements ayant reçu le privilège de l'agrément de la Banque d'Angleterre ; sir Walter Barrie, président de la BBC ; F. E. Harmer, gouverneur de la London School of Economics, l'école qui forme les financiers internationaux, et président de la New Zealand Shipping Company ; sir E. C. Mieville, secrétaire particulier du roi d'Angleterre entre 1937 et 1945 ; le marquis de Salisbury, lord Cecil, lord Privy Seal (les Cecil sont considérés comme étant l'une des trois familles dirigeant l'Angleterre depuis le Moyen Âge) ; lord Leathers, baron de Purfleet, ministre des Transports de guerre de 1941 à 1945 et président de la holding William Cory ; sir W. H. Coates et W. J. Worboys des Imperial Chemical Industries (les DuPont anglais) ; le comte de Dudley, président de British Iron & Steel ; sir W. Benton Jones, président d'United Steel et de bien d'autres sociétés métallurgiques ; sir G. E. Schuster, de la Banque de Nouvelle-Zélande et de l'East India Coal Company ; A. d'A. Willis, d'Ashantin Goldfields et autres banques, compagnies de thé et entreprises diverses ; V. W. Yorke, président Mexican Railways Ltd.

Richardson, ci-devant président de Schroder (dont une succursale new-yorkaise possède des actions de la banque de réserve fédérale de New York), fut remplacé par le président de la National Westminster

Bank qui dispose elle aussi d'une filiale à New York détenant des parts de la même banque de réserve. Robert Leigh Pemberton, un administrateur d'Equitable Life (J. P. Morgan), obtint la main de la marquise d'Exeter (de la famille Cecil Burghley). De la sorte, la supervision de la London Connection s'exerçait toujours.

La liste des actuels administrateurs de la J. Henry Schroder Bank révèle que son influence planétaire est continue depuis la première guerre mondiale. George A. Braga est également dans le directoire de la Czarnikow-Rionda Company, le vice-président de la Francisco Sugar Company, le président de la Manati Sugar Company et le vice-président de la New Tuinicui Sugar Company. Son parent Rionda B. Braga est président de ladite Francisco Sugar Company et vice-président de la Manati Sugar Company... La mainmise de Schroder sur le sucre remonte à l'US Food Administration du temps de Herbert Hoover et Lewis L. Strauss, de la *Kuhn, Loeb Company*, au moment de la première guerre mondiale. Les juristes de Schroder sont tirés du cabinet Sullivan & Cromwell. John Foster Dulles était présent lors de la réunion historique de financement de Hitler. Il devint par la suite secrétaire d'État au sein de l'administration Eisenhower. Alfred Jaretzki, J^r – de Sullivan & Cromwell – fait lui aussi partie des conseils d'administration de la Manati Sugar Company et de la Francisco Sugar Company.

Norris Darrell, J^r, est un autre administrateur de J. Henry Schroder. Né à Berlin, c'est un associé de Sullivan & Cromwell et un administrateur de la Schroder Trust Company. Bayless Manning, associé du cabinet juridique Paul, Weiss, Rifkind & Wharton à Wall Street, a également une place au sein du conseil d'administration de J. Henry Schroder. Président du Council on Foreign Relations entre 1971 et 1977, il est le rédacteur en chef de la revue de droit de Yale.

Paul H. Nitze, l'éminent « négociateur du désarmement » pour le gouvernement américain, est un administrateur de Schroder's Inc. Il s'est marié avec Phyllis Pratt, ayant part à la fortune de la Standard Oil, dont le père concéda à la famille Pratt l'hôtel particulier hébergeant le Council on Foreign Relations.

CHAPITRE VIII

LA PREMIÈRE GUERRE MONDIALE

« L'argent est la pire des contrebandes. »

– William Jennings Bryan

Il apparait maintenant que, sans le système de la Réserve fédérale, aucun conflit mondial n'aurait pu éclater. Il se produisit cependant un étrange enchaînement d'événements, dont aucun ne fut accidentel. Sans la candidature surprise de Theodore Roosevelt, le populaire président Taft aurait sans doute été réélu et Woodrow Wilson aurait retrouvé l'anonymat[95]. Si Wilson n'avait été président, il n'y aurait peut-être pas eu de Federal Reserve Act et la Grande Guerre aurait pu être évitée. Les nations européennes étaient toutefois incitées à entretenir des armées actives étendues, puisque c'était le désir de leurs banques centrales et que ces dernières imposaient leurs volontés. Voici ce que publiait en avril 1887 le *Quarterly Journal of Economics* :

> « Une analyse poussée de la dette publique en Europe met en évidence des intérêts et remboursements de fonds d'amortissement s'élevant chaque année à 5 343 000 000 $. L'avis de M. Neymarck est très proche des conclusions de M. Atkinson : les finances de l'Europe sont tellement compromises que leurs gouvernements devraient se demander si une guerre, en dépit de tous les éléments épouvantables qui l'accompagnent inévitablement, ne serait pas préférable au maintien d'une paix aussi précaire que coûteuse. Si les préparatifs militaires sur ce

---

[95] « House m'a révélé, sur le ton de la confidence : "Wilson a été élu par Teddy Roosevelt". » George Sylvester Viereck, *The Strangest Friendship in History. Woodrow Wilson and Col. House*, New York, Liveright, 1932, p. 34.

continent ne débouchent pas sur un conflit, ils pourraient très bien provoquer la banqueroute des États-Unis. Et si tout cela ne mène ni à la guerre ni à la faillite, alors nous nous dirigeons vers une révolution industrielle et économique. »

Ce système précaire, avec des États européens lourdement armés et en faillite théorique, a perduré entre 1887 et 1914. Dans ce laps de temps, les États-Unis demeuraient une puissance débitrice, empruntant à l'étranger et n'accordant que peu de prêts à l'international, parce qu'ils ne disposaient guère d'une banque centrale et ne pouvaient donc pas « mobiliser du crédit ». Les Rothschild, actifs dans plusieurs nations grâce à leurs succursales, érigèrent un système de prêts aux États qui a permis de financer les guerres européennes du XIXe siècle. Il était dès 1900 devenu manifeste que les États européens ne pourraient se permettre d'assumer une guerre d'envergure. S'ils disposaient d'imposantes armées actives, d'une conscription militaire universelle et d'armements modernes, leurs économies ne pouvaient couvrir des dépenses trop importantes. En inaugurant ses activités en 1914, le système de la Réserve fédérale força les citoyens américains à prêter 25 000 000 000 $ aux Alliés, lesquels ne furent guère remboursés. Des intérêts faramineux furent cependant payés aux banquiers de Wall Street. Le peuple américain fut entraîné dans une guerre contre la nation allemande, alors qu'il n'entretenait aucun différend politique ou économique à son encontre. Les Allemands étaient de surcroît plus nombreux aux États-Unis que partout ailleurs sur le globe : près de la moitié des citoyens américains avaient des origines allemandes, et l'allemand avait failli devenir la langue nationale des États-Unis[96]. Le baron Wangeheim, ambassadeur de l'Allemagne près la Turquie, avaient demandé à Henry Morgenthau, son homologue américain, pourquoi les États-Unis avaient l'intention de déclarer la guerre à l'Allemagne. Répondant au nom du groupe de professionnels de l'immobilier de Harlem dont il était le meneur, Morgenthau fit savoir : « Nous autres Américains entrons dans la guerre pour des principes moraux ».

J. P. Morgan avait encaissé les bénéfices du First Liberty Loan à titre de remboursement des 400 000 000 $ qu'il avait prêtés au Royaume-Uni au début du conflit. 68 000 000 $ avaient été émis en billets de banque afin de couvrir ce prêt, en vertu des dispositions de la loi Aldrich-Vreeland permettant l'émission de billet contre des

---

[96]Cf. la Convention constitutionnelle de 1787.

obligations. C'était la première fois que cette disposition était utilisée. Ces billets de banque furent retirés du marché dès que les banques de la Réserve fédérale ouvrirent, et ils des billets de la Réserve fédérale les substituèrent.

En 1915-1916, Wilson conserva sa confiance aux financiers qui lui avaient offert la Maison-Blanche en continuant d'octroyer des prêts aux Alliés. William Jennings, son secrétaire d'État, n'arrêtait pas de protester, arguant que : « L'argent est la pire des contrebandes ».

Avant 1917, les Morgan et la *Kuhn, Loeb Company* avaient prêté 1 500 000 000 $ aux Alliés. Les banquiers finançaient en outre nombre d'organisations œuvrant pour la « paix », mais travaillant en réalité à l'entrée en guerre des États-Unis. Tandis que le comité du secours en Belgique inventait de pseudo-atrocités à mettre sur le dos des Allemands, un organe Carnegie – la Ligue pour imposer la paix – se démenait à Washington pour inciter l'Amérique à participer à la Grande Guerre. Cela déboucha sur le Carnegie Endowment for International Peace, dirigé au cours de la décennie 1940 par Alger Hiss. Un analyste[97] a carrément affirmé qu'il n'avait jamais vu le moindre « mouvement pour la paix » ne pas devenir un fauteur de guerres.

Lorsque Walter Hines Page, ambassadeur des États-Unis auprès du Royaume-Uni, se plaignit de ne pas disposer des ressources nécessaires pour assumer ses fonctions, il fut gratifié de 25 000 $ d'argent de poche annuel par Cleveland H. Dodge, président de la National City Bank. Mencken accusa ouverte en 1916 Page d'être un agent britannique, ce qui n'était pas juste : Page était seulement un agent de la finance...

Page adressa le 5 mars 1917 une lettre confidentielle à Wilson : « Je pense que la pression induite par la crise qui menace va au-delà des capacités de la Morgan Financial Agency en ce qui concerne les gouvernements britannique et français... La meilleure aide que nous puissions apporter aux Alliés serait de leur faire crédit. Mais notre gouvernement ne peut évidemment pas octroyer directement de tels crédits, sauf à déclarer la guerre à l'Allemagne. »

En dépit du chaos financier provoqué par leurs affidés (les

---

[97]Emmett Tyrell, J^r, dans le *Richmond Times Dispatch* du 15 février 1983 : « Chaque mouvement pour la paix, dans notre siècle, a débouché sur une guerre ».

Warburg finançaient le Kaiser, et le frère de Paul Warburg – Max, chef des services secrets allemands – avait catapulté le wagon de Lénine à travers le front afin d'embraser la Russie à travers la révolution bolchevique), les Rothschild se montraient peu confiants en la capacité de l'Allemagne à continuer la guerre. D'après Franklin D. Roosevelt, à ce moment-là sous-secrétaire à la Marine, l'industrie lourde des États-Unis se préparait depuis une année à un effort de guerre. Les états-majors de l'US Army et de la Navy achetaient depuis début 1916 des fournitures de guerre en grande quantité. Cordell Hull notait dans ses *Memoirs* :

> « Le conflit a obligé le gouvernement à étendre le principe de l'impôt sur le revenu. En ciblant la seule grande source de ressources encore non imposée, la législation fiscale pesant sur l'ensemble des revenus fut adoptée juste à temps pour faire face aux exigences de la guerre. Ce conflit a également permis en temps opportun l'entrée en vigueur du système de la Réserve fédérale[98]. »

Nous pouvons nous demander : *en temps opportun… pour qui* ? Certainement pas pour les citoyens américains qui n'avaient aucun intérêt à « mobilier du crédit » en vue d'une guerre en Europe ni à décréter un impôt sur le revenu destiné à la financer. Ces confidences de Hull donnent un très bel aperçu des manigances concoctées par les tenants du « service public ».

En octobre 1917, les pages du *Journal of Political Economy* expliquaient :

> « Les effets de la guerre sur les rouages des banques de la Réserve fédérale ont rendu nécessaire l'augmentation drastique de leur personnel, avec un accroissement idoine de leurs dépenses. Inaptes à anticiper une demande aussi rapide et élevée en la matière, les concepteurs du Federal Reserve Act s'étaient évidemment assurés de ce que les banques de la Réserve fédérale agiraient en tant qu'agents du gouvernement. »

Les financiers attendaient depuis 1887 que les États-Unis se dotent d'une banque centrale permettant de subventionner une guerre européenne entre les États qu'ils avaient déjà acculés à la faillite grâce à leurs programmes d'armement et de « défense ». Le rôle essentiel du

---

[98] Cordell Hull, *Memoirs*, New York, Macmillan, 1948, vol. I, p. 76.

mécanisme des banques centrales est le financement des efforts de guerre.

Woodrow Wilson prononça le 12 octobre 1917 un discours à l'importance cruciale :

> « Il est évidemment impératif que les réserves bancaires des États-Unis soient intégralement mobilisées. Le fardeau et le privilège (des prêts aux Alliés) doivent être répartis entre tous les établissements bancaires du pays. Je considère que la coopération des banques est, en cet instant, un devoir patriotique et que la qualité de membre du système de la Réserve fédérale est un motif déterminant et incontestable de faire preuve de patriotisme. »

E. W. Kemmerer va plus loin : « En tant qu'agents du gouvernement, les banques de la Réserve fédérale ont rendu aux États des services à la valeur incalculable après notre entrée en guerre. Elles ont puissamment contribué à la conservation de nos réserves d'or, à la régulation de notre taux de change et à la centralisation de nos ressources financières. On frissonne à l'idée de ce qui aurait pu arriver si le conflit nous avait trouvés avec notre ancien système financier, archaïque et décentralisé… »

Les frayeurs de M. Kemmerer passent outre le fait que, si les États-Unis avaient conservé leur « système financier archaïque », ils n'auraient point eu la capacité de financer une guerre mondiale ni d'y prendre une part active.

Woodrow Wilson en personne ne croyait guère en cette croisade devant sauver la démocratie dans le monde… Il écrivit par la suite : « La guerre mondiale n'était qu'une question de rivalités économiques ».

Le sénateur McCumber interrogea Wilson au sujet des circonstances de l'entrée en guerre des États-Unis :

« Pensez-vous que nous aurions pris part à cette guerre si l'Allemagne n'avait commis aucune injustice ni acte de guerre contre nos concitoyens ?

– Je le pense, répondit Wilson.

– Vous pensez donc que nous aurions dans tous les cas déclaré la guerre ? insista McCumber.

– C'est cela, confirma Wilson. »

Wilson, dans sa déclaration de guerre en 1917, avait inclus un stupéfiant hommage aux communistes russes qui redoublaient d'ardeur, dans cette malheureuse nation, pour exterminer les classes moyennes.

« Grâce aux événements prodigieux et réconfortants qui se sont produits en Russie ces dernières semaines, l'assurance est venue s'ajouter à l'espérance en faveur d'une paix future pour le monde. Voilà un partenaire digne pour notre Ligue de l'honneur. »

Les louanges de Wilson pour un régime sanguinaire qui, depuis lors, a massacré 70 000 000 de ses sujets de la plus barbare des façons dévoilent ses sympathies profondes et l'identité de ses commanditaires : les financiers qui avaient financé les purges sanglantes de Russie. Quand la révolution communiste sembla battre de l'aile, Wilson dépêcha en Russie son envoyé personnel, Elihu Root, avec 100 000 000 $ tirés de son fonds spécial d'urgence de guerre, pour empêcher que le régime bolchevique ne fût renversé.

Les documents prouvant l'implication de la *Kuhn, Loeb Company* dans l'avènement du communisme en Russie sont beaucoup trop nombreux pour être cités ici, mais nous devons y faire une brève allusion, en nous appuyant sur des références ayant traité ce sujet. Le général Arsène de Goulevitch écrivait dans son livre *Tsarisme et Révolution* :

« M. Bakmetiev, ambassadeur de la Russie impériale auprès des États-Unis, aujourd'hui décédé, nous apprend que les bolcheviques, après leur victoire, ont versé 600 000 000 de roubles-or à la *Kuhn, Loeb Company* entre 1918 et 1922. »

Après l'entrée des États dans la Grande Guerre, Woodrow Wilson abandonna le gouvernement des États-Unis à un triumvirat composé par ceux qui avaient financé sa campagne présidentielle : Bernard Baruch, Eugene Meyer et Paul Warburg. Baruch fut désigné à la tête du conseil des industries de guerre, avec un droit de vie et de mort sur toutes les usines du pays. Eugene Meyer écopa de la direction de la société de financement de la guerre, chargée des programmes de prêts finançant l'effort de guerre. Paul Warburg hérita du contrôle du système bancaire américain[99].

Les alliés des États-Unis en Grande-Bretagne, qui avaient conscience de ce que l'opinion dominante du peuple américain en 1915-1916 avait été pro-Allemands et anti-Britanniques, considéraient avec

---

[99] Le 10 août 1918, *The New York Times* notait : « M. [Paul] Warburg était l'auteur du projet qui se concrétisa dans la société de financement de la guerre ».

une certaine crainte la prééminence de Paul Warburg et de la *Kuhn, Loeb Company* dans l'effort de guerre. Ils étaient mal à l'aise en remarquant la position clef que cet individu occupait au sein de l'administration, étant donné que son frère – Max Warburg – était au même moment le chef des services secrets allemands. Citons un rapport des services secrets de la Marine américaine du 12 décembre 1918 au sujet de M. Warburg :

« WARBURG, PAUL : New York City. Allemand, citoyen naturalisé en 1911, décoré en 1912 par le Kaiser et ci-devant vice-président du conseil. A manipulé d'importantes sommes fournies par l'Allemagne à Lénine et Trotski. Son frère dirige l'espionnage allemand. »

Il est surprenant que ce rapport, vraisemblablement rédigé beaucoup plus tôt, à un moment où la guerre des États-Unis contre l'Allemagne faisait encore rage, ne porte pas une date antérieure au 12 décembre 1918 – celle-ci étant *postérieure* à la signature de l'armistice. En outre, ce document ne précise pas que Paul Warburg a démissionné du conseil des gouverneurs en mai 1918, ce qui semble indiquer qu'il a été écrit avant mai 1918, à un moment où Paul Warburg aurait théoriquement pu être inculpé pour trahison à cause de la position de son frère à la tête des services secrets allemands.

L'autre frère de Paul Warburg, Felix, à New York, était un administrateur de la compagnie d'assurance-vie prussienne de Berlin et nous pouvons conjecturer qu'il n'aurait pas aimé voir trop de ses assurés décéder pendant la guerre. La livraison du 26 septembre 1920 du *New York Times* mentionnait dans une notice nécrologique de Jacob Schiff, en faisant allusion à Kuhn, Loeb and Company : « Pendant la Grande Guerre, plusieurs de ses membres étaient constamment en rapport avec le gouvernement en tant que conseillers. Elle avait participé aux discussions concernant l'organisation du système de la Réserve fédérale. »

Cette notice nécrologique de 1920 dévoilait de façon inédite que Jacob Schiff, à l'instar des Warburg, avait lui aussi deux frères en Allemagne au cours de la première guerre mondiale : Philip et Ludwig Schiff, de Francfort-sur-le-Main, qui étaient entre autres des banquiers du gouvernement allemand. Cette coïncidence ne saurait être prise à la légère, dans la mesure où aucun de ces financiers n'était inconnu, d'un côté de l'Atlantique comme de l'autre, ni n'était dénué d'influence dans la conduite du conflit. Tout au contraire, les associés de la *Kuhn, Loeb Company* comptaient aux États-Unis parmi les décisionnaires des plus hautes sphères au cours de la Grande Guerre. Parallèlement, en

Allemagne, Max et Fritz Warburg, ainsi que Philip et Ludwig Schiff, prenaient part aux plus hauts conseils gouvernementaux. Partageons un extrait des *Memoirs* de Max Warburg : « Le Kaiser frappa violemment du poing sur la table et s'écria : "Devez-vous donc toujours avoir raison ?" Puis il écouta attentivement l'opinion de Max sur les questions de finances[100]. »

Paul Warburg adressa en juin 1918 un billet personnel à Woodrow Wilson : « J'ai deux frères banquiers en Allemagne. Ils servent naturellement leur pays du mieux qu'ils peuvent, tout comme moi je sers le mien[101] ».

Ni Wilson ni Warburg ne trouvèrent cet état de fait alarmant, si bien que Paul Warburg acheva normalement son mandat au sein du conseil des gouverneurs de la Réserve fédérale, alors que la première guerre mondiale battait son plein.

Le passé de Kuhn, Loeb & Company avait été révélé par George Conroy dans le *Truth Magazine* :

« M. Schiff est à la tête du célèbre établissement bancaire privé Kuhn, Loeb & Co., représentant les intérêts des Rothschild de ce côté-ci de l'océan. On a dit de lui qu'il était un fin stratège de la finance. Il a été de longues années le *ministre des finances* de la grande puissance nébuleuse connue sous le nom de "Standard Oil".

Il œuvrait de concert avec les Harriman, Gould et Rockefeller dans toutes leurs aventures ferroviaires, jusqu'à devenir la puissance prédominante du monde ferroviaire et financier américain.

Louis Brandeis, fort de sa longue expérience de juriste et pour bien d'autres raisons qui seront évoquées plus tard, fut sélectionné par Schiff afin de devenir l'instrument de ses ambitions en Nouvelle-Angleterre. Sa tâche consistait à fomenter une agitation devant ébranler la confiance de l'opinion publique dans le système ferroviaire de New Haven afin de provoquer la dévaluation des titres de sa compagnie et de les mettre à la portée des initiés[102]. »

---

[100]Max Warburg, *Memoirs of Max Warburg*, Berlin, 1936.

[101]David Farrar, *The Warburgs*, Londres, Michael Joseph, Ltd., 1974.

[102]George Conroy, *Truth Magazine*, Boston, n° du 16 décembre 1912.

Nous nommons ici Brandeis, l'avocat de Schiff, parce que le premier siège disponible au sein de la Cour suprême des États-Unis pour un candidat de Woodrow Wilson fut précisément attribué à ce juriste de Kuhn, Loeb & Co. : Louis Brandeis.

Non seulement l'US Food Administration était dirigée par Lewis Lichtenstein Strauss, un homme de Hoover, qui était allié à la *Kuhn, Loeb Company* à travers son mariage avec Alice Hanauer la fille de l'associé Jerome Hanauer, mais, de plus, dans le domaine le plus sensible, savoir celui du renseignement militaire, sir William Wiseman, le champion des services secrets britanniques, était un associé de Kuhn, Loeb & Company. Ce dernier a travaillé de la façon la plus étroite possible avec l'*alter ego* de Wilson : le colonel House. « Entre House et Wiseman, il devait bientôt ne plus y avoir le moindre secret politique, et notre étroite coopération avec les Britanniques fut dans une large mesure une conséquence de leur bonne entente[103]. »

Nous trouvons une concrétisation de la collaboration House-Wiseman dans l'accord secret grâce auquel House négociait la promesse des États-Unis de prendre part à la première guerre mondiale dans le camp des Alliés. Dix mois avant la réélection de Wilson à la Maison-Blanche, en 1916, « tandis qu'il nous avait maintenus en dehors du conflit », le colonel House signa au nom de Wilson un accord

---

[103]Edward M. House, *The Intimate Papers of Col. House*, éd. Charles Seymour, Houghton, Mifflin Co., vol. II, p. 399.

confidentiel avec le Royaume-Uni et la France, dans lequel il promettait l'intervention des États-Unis aux côtés des Alliés. Wilson ratifia officiellement cette promesse le 9 mars 1916[104].

Rien ne saurait illustrer avec davantage de vigueur la duplicité de la personnalité de Woodrow Wilson que sa campagne électorale sous le slogan : « Il nous a maintenus en dehors de la guerre », alors qu'il avait promis dix mois plus tôt d'impliquer les États-Unis dans le conflit aux côtés du Royaume-Uni et de la France. Cela explique pourquoi il fut traité avec tant de mépris par ceux qui étaient au courant des réalités de sa carrière. H. L. Mencken confia que Wilson était « le parangon du chrétien renégat », et que nous devrions « exhumer sa dépouille afin de la réduire en poussière ».

D'après *The New York Times*, la lettre de démission de Paul Warburg révélait que des objections avaient été soulevées contre le fait qu'il avait un frère actif dans les services secrets suisses. Le quotidien new-yorkais ne rectifia jamais ce mensonge éhonté, probablement parce que la *Kuhn, Loeb Company* contrôlait son capital. Max Warburg n'était guère suisse, et, s'il fut probablement en contact avec les services secrets helvétiques au cours de son service à la direction des services secrets allemands, aucun responsable ni rédacteur en chef du *New York Times* ne pouvait ignorer que Max Warburg était un citoyen allemand, que son établissement bancaire familial se situait à Hambourg et qu'il exerçait nombre de fonctions importantes au sein du gouvernement allemand. Il représenta l'Allemagne à la conférence de la paix de Versailles et demeura en Allemagne jusqu'en 1939 sans être inquiété, tandis qu'au même moment ses coreligionnaires étaient persécutés. Afin d'éviter tout dommage au cours de la guerre qui couvait et lorsque les bombes pleuvraient sur l'Allemagne, il fut permis à Max Warburg de s'embarquer pour New York, avec toute sa fortune.

À l'orée de la première guerre mondiale, la *Kuhn, Loeb Company* avait participé au transfert d'intérêts maritimes allemands vers d'autres pavillons. Sir Cecil Spring-Rice, ambassadeur du Royaume-Uni aux États-Unis, écrivait dans une lettre adressée à lord Grey :

> « Un autre problème est celui du changement de pavillon des navires de la Hamburg Amerika. Cette compagnie est en pratique un instrument du gouvernement allemand. Les bâtiments sont

---

[104]George Sylvester Viereck, *The Strangest Friendship in History. Woodrow Wilson and Col. House, op. cit.*, p. 106.

utilisés à des fins gouvernementales, l'empereur en personne en est un gros actionnaire et c'est aussi le cas de l'important établissement bancaire *Kuhn, Loeb Company*. Un membre de cette maison bancaire (Warburg) a été désigné pour un poste de haute responsabilité à New York, alors qu'il vient juste d'être naturalisé. Il est impliqué dans des opérations avec le secrétaire au Trésor, lequel n'est autre que le gendre du président. C'est lui qui négocie pour le compte de la Hamburg Amerika Shipping Company[105]. »

Dans une lettre pour sir Valentin Chirol datée du 13 novembre 1914, Spring-Rice écrivait (p. 241, v. 2) :

« Aujourd'hui, l'on m'a signalé que *The New York Times* a pratiquement été acquis par Kuhn, Loeb et Schiff, le grand protégé du Kaiser. Warburg, qui fait grosso modo partie des familles Kuhn, Loeb et Schiff, est l'un des frères du célèbre Warburg de Hambourg. Il est associé au sein de la Ballin (Hamburg) Amerika Line tout en étant un membre du conseil des gouverneurs de la Réserve fédérale – ou, plutôt : il en est *le* membre. Il contrôle en pratique la politique financière de notre administration, et Paish & Blackett (Angleterre) devait principalement négocier avec lui. Cela revenait évidemment à négocier avec l'Allemagne. Tout ce que était évoqué relevait de la propriété allemande. »

Dans *Roosevelt, Wilson and the Federal Reserve Law*, le colonel Garrison observait : « Une arme puissante, par l'intermédiaire de l'établissement bancaire *Kuhn, Loeb Company*, pouvait être placée entre les mains du Kaiser contre la destinée des entreprises et citoyens américains[106] ». Garrison faisait ainsi allusion à l'affaire de Hamburg Amerika.

Il paraît curieux que Woodrow Wilson ait trouvé nécessaire de confier les États-Unis à trois individus dont le parcours personnel relevait de spéculations impitoyables et de la recherche de profits égoïstes, ou qu'il n'ait trouvé pour hommes de confiance, pendant la guerre contre l'Allemagne, qu'un immigré allemand naturalité en 1911, le fils d'un migrant polonais et le fils d'un immigré français. C'est en 1890, alors qu'il travaillait pour A. A. Housman & Co., que Bernard

---

[105]*Letters and Friendships of Sir Cecil Spring-Rice*, p. 219-220.

[106]Col. Elisha Garrison, *Roosevelt, Wilson and the Federal Reserve Law*, Boston, Christopher Publishing House, 1931, p. 260.

Baruch s'était attiré pour la toute première fois l'attention de Wall Street.

En 1896, il mena à bien la fusion des six plus importantes sociétés de tabac des États-Unis pour former la Consolidated Tobacco Company, forçant James Duke et l'American Tobacco Trust à entrer dans ce consortium. Le deuxième grand groupe formé par Baruch plaça l'industrie du cuivre dans les mains de la famille Guggenheim, qui la contrôle toujours. Baruch a collaboré avec Edward H. Harriman, un homme de paille de Schiff pour contrôler le réseau ferroviaire pour le compte de la famille Rothschild. Baruch et Harriman ont également associé leurs compétences afin de prendre le contrôle des transports en commun new-yorkais, dont les finances restent précaires.

Baruch fonda en 1901 à New York, en s'associant avec son frère Herman, l'établissement bancaire Baruch Brothers. Quand Baruch fut nommé en 1917 président du conseil des industries de guerre, le nom de sa banque devint Hentz Brothers.

Bernard Baruch témoigna de la sorte le 13 septembre 1937 devant la commission Nye : « Toutes les guerres ont une origine économique ». Alors remercions ceux qui prétendent qu'elles ont pour sources des différends religieux ou politiques[107] !

Un portrait de Baruch paru dans le magazine *New Yorker* mentionnait qu'il avait pendant la première guerre mondiale enregistré un profit de 750 000 $ en un seul jour grâce à une rumeur infondée de paix qui s'était répandue à Washington. Baruch évoque à travers le *Who's Who* avoir été l'un des membres du comité chargé des achats des Alliés pendant la Grande Guerre. Baruch *était* en réalité à lui seul ce comité : il a dilapidé l'argent des contribuables américains au rythme annuel de 10 000 000 000 $, tout en étant le membre dominant de la commission chargée de fixer le prix des munitions. Il déterminait donc les tarifs auxquels le gouvernement achetait son matériel militaire. Il serait ingénu de croire que ces commandes n'étaient pas adressées à des entreprises dans lesquelles ses associés et lui-même exerçaient une

---

[107] Baruch, au cours de son témoignage, a également déclaré : « Pendant la guerre, j'ai réalisé trois investissements de première importance : l'Alaska Juneau Gold Mining Company (en association avec Eugene Meyer), Texas Gulf Sulphur et l'Atolia Mining Company (pour le tungstène). » Mason, représentant de l'Illinois, affirma le 21 février 1921 à la Chambre que Baruch avait obtenu des bénéfices supérieurs à 50 000 000 $ grâce au cuivre au cours du conflit.

dictature pure et simple, quoique polie, sur les fabricants américains[108].

Voici ce que Baruch a dit lors des auditions de la commission Nye en 1935 :

> « Le président Wilson m'a remis un décret m'autorisant à réquisitionner n'importe quelle industrie ou usine. Gary, président d'*United States Steel*, avec lequel nous avions eu des différends, me répondit, après que je lui eus montré ce document : "Je suppose que nous devons arranger cela...", et il a vraiment tout arrangé. »

Quelques membres du Congrès manifestèrent leur curiosité quant aux compétences de Baruch pouvant justifier l'exercice d'un genre de droit de vie et de mort sur l'industrie américaine en temps de guerre. N'étant point un industriel, il n'avait jamais mis les pieds dans une usine. Convoqué par la commission parlementaire, il déclara que sa profession était : « spéculateur » ! Un boursicoteur de Wall Street avait donc été fait le tsar de l'industrie américaine !

Ci-dessous, notre lecteur trouvera le fac-similé d'un article paru le 23 septembre 1914 dans *The New York Times* et listant les principaux actionnaires de cinq banques new-yorkaises qui avaient acquis 40% des 203 053 actions de la banque de réserve fédérale de New York à l'occasion de la création du système l'année même. Ils avaient donc pris le contrôle de cette banque de réserve fédérale et l'ont conservé. À compter du 26 juillet 1983, les cinq plus grosses banques new-yorkaises subsistantes jouissaient d'une participation au capital de la banque de réserve fédérale de New à hauteur de 53%.

---

[108]Baruch se choisit pour adjoint au président du conseil des industries de la guerre un camarade de spéculations issu de Wall Street : Clarence Dillon (Lapowitz). Cf. sa notice biographique.

BANKS' STOCK LIST FULL OF SURPRISES

Many Names Associated by Public with Big Stockholdings Not Found.

HETTY GREEN'S 30 SHARES

Frank Vanderlip Missing from Among Large Interests in National City.

Publication yesterday of lists of stockholders in some of New York City's largest banks aroused considerable interest in the financial district, as much because of the absences of expected names as of the amounts of the principal holdings. The date at which the lists were compiled was not made known, and important changes may have taken place since, although as a rule there is little activity in bank shares and the controlling interests in most institutions have been in the same hands for many years.

Among the surprises in the lists, as published by Dow, Jones & Co., was the discovery that Hetty Green, often spoken of as a very important factor in the conduct of the Chemical National, owns only 31 of the 30,000 shares of that institution. Frank Vanderlip, President of the National City Bank, is not down among the principal shareholders, while James Stillman, Chairman of the Board of Directors, holds 47,498 shares of the total of 250,000. Mr. Stillman is also a large holder in the Hanover and the Citizens' Central. J. P. Morgan & Co. have the biggest holdings of any firm.

The shareholders, capitalization, number of shares, dividends, and book value, follow:

tal shareholders, 1,826; book value, $192; par value, $100; annual dividend, 10 per cent.
*Guar'ty Tr. Co.. 2,125 W. A. & A. M.
C. H. Mackay.. 1,936 White.......... 535
S. J. Saltus..... 1,404 L. Clark, (G.
*A. P. Lee...... 1,100 Case, exec'r).. 500
Anna Bradford.. 900 G. W. Caliord... 500
Atl. Mut. In. Co. 900 S. Kilner....... 500
Home Ins. Co... 800 C. A. Spreckels. 494
J. T. Terry.... 557
*Trustee.

Chase National—Capital, $5,000,000; total shareholders, 309; book value, $299; par value, $100; annual dividend, 20 per cent.
G. F. Baker....13,408 H. W. Cannon.. 1,400
A. H. Wiggin.. 6,492 G. B. Schley.... 500
C. A. Edwards. 3,590 S. Miller....... 500
A. B. Hepburn.. 2,578 J. J. Mitchell... 500
J. J. Hill...... 1,500 Faith Moore.... 500
L. G. Thompson. 1,500 W. H. Porter... 500
E. Tuck....... 1,500 F. S. Thompson,
Trustees Princeton Univ. U. S. T. Co.,Tr. 1,000
ton Univ...... 1,000

Park National—Capital, $5,000,000; total stockholders, 1,053; book value, $387; par value, $100; annual dividend, 18 per cent.
Trus. Adams Es. 1,375 C. Scribner...... 820
R. Delafield.... 1,050 S. J. Saltus..... 707
J. H. Schiff.... 1,000 S. Fish......... 641
Josephine H.   Labrot & Co.... 600
  Wright ......   959 E. C. Hoyt..... 549
C. Vanderbilt... 910

Irving National—Capital, $4,000,000; total shareholders, 677; book value, $187; par value, $100; annual dividend, 8 per cent.
S. M. Milliken.. 2,146 L. A. Carton.... 594
W. A. Tilden... 1,856 J. M. Donald... 573
F. W. Woolworth 1,332 J. H. Seed..... 544
E. Thomas, *Ex. 1,325 W. Donald...... 545
J. A. Nichols... 1,255 Merle Co....... 511
W. Halls ...... 1,000 W. Skinner..... 450
Deering Harvest.   W. W. Belding,
  Co.   995   Jr............ 450
W. H. Barnard. 940 Emma E. Pugs-
L. F. Swift.... 820   ley........... 418
E. F. Swift.... 745 G. Vuitschgen,
D. W. Whitmore 603   Sr............ 415
*Under will of S. Thomas.

Corn Exchange—Capital, $3,500,000; total stockholders, 875; book value, $201; par value, $100; annual dividend, 16 per cent.
Washington Tr.. 5,000 W. H. Nichols.. 500
H. E. Vaughan 918 De Witt C. Falls 481
J. M. Bowers... 687 W. M. Craig.... 400
J. B. Manning.. 531 Louis V. Wilson. 400
E. C. Platt..... 500 William A. Nash 355

Hanover National—Capital, $3,000,000; total stockholders, 404; book value, $679; par value, $100; annual dividend, 16 per cent.
Wm. Woodward. 6,600 Bessemer Invest.
James Stillman. 4,000   Co. 525
Wm. Rockefeller 1,540 Wm. J. Clark... 428
Wm. Barbour... 1,200 Wm. J. Halls... 410
Jas. M. Donald.. 1,025 C. Wodsworth... 750
                      Robt. M. Goelet. 400

Chemical National—Capital, $3,000,000; total shareholders, 410; book value, $357; par value, $100; annual dividend, 15 per cent.
R. W. Goelet.... 3,000 A. D. Juilliard.. 600
U. S. Trust Co.,   Emily W. S.
  Trus. for A. L.   Spencer 570
  Sampson ..... 2,672 Roosevelt & Son 555
R. Goelet...... 1,500 A. Iselin....... 550
A. F. Vanderbilt 1,000 Roosevelt Estate 530
W. Bishop ..... 1,000 C. F. Bishop... 510
J. B. Manning.. 891 Hetty H. R.
                         Green 31
Chatham and Phenix National—Capital, $2,250,000; total shareholders, 489; book value,

National City Bank—Capital, $25,000; total stockholders, 1,013; book value, $230; par value, $100; annual dividend, 10 per cent. Stock also includes $10,000,000 capital of National City Company, which pays annual dividend of 6 per cent.

James Stillman	47,498	W. A. Rockefeller	10
J. P. Morgan & Co.	14,000	A. T. Russell	8,267
		H. A. C. Taylor	7,599
W. Rockefeller	10,000	J. W. Sterling	6,087
M. T. Pyne	8,267	U. S. Trust Co., New York	4,500
Percy Pyne	8,267		
J. D. Rockefeller	1,750	J. P. Morgan, Jr.	1,000
J. S. Rockefeller	100		
*Trustee.			

National Bank of Commerce—Capital, $25,000,000; total stockholders, 3,013; book value, $168; par value, $100; annual dividend, 8 per cent.

Equitable Life	24,700	A. D. Juilliard	2,000
Mutual Life	17,294	J. J. Gerdan	1,696
G. F. Baker	10,000	J. P. Goodhart & Co.	1,287
North. Finance Corporation	9,300	J. N. Jarvine	1,285
J. P. Morgan & Co.	7,800	F. A. V. Twombly	1,250
Mary W. Harriman	5,650	Kidder, Peabody & Co.	1,125
E. J. Berwind	5,650	J. P. Morgan, Jr.	1,100
T. F. Ryan	5,100	L. P. Morton	1,500
R. W. Winthrop Co., agents	4,900	H. B. Davison	1,100
		W. W. Astor	1,000
S. J. Saltus	4,757	J. H. Schiff	1,000
T. A. Reynolds	3,175	V. P. Snyder	1,000
*P. M. Warburg	8,000	G. Whittell	1,000
A. J. Hemphill	2,000	E. T. Nichols	1,000
*Since sold his holdings.			

First National—Capital, $10,000,000; total stockholders, 626; book value, $129; par value, $100; annual dividend, 40 per cent. Of this 28 per cent. is paid on bank's stock and 12 per cent. on stock of First Security Company.

G. F. Baker	20,000	G. F. Baker, Jr.	5,000
J. P. Morgan & Co.	13,900	J. J. Hill	4,000
		North'n Fin, Co.	1,700
H. C. Fahnestock	10,000	F. L. Hine	1,400
		H. B. Davison	1,010
Garland, Dodson & Emmer, Tr. of est. of J. A. Garland	6,900	Mary C. Thompson	9,000

Mechanics and Metals National—Capital, $6,000,000; total stockholders, 1,342; book value, $240; par value, $100; annual dividend, 12 per cent.

Thomas Cole	1,747	C. Ledyard Blair	1,000
Arnold Fox	1,500	R. Craig, Jr.	1,000
W. R. Craig	1,405	John D. Ryan	1,000
Kidder, Peabody & Co.	1,279	Alice D. Garth	865
		W. A. Paine	825
W. Rockefeller	1,000		

American Exchange—Capital, $5,000,000; total

$40; par value, $25; annual dividend, 8 per cent.

D. J. Carroll	2,948	H. F. Shoemaker	1,320
E. H. Gary	2,536	S. Weil	1,332
L. G. Kaufman	2,549	T. Firen	1,250
T. F. Cole	2,424	C. Hayden	1,212
E. P. Earle	2,248	N. P. Gatting	1,200
P. S. du Pont	1,389	H. S. Steeler	1,005
H. S. Hotchkiss	1,800	A. J. Ringling	1,000
H. E. Andrews	1,478	A. A. Rope	1,000
A. Belmont & Co.	1,460	D. Dunue	1,000
		H. Whittemore	1,000

Citizens Central National Bank—Capital, $2,550,000; total shareholders, 610; book value, $187; par value, $100; annual dividend, 8 per cent.

J. Stillman	2,008	G. W. Foster	500
E. S. Schenck	757	W. Halls, Jr.	425
J. H. Peters & Sons	700	W. Langdon	419
		H. R. Boker	367
Fleitman & Co.	594	L. F. Dommerich	840
W. McKenzie	546	C. F. Boker	426
German-Amer. Insur. Co.	475	E. S. Schenck, Agent	200

Bank of Manhattan—Capital, $2,050,000; total stockholders, 624; book value, $182; par value, $50; annual dividend, 14 per cent.

J. K. Tod & Co.	1,656	H. McHarg	1,000
J. Talcott	1,010	U. S. Trust Co. of N. Y.	840
A. Herbert & R. D. Rozoll	1,100	E. B. Auchincloss	
The People of the State of N. Y.	1,000	D. W. Bakey	700
			697
J. H. Schiff	1,000	W. Sicane	606

Bank of New York—Capital, $2,000,000; total stockholders, 559; book value, $309; par value, $100; annual dividend, 16 per cent.

Atlantic Mutual Insurance	1,000	W. E. Franklin & Co.	406
George Whittel	910	Walter McClure	385
Anna A. Bradford	600	W. J. Matheson	360
		Aetna Insurance	
Continental Ins.	500	W. W. Astor	302

Bank of America—Capital, $1,500,000; total shareholders, 734; book value, $524; par value, $100; annual dividend, 28 per cent.

Atlantic Mutual Insurance	500	J. Saltus	186
		N. Y. Life Ins.	
W. P. Perkins	418	Company†	152
Arbuckle Bros.	255	Kidder-Peabody	
Anna Bradford	250	Company	150
J. N. Jarvie	220	Ellen Gary	150
Guaranty Trust Company	200		

*Trustee under deed of the Adams Express Company. †Trustee under will of Elizabeth Thompson.

Importers and Traders' National—Capital, $1,500,000; total stockholders, 572; book value, $614; par value, $100; annual dividend, 24 per cent.

M. O. Sage	500	E. Townsend	388
Martha E. Munn	375	Aetna Ins. Co.	300
E. Van Volkenburgh	360	Hartford Fire Insurance	300
E. Townsend	352	W. H. Wheelock*	290
N. Perkins	352	T. S. Van Volkenburgh	260

*And others, trustees.

Garfield National—Capital, $1,000,000; total shareholders, 75; book value, $280; par value, $100; annual dividend, 12 per cent.

Estate of W. H. Gelshenen	1,939	C. T. Wills	408
R. F. Morse	820	Amelia D. Dunlap	400
Maria D. Jesup	750	R. W. Poor	383
J. McCutcheon	600	Sadie S. Mead	300
E. A. Darling	500	C. E. Clark	200

Seaboard National—Capital, $1,000,000. Total stockholders, 79; book value, $362; par value, $100; annual dividend, 12 per cent.

T. W. Brown	1,000	Susan F. Wheeler	400
S. G. Bayne	960	J. A. Archbold	400
A. C. Bodman	600	L. Carter*	410
J. Saep	500	C. L. Pack	336
S. G. Bayne & Co.	434	S. G. Nelson	300

*G. Eckbert, E. Sharp, and A. Herndon, Trustees.

Second National—Capital, $1,000,000. Total shareholders, 47; book value, $389; par value, $100; annual dividend, 12 per cent.

P. Yancey	1,533	D. H. Peaslee	562
W. Barnett	1,191	E. A. Darling	183
O. G. Storm	1,100	Bertha H. Wing	168
G. W. Foster	1,000	Susie H. Hall	168
W. A. Simonson	700	Marg. C. Hurlbut	166
J. L. Riker	612	Estate of J. H. Mahoney, dec'd	168
A. B. Harris	500		

Lincoln National—Capital, $2,000,000. Total stockholders, 60; book value, $277; par value, $100; annual dividend, 10 per cent.

F. W. Vanderbilt	1,648	Webb & Prall	500
E. J. Berwind	1,250	J. P. Grace	450
R. Winthrop & Co., agents	1,250	M. C. Borden	400
J. B. Colgate & Co.	1,000	Edgar Palmer	334
		T. L. James	280
		A. G. Vanderbilt	190

Liberty National—Capital, $1,000,000. Total stockholders, 165; book value, $377; par value, $100; annual dividend, 20 per cent.

E. C. Converse	1,080	Wm. H. Moore	401
George F. Baker	900	M. B. Brown	400
Henry Graves	500	D. G. Reid	364

Merchants' Exchange National—Capital, $1,000,000. Total stockholders, 236; book value, $86; par value, $50; annual dividend, 6 per cent.

Henry J. Kohrs	2,200	A. F. Kountz	1,000
W. E. Davis	2,000	H. D. Kountz	1,000
F. E. Andruss	1,900	W. L. Kountz	1,000
T. Hadden	1,300	Pref. Accid' Ins.	500

Market and Fulton National—Capital, $1,000,000; total stockholders, 428; book value, $205; par value, $100; annual dividend, 12 per cent.

A. Gilbert	503	T. P. Fiske	207
Atl. Mut. Ins. Co.	333	J. C. Baldwin	200
G. M. Olcott	300	A. S. Swan	161
Sarah M. Davoe	255	C. S. Emery	161
E. B. Jackson, Jr.	207	L. Storn	153

Harriman National—Capital, $500,000; total stockholders, 140; book value, $262; par value, $100.

J. W. Harriman	1,105	J. C. Tomlinson	175
Mary W. Harriman	500	A. A. Bennett	137
		W. A. Taylor	125
G. A. Huhn & Sons	200	E. Holbrook	125
		J. Miller	133
L. M. McCam	195	C. Vanderbilt	100

National Butchers and Drovers—Total shareholders, 131; book value, $84; par value, $25; annual dividend, 6 per cent; capital; authorized, $1,000,000; issued, $800,000.

D. W. Rowland	4,978	W. H. Chase	230
Joseph Fox	800	G. G. Bemeker-hoff	256
S. Ford	403		
C. C. Marshall	400	L. Warshauer	230
R. Arkush	334	A. D. Bendheim	203
J. D. Wendel	300		

The New York Times
Published: September 23, 1914
Copyright © The New York Times

La liste des actionnaires des banques est riche en surprises

The New York Times
Mercredi 23 septembre 1914
Page 12, 2 071 mots

Bien des noms que le grand public associe aux gros actionnaires n'y figurent pas.

Les 30 actions de Hetty Green

Frank Vanderlip est absent des principaux intérêts de *National City*.

« La divulgation, hier, des listes des actionnaires de plusieurs des banques new-yorkaises les plus importantes a suscité un grand intérêt au sein du secteur financier, aussi bien à cause de l'absence de noms auxquels on se serait attendu qu'en raison du nombre d'actions possédées par les principaux détenteurs. La date à laquelle ces listes ont été établis n'a point été précisée et des changements sensibles auraient donc pu se produire depuis, même si la tendance générale est que les mouvements des actions bancaires soient réduits et que les intérêts contrôlant la plupart des établissements bancaires se trouvent depuis longtemps dans les mêmes mains.

Parmi les surprises de ce listing, tel qu'on peut le découvrir grâce à Dow, Jones & Co., nous découvrons que Hetty Green, que l'on présente communément comme étant un élément essentiel de l'administration de Chemical National, ne détient que 31 des 80 000 actions de cette société. Frank Vanderlip, président de la National City Bank, ne compte pas parmi ses principaux actionnaires ; tandis que James Stillman, qui préside son directoire, possède 47 498 actions sur 250 000. M. Stillman est aussi un gros actionnaire de Hanover & Citizens' Central. J. P. Morgan & Co. détient la plus grande part de toutes les entreprises du groupe.

Voici le tableau des actionnaires, capitalisations, nombres d'actions, dividendes et valeurs comptables :

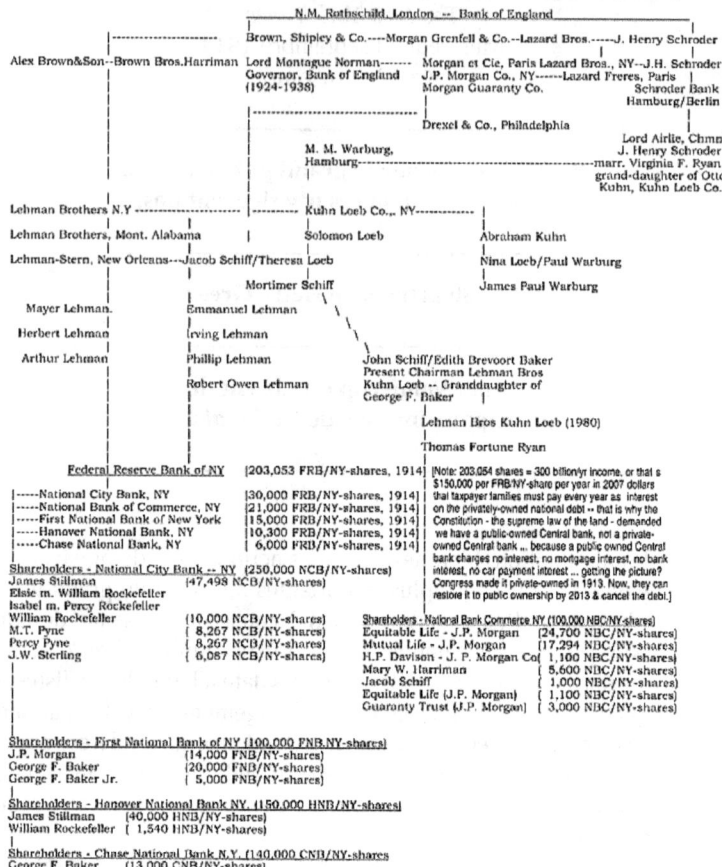

Ce document met en lumière les liens unissant les Rothschild, la Banque d'Angleterre et les établissements bancaires londoniens qui dominent, en dernière instance, les banques de la Réserve fédérale grâce à leurs succursales new-yorkaises et à leurs participations au capital de ces institutions. J. P. Morgan Co. et Kuhn, Loeb & Co., les deux principales banques représentant à New York les Rothschild, constituent les consortiums financiers ayant organisé la rencontre de l'île Jekyll pendant laquelle le Federal Reserve Act fut concocté. Elles ont piloté la campagne fructueuse qui suivit pour faire en sorte que le Congrès adopte le projet de loi, et en 1914 elles ont pris une participation et le contrôle de la banque de réserve fédérale de New York. De grandes personnalités de ces établissements furent désignées au sein du conseil des gouverneurs de la Réserve fédérale ainsi qu'au Comité consultatif fédérale, dès 1914.

En 1914, une poignée de familles – liées par le sang ou des affaires – contrôlaient les banques établies (comme à New York) et firent en sorte qu'elles prissent des participations devant étendre leur domination aux banques régionales de la Réserve fédérale.

L'analyse des documents et du texte du rapport parlementaire de la commission bancaire d'août 1976 et du listing des actuels actionnaires des douze banques régionales de la Réserve fédérale confirme que ce sont bien ces familles qui en assurent la gestion.

Eugene Meyer (Alaska-Juneau Gold Mining Co.), jadis associé de Baruch, déclara par la suite que Baruch n'était qu'un idiot et qu'il avait piloté sa carrière d'investisseur grâce aux relations financières de sa famille (Lazard Frères). Ces déclarations furent reprises dans l'éditorial de la livraison du 50ᵉ anniversaire du *Washington Post*, en date du 4 juin 1983, et le coup de grâce fut donné par Al Friendly, un journaliste de Meyer, qui affirmait que « n'importe quel journaliste à Washington, Meyer y compris, sait bien que Bernard Baruch était un imposteur mégalomane ».

Eugene Meyer, troisième membre de notre triumvirat, était le fils d'un associé de l'établissement bancaire international Lazard Frères, de Paris et New York. Baruch raconte dans *My Own Story* comment Meyer prit la tête de la société de financement de la guerre : « Au commencement même de la première guerre mondiale – dit-il – je suis allé chercher Eugene Meyer, Jʳ [...] un homme parfaitement intègre et animé du violent désir de servir ses concitoyens[109] ».

Le pays avait énormément souffert des manigances d'énergumènes désireux d'exercer la puissance publique, mais dont les ambitions réelles regardaient bien au-delà de leur engouement pour les fonctions concernées... De fait, Meyer et Baruch avaient géré en 1915 une société en Alaska – l'Alaska-Juneau Gold Mining Company – et œuvré de concert dans d'autres combines lucratives. L'établissement familial de Meyer, Lazard Frères, était spécialisé dans les mouvements d'or à l'international.

Le mandat d'Eugene Meyer au sein de la société de financement de la guerre inclut l'une des opérations financières les plus stupéfiantes que les États-Unis aient jamais partiellement connue. Nous précisons

---

[109] Bernard Baruch, *My Own Story*, New York, Henry-Holt Company, 1957, p. 194.

bien « partiellement connue », car les enquêtes parlementaires ayant suivi ont fait état de ce que, chaque nuit, des documents étaient corrompus avant d'être présentés aux enquêteurs le lendemain. Le nom de Louis McFadden, président de la commission sur la banque et la monnaie de la Chambre des représentants, figure dans deux enquêtes relatives à Meyer, en 1925 puis de nouveau en 1930, au moment où Meyer fut proposé à la fonction de gouverneur au sein du conseil de la Réserve fédérale. Citons le rapport que la commission d'enquête sur la destruction d'obligations gouvernementales, intitulé *Préparation et destruction d'obligations gouvernementales. 68e Congrès, 2e session, rapport n° 1635*, rendit public le 2 mars 1925 : « Des bons dupliqués, représentant 2 314 paires, et des obligations en double exemplaire, se montant à 4 698 paires, d'une valeur variant en 50 et 10 000 $, furent convertis en espèces le 1er juillet 1924. Parmi ces duplications, certaines résultaient d'erreurs ; d'autres, de fraudes » (p. 2).

Ces investigations peuvent expliquer la raison pour laquelle Eugene Meyer fut à la fin de la première guerre mondiale en capacité de prendre le contrôle de l'Allied Chemical & Dye Corporation puis, par la suite, celui du quotidien le plus influent des États-Unis : *The Washington Post*. La duplication de bons, « un pour le gouvernement, l'autre pour moi », d'une valeur faciale de 10 000 $ pièce, renvoyait à de belles sommes.

Nous lisons à la page 6 de ce compte rendu des auditions : « Ces opérations du Trésor (comprenant des transactions pour des achats ainsi que des ventes), réalisées par la société de financement de la guerre avant le 20 juin 1920, étaient majoritairement supervisées par son directeur général (Eugene Meyer). C'est avant tout ce dernier qui concluait des accords avec le Trésor et le secrétaire-adjoint au Trésor. Les archives montrent que le prix de base assumé par le gouvernement pour des bons d'une valeur totale dépassant 1 894 000 000 $ – achetés par le Trésor à travers la société de financement de la guerre – n'était pas aux prix du marché et ne correspondait pas au coût de l'obligation rehaussé des intérêts ; or, les éléments compris dans les accords passés ne sont divulgués dans aucun document. Le directeur général de la société du financement de la guerre a assuré que lui et un délégué du secrétaire au Trésor (Jerome J. Hanauer, un associé de la Kuhn, Loeb Co. dont la fille se maria avec Lewis L. Strauss) trouvaient un accord sur le prix et que ce dernier était un chiffre arbitraire déterminé par un délégué du secrétaire au Trésor devant fixer le nombre de bons achetés de la sorte par la société du financement de la guerre. Au moment où ces opérations avaient lieu et jusqu'à une date récente, Eugene Meyer, J^r – directeur général de la société de financement de la guerre –

entretenait à New York pour ses affaires personnelles un bureau au 14 Wall Street et, par l'intermédiaire de la société de financement de la guerre, il vendit des obligations au gouvernement pour un montant total estimé à 70 000 000 $. Avec cette même société, il vendit également des bons, pour une valeur de 10 000 000 $ environ, et a approuvé la conversion de la majorité de ces coupons, si ce n'est tous, en usant de ses pouvoirs officielles en tant que directeur général de la société de financement de la guerre. Quand ces opérations, que nous venons de décrire, furent portées à la connaissance de la commission au cours d'un témoignage, le directeur général s'est expliqué devant la commission et a précisé que des commissions étaient payées sur ces transactions pour être versées à des courtiers choisis par ledit directeur général, qui exécutaient les ordres donnés par son établissement de courtage ; et, aussitôt après cette révélation faite à la commission, ledit directeur général a fait appel à Ernst & Ernst, cabinet de commissaires aux comptes publics chargés d'auditer les bilans de la société de financement de la guerre, qui ont affirmé devant la commission, après avoir terminé l'analyse de cette comptabilité, que toutes les redevances perçues par l'établissement de courtage du directeur général étaient en effet enregistrées. Alors que la commission devait effectuer des vérifications et que les commissaires aux comptes commis continuaient en parallèle leur audit de nuit, la commission parlementaire découvrit que des changements et modifications avaient été réalisés dans les livres comptables concernant ces transactions. Lorsque ce fait fut porté à la connaissance du trésorier de la société de financement de la guerre, ce dernier avoua – devant la commission – qu'il y avait bel et bien eu des altérations. La commission n'a guère été capable de déterminer jusqu'à quel point les documents avaient pu être altérés par ce procédé. Après juin 1921, des titres d'une valeur avoisinant 10 000 000 000 $ furent détruits. »

C'est le *Washington Post* d'Eugene Meyer (alors dirigé par sa fille, Katherine Graham), qui, plus tard, ferait décamper de la Maison-Blanche un président des États-Unis en l'accusant d'avoir donné son aval à un larcin politique. Que penser des révélations autour de la duplication d'obligations pour des centaines de millions de dollars au cours du mandat de Meyer au sommet de la société de financement de la guerre ? Et de l'altération d'archives pendant l'enquête parlementaire ? Ou encore du fait que Meyer s'en soit tiré avec des millions et millions de dollars qui lui permirent d'acquérir l'Allied Chemical Corporation, le *Washington Post* et bien d'autres choses ? Au passage, signalons que Lazard Brothers – l'établissement bancaire familial de Meyer – gère la fortune de nombre de sommités politiques américaines, dont la famille Kennedy.

Outre ces individus (Warburg, Baruch et Meyer), une infinité d'associés, de collaborateurs et de subordonnés de la J. P. Morgan Co. et de la Kuhn, Loeb Co. présidèrent après 1917 et depuis Washington aux destinées des citoyens américains.

Il convient de savoir que les Liberty Loans – des obligations vendues aux citoyens américains – dépendaient du Trésor des États-Unis alors placé sous l'égide du secrétaire au Trésor de Wilson : William G. McAdoo, que la Kuhn, Loeb Co. avait catapulté à la tête de la Hudson-Manhattan Railway Co. en 1902.

Pendant la Grande Guerre, Paul Warburg avait avec lui à Washington une bonne partie de la Kuhn, Loeb Co. Jerome Hanauer – associé au sein de la Kuhn, Loeb Co. – était un adjoint du secrétaire au Trésor, chargé des Liberty Loans. Au cours du conflit, les deux sous-secrétaires au Trésor n'étaient autres que S. Parker Gilbert et Roscoe C. Leffingwell, tous deux débarqués au Trésor depuis le cabinet d'avocats Cravath & Henderson qu'ils regagnèrent après avoir rempli au sein du Trésor leur service commandé pour le compte de la Kuhn, Loeb Co. Les juristes de Cravath & Henderson travaillaient pour la Kuhn, Loeb Co. Par la suite, Gilbert et Leffingwell furent reçus en tant qu'associés au sein de la J. P. Morgan Co.

La *Kuhn, Loeb Company*, principal propriétaire ferroviaire aux États-Unis ainsi qu'au Mexique, défendit ses intérêts au cours de la première guerre mondiale en obtenant de Woodrow Wilson l'établissement de l'US Railroad Administration. Son directeur général fut William McAdoo, contrôleur des finances chargé de la monnaie. Paul Warburg substitua en 1918 à cet organisme une institution mieux encadrée qui prit le nom de Federal Transportation Council. Le but de ces deux organes était d'empêcher pendant la guerre des grèves potentiellement coûteuses pour la *Kuhn, Loeb Company*, au cas où les cheminots américains auraient essayé d'augmenter leurs salaires avec une part des millions de dollars de profits engrangés par le groupe grâce à la guerre et au gouvernement fédéral.

Voici le tableau des directoires croisés peuplés par des membres du Comité consultatif fédéral :

LES SECRETS DE LA RÉSERVE FÉDÉRALE

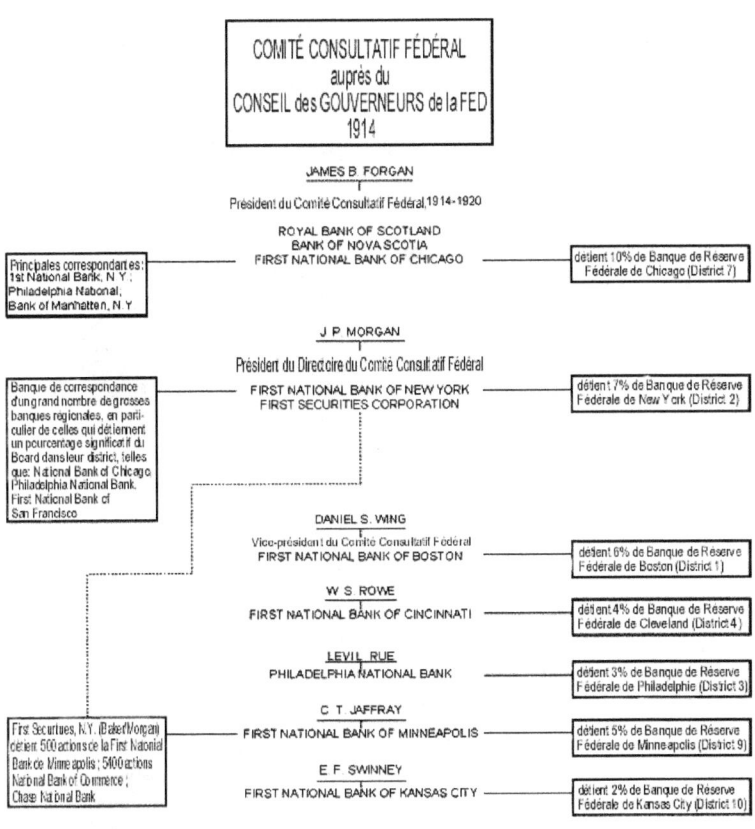

Ce document dévoile les directoires croisés des banques, tels qu'ils furent mis au jour en étudiant l'histoire des personnalités choisies pour devenir en 1914 les premiers membres du Comité consultatif fédéral. Ses sommités étaient précisément les financiers présents ou représentés au cours de la réunion de l'île Jekyll en 1910 et pendant la campagne devant emporter l'adhésion du Congrès vis-à-vis du Federal Reserve Act en 1913. Ces personnalités représentaient les principaux actionnaires des banques new-yorkaises qui acquirent la majorité des actions de la banque de réserve fédérale de New York. Nous devons y ajouter les principaux établissements de correspondance de ces banques, situés dans d'autres districts de la Réserve fédérale et qui, eux aussi, se choisirent des représentants pour le Comité consultatif fédéral.

Organigramme de la J. Henry Schroder Banking Company

errata

A lot of people during my presidency ...and, during both Presidents Bush, attack the Bush Dynasty ...because, they co-owned Hamburg Amerika shipping company. Horse-pucky. History says, the financial panic of 1897 forced Union Pacific Railroad into bankruptcy. So, in 1898, Edward H. Harriman and Robert Lovett bought that railroad for 110 million dollars, in a deal brokered by New York-based Kuhn Loeb

L'organigramme de la J. Henry Schroder Banking Company est comme un condensé de l'histoire du XXe siècle, englobant l'ensemble des plans d'approvisionnement de l'Allemagne entre 1915 et 1918 (id est le comité du secours belge) et de dissuasion du Kaiser de chercher la paix en 1916. La banque finança Hitler et rendit la seconde guerre mondiale possible ; elle subventionna la campagne présidentielle de Herbert Hoover ; puis, sous l'administration Reagan, deux des dirigeants les plus importants de sa succursale Bechtel Corporation ont respectivement été investis des fonctions de secrétaire à la Défense et de secrétaire d'État.

Sir Gordon Richardson, tête et gouverneur de la Banque d'Angleterre (contrôlée par la maison Rothschild) de 1973 à 1983, fut président de J. Henry Schroder à New York et de la Schroder Banking Corporation de la même ville, ainsi que de Lloyd's à Londres et de Rolls-Royce. Il dispose d'un pied-à-terre new-yorkais Sutton Place. En tant qu'*alma mater* de la London Connection, nous pouvons affirmer qu'il est le financier le plus influent de la planète.

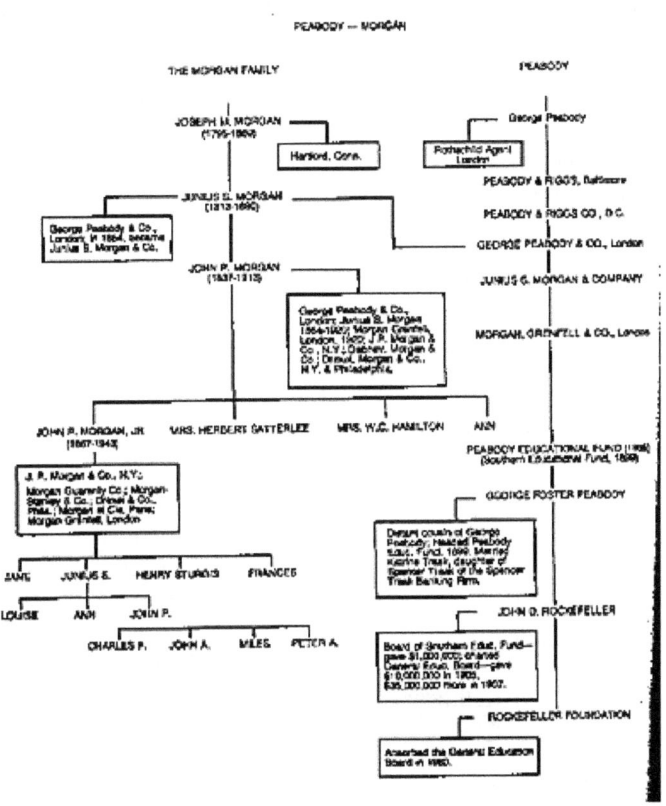

Le tableau du réseau Peabody-Morgan révèle la « London Connection » de ces groupes financiers de premier ordre et dont les sièges sociaux se situent dès leur origine à Londres. La fortune Peabody a permis la création en 1865 d'un fonds pour l'éducation, absorbé postérieurement par John D. Rockefeller au sein du General Educational Board, bientôt rattaché à la fondation Rockefeller en 1960.

Parmi les financiers de premier ordre présents à Washington au cours du conflit, nous trouvons Herbert Lehman, d'un groupe alors en croissance fulgurante : Lehman Brothers, Bankers (à New York). Lehman fut catapulté vers l'état-major de l'armée de terre américaine, avec le grade de colonel.

D'après une expression croustillante et à double sens de Baruch, les Lehman avaient déjà eu par le passé une expérience dans « la captation de profits en temps de guerre ». Lisons ce qu'écrivait Arthur D. Howden Smith à propos des Lehman au cours de la guerre de Sécession dans *Men Who Rule America* : « Ils faisaient souvent office d'agents doubles et manigançaient dans les deux camps, se faisant les émissaires de communications confidentielles, magouillant dans de nombreuses transactions illégales autour du coton et de la drogue pour le compte des Confédérés, et transmettant des informations au Nord. Les Lehman, avec Mayer à Montgomery – la première capitale de la Confédération –, Henry à la Nouvelle-Orléans et Emmanuel à New York, étaient idéalement placés pour tirer profit de chaque occasion permettant d'engranger des bénéfices. Il semble qu'ils aient rarement manqué de telles occasions[110]... »

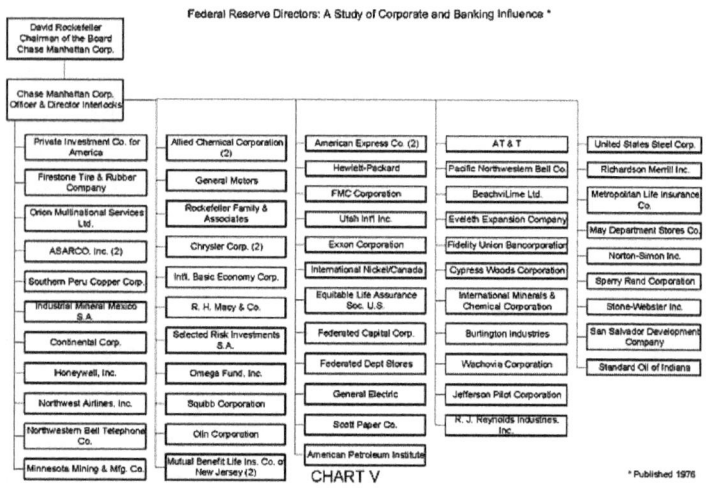

L'arbre n° 5 sur David Rockefeller met en exergue un lien entre la banque de

---

[110] Arthur D. Howden Smith, *Men Who Rule America*, New York, Bobbs Merrill, 1935, p. 112.

réserve fédérale de New York, la Standard Oil de l'Indiana, General Motors et l'Allied Chemical Corporation (de la famille d'Eugene Meyer) ainsi que d'Equitable Life (J. P. Morgan).

Voici quelques autres nominations américaines au cours de la première guerre mondiale...

En 1918, J. W. McIntosh, administrateur d'Armour – une entreprise de conditionnement de la viande – fut désigné à la tête des services de subsistance de l'armée américaine. Par la suite, il devint contrôleur des finances chargé de la monnaie pour l'administration Coolidge et membre de droit du conseil des gouverneurs de la Réserve fédérale. Sous l'administration Harding, il œuvra en tant que directeur financier de l'US Shipping Board au moment où cet organisme revendit aux Dollar Lines des bateaux à 1% de leur valeur réelle tout en permettant postérieurement à cette société ne pas respecter ses échéances de paiement. J. W. McIntosh fut recyclé en tant qu'associé par la société new-yorkaise de courtage J. W. Wollman Co. une fois qu'il eut quitté les services gouvernementaux.

W. P. G. Harding, gouverneur du conseil de la Réserve fédérale, était en outre le directeur général de la société de financement de la guerre du temps d'Eugene Meyer.

Henry P. Davison, associé et gérant de la J. P. Morgan Co., fut nommé à la direction de la Croix-Rouge américaine en 1917 pour superviser les 370 000 000 $ donnés en liquide par les citoyens américains.

Ronald Ranson, banquier d'Atlanta et gouverneur au conseil de la Réserve fédérale sous Roosevelt en 1938-1939, avait dirigé les ressources humaines des services étrangers de la Croix-Rouge américain en 1918.

John Skelton Williams, contrôleur des finances chargé de la monnaie, devint le trésorier national de la Croix-Rouge aux États-Unis.

Le président Woodrow Wilson, ce libéral fameux qui promulgua le Federal Reserve Act et déclara la guerre à l'Allemagne, connut une carrière peu commune pour un individu que l'on vénère désormais en tant que défenseur du petit peuple... Au cours de ses deux campagnes présidentielles, son premier soutien fut Cleveland H. Dodge, de la *Kuhn, Loeb Company* et qui contrôlait la National City Bank de New York.

Dodge exerçait en outre les fonctions de président pour la Winchester Arms Company et la Remington Arms Company. Il demeura extrêmement proche du président Wilson tout au long de l'importante carrière politique de ce démocrate. Wilson fit le 12 février 1914 cesser un blocus sur les transports d'armements en direction du Mexique, pour que Dodge puisse acheminer ses armes et munitions vers Carranza – pour une valeur évaluée à 1 000 000 $ – avec le dessein d'encourager de la sorte la Révolution mexicaine. La Kuhn, Loeb Co., qui possédait le réseau ferroviaire national du Mexique, n'était plus guère satisfaite du gouvernement de Huerta qui fut congédié.

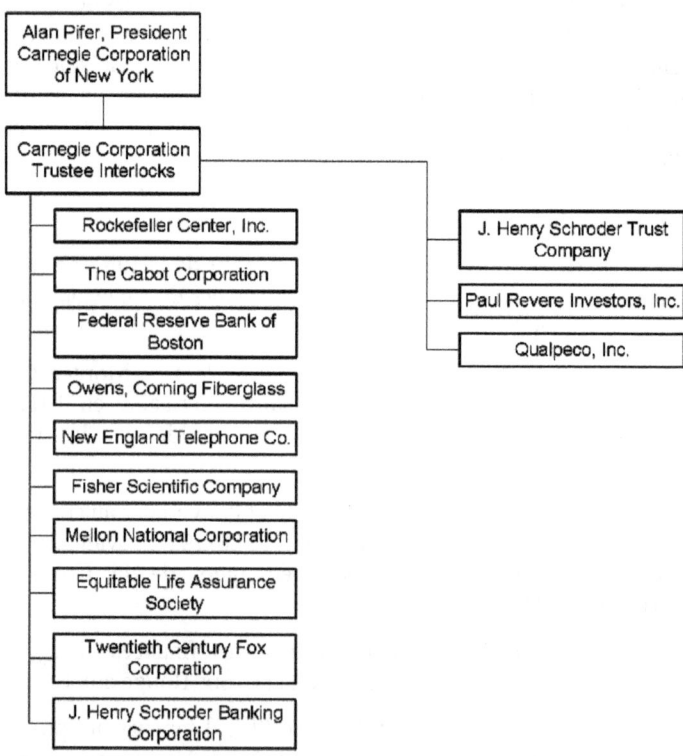

Le document n° 6 révèle un réseau entre la banque de réserve fédérale de New York, la J. Henry Schroder Banking Corp., la J. Henry Schroder Trust Co., Rockefeller Center Inc., l'Equitable Life Assurance Society (J. P. Morgan) et la banque de réserve fédérale de Boston.

Quand le paquebot britannique *Lusitania* fut coulé en 1915, il était chargé de munitions produites dans les usines de Dodge. Ce dernier présida le « fonds pour les survivants des victimes du *Lusitania* qui se démena pour mobiliser l'opinion publique contre l'Allemagne. Il avait par ailleurs la réputation d'employer d'authentiques gangsters contre les grévistes de ses industries, ce qui ne semble guère avoir dérangé l'homme de gauche qu'était Wilson...

Un autre indice de l'étrange conception que Wilson se faisait du libéralisme est décelable grâce au livre de Chaplin, *Wobbly*, où l'on apprend que Wilson gribouilla le mot « REFUSÉ » sur la demande de grâce qui lui fut faite par un Eugene Debs vieux et malade emprisonné à Atlanta pour « avoir parlé et écrit contre la guerre ». C'était bien l'accusation qui avait permis la condamnation de Debs : « avoir parlé et écrit contre la guerre ». Il s'agissait d'une trahison de la dictature de Wilson, d'où l'incarcération de Debs. En tant que leader du Parti socialiste, Debs se présenta aux élections présidentielles depuis sa cellule d'Atlanta, un cas unique dans l'histoire des États-Unis, et il recueillit plus d'un million de voix. Par une ironie du sort, la présidence du Parti socialiste – jusqu'alors assumée par Debs qui représentait à cette époque le désir d'un gouvernement honnête présent chez nombre d'Américains – échut à l'imbuvable Norman Thomas, un admirateur et ancien étudiant de Woodrow Wilson lors de son passage à Princeton. Sous la houlette de ce Thomas, le Parti socialiste ne représenta plus rien et son influence ainsi que son prestige déclinèrent peu à peu.

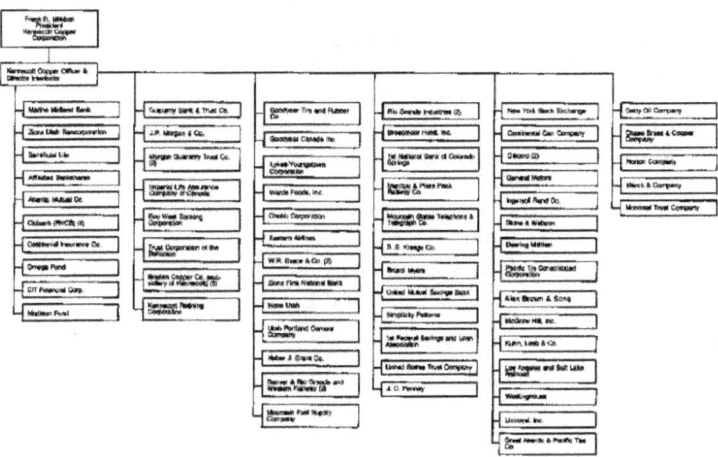

Ce document montre les liens unissant entre eux la banque de réserve fédérale de New York, la Citibank, la Guaranty Bank and Trust Co. (J. P. Morgan), la J. P. Morgan Co., la Morgan Guaranty Trust Co., Alex Brown & Sons (Brown Brothers Harriman), Kuhn, Loeb & Co., Los Angeles & Salt Lake RR

(entreprise contrôlée par la Kuhn, Loeb Co.) et Westinghouse (société également contrôlée par Kuhn, Loeb & Co.).

Wilson resta profondément impliqué dans la Révolution bolchevique, à l'instar de House et Wiseman. Dans *The Intimate Papers* de House, vol. III, p. 421, nous trouvons le câble adressé par sir William Wiseman à House depuis Londres le 1er mai 1918, conseillant aux Alliés d'intervenir en faveur des groupes bolcheviques. Dans ses mémoires *Velvet and Vinegar*, le lieutenant-colonel Norman Thwaites confie : « Souvent, dans les années 1917-1920, quand des décisions difficiles étaient à prendre, je me tournais vers M. [Otto] Kahn, dont le jugement sûr et la clairvoyance presque troublante au sujet des forces politiques et économiques en présence s'avérèrent extrêmement précieux. Je fus étroitement associé à une autre personnalité remarquable : sir William Wiseman, conseiller aux Affaires américaines au sein de la délégation britannique de la conférence de la paix et officier de liaison entre les gouvernements américain et britannique au cours de la guerre. Il était vis-à-vis de Downing Street l'équivalent du colonel House ici[111]. »

Woodrow Wilson nomma au cours de l'été 1917 le colonel House à la tête de la mission de guerre américaine auprès de la conférence de guerre interalliée, une première historique pour les États-Unis qui prenaient ainsi part à un organisme européen. House fut critique pour avoir demandé à Gordon Auchincloss, son gendre, de l'aider dans cette mission. Paul Cravath, juriste de la *Kuhn, Loeb Company*, fut le troisième homme de cette mission de guerre américaine. Sir William Wiseman orientait la délégation lors des réunions. Écoutons Viereck dans *The Stangest Friendship in History* :

« Après l'entrée en guerre de l'Amérique, Wiseman était selon Northcliffe le seul individu à pouvoir accéder n'importe quand au colonel House et à la Maison-Blanche. Wiseman prit un appartement dans la résidence du colonel. David Lawrence parlait avec humour de la maison de la 53th Street (à New York) comme étant le 10 Downing Street américain [...] Le colonel House utilisait un code spécial avec sir William Wiseman exclusivement. Le colonel House était Bush, les

---

[111]Lieutenant-colonel Norman Thwaites, *Velvet and Vinegar*, Londres, Grayson Co., 1932.

Morgan Haslam, et Trotski Keble[112]. »

Ces deux conseillers « non officiels » des gouvernements américain et britannique utilisaient ainsi, dans leurs échanges, un code qu'eux seuls connaissaient et que personne d'autre ne comprenait. Un fait est cependant bien plus étrange : le système d'espionnage communiste utilisa comme code officiel à l'international, de nombreuses années durant, l'ouvrage *Philip Dru, Administrator* du colonel House. François Coty commente :

« Gorodine, l'agent de Lénine en Chine, aurait eu avec lui un exemplaire de ce livre publié par le colonel House, *Philip Dru, Administrator*, et un expert en code qui vivait en Chine raconta à l'auteur que le but était d'avoir un accès constant à ce livre que Gorodine utilisait pour coder et décoder des messages[113]. »

---

[112]George Sylvester Viereck, *The Strangest Friendship in History. Woodrow Wilson and Col. House*, New York, Liveright, 1932, p. 172.

[113]François Coty, *Les Voiles déchirés*, Paris, 1940.

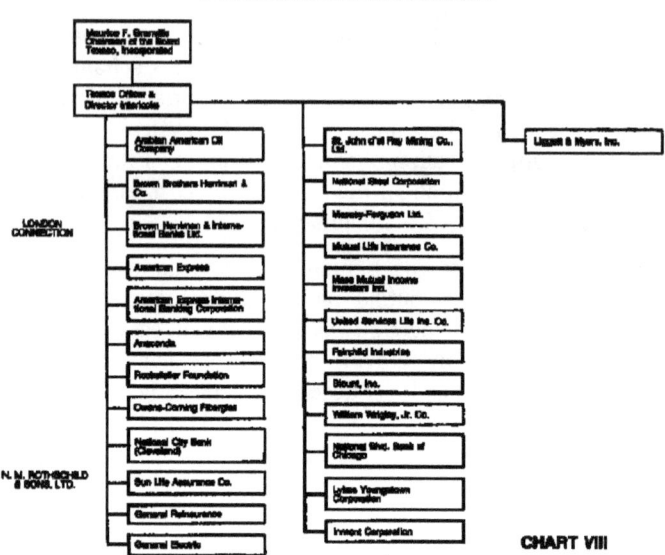

Le document n° 8 fait état de liens entre la banque de réserve fédérale de New York, Brown Brothers Harriman, la Sun Life Assurance Co. (N. M. Rothschild & Sons) et la fondation Rockefeller.

Après l'armistice, Woodrow Wilson réunit la délégation américaine pour la conférence de la paix et se dirigea vers Paris. C'était un groupe qui lui était globalement dévoué, constitué des financiers qui s'étaient toujours trouvés derrière les politiques wilsoniennes. On y trouvait Bernard Baruch, Thomas W. Lamont de la J. P. Morgan Co., Albert Strauss de J. & W. Seligman Bankers – qui avait été désigné par Wilson pour remplacer Paul Warburg au sein du conseil des gouverneurs de la Réserve fédérale –, J. P. Morgan avec ses avocats Frank Polk et John W. Davis. Les accompagnaient encore Walter Lippmann, Felix Frankfurter, le juge Brandeis de la Cour suprême des États-Unis et quelques autres personnalités intéressées. La biographie de Brandeis écrite par Thomas Mason précise que « Brandeis, à Paris en juin 1919, croisa des amis tels que Paul Warburg, le colonel House, lord Balfour, Louis Marshall et le baron Edmond de Rothschild ».

Effectivement, le baron Edmond de Rothschild fut un hôte particulièrement aimable pour les principaux membres de la délégation américaine : il mit carrément à leur disposition son hôtel particulier parisien, les autres représentants de la délégation – légèrement moins importants – étant condamnés à coucher sur la dure au sein du prestigieux hôtel Crillon, en compagnie du colonel House et profitant d'un personnel privé composé de 201 domestiques !

Par la suite, Baruch témoigna devant la commission Graham, mise en place par la commission des Affaires étrangères du Sénat :

« – J'étais conseiller économique pour la mission de paix.

Graham. – Avez-vous régulièrement conseillé le président lorsque vous vous trouviez là-bas ?

Baruch. – Je lui donnais mon avis à chaque fois qu'il me le demandait. J'ai eu des responsabilités concernant les clauses traitant des réparations. J'étais le commissaire américain chargé de ce qui s'appelait *la section économique*. Je faisais partie du Conseil économique suprême, compétent pour les matières premières.

Graham. – Siégiez-vous au Conseil avec les délégués qui négociaient les traités ?

Baruch. – Oui, Monsieur, la plupart du temps.

Graham. – À toutes les sessions, sans compter les réunions auxquelles participaient les Cinq [les « Cinq » étaient les dirigeants des cinq pays alliés] ?

Baruch. – Et souvent à celles-ci également. »

Paul Warburg secondait Wilson au sein de la commission américaine pour la négociation de la paix, en tant que principal conseiller financier. Il fut agréablement surpris de trouver son frère Max Warburg à la tête de la délégation allemande. Ce dernier avait emmené avec lui Carl Melchior (lui aussi issu de la M. M. Warburg Company), William Georg von Strauss, Franz Urbig et Mathias Erzberger.

Dans ses mémoires *Across World Frontiers,* Thomas W. Lamont raconte : « La délégation allemande comprenait deux banquiers allemands de la maison Warburg que je connaissais vaguement et avec lesquels je fus ravi de converser en toute bonhommie, car ils semblaient vraiment essayer de proposer de sages accommodements concernant les réparations, potentiellement acceptables pour les Alliés[114] ». Lamont était en outre heureux d'avoir croisé sir William Wiseman, le conseiller en chef de la délégation britannique.

Lors de ces pourparlers, les financiers parvinrent à persuader Wilson que, afin de faciliter leurs transactions monétaires à l'international, un gouvernement mondial était nécessaire. *The Intimate Papers of Col. House*, vol. IV, p. 52, citent un message adressé par sir William Wiseman à lord Reading en date du 16 août 1918 : « Le président a en vue deux principes : une Société des Nations doit être instituée, et celle-ci doit être forte ».

Wilson, qui paraît avoir vécu dans un monde de chimères, fut indigné de ce que les citoyens américains le huèrent au cours de sa campagne vouée à leur faire abandonner l'indépendance qu'ils avaient durement acquise contre ce qui ressemblait, pour beaucoup parmi eux, à une dictature mondiale. Il tomba rapidement dans une lourde dépression et se prit à garder la chambre. Aussitôt, son épouse interdit au colonel House l'accès à la Maison-Blanche, de telle sorte que ce fut elle qui gouverna les États-Unis du 25 septembre 1919 au 13 avril 1920, avec l'aide d'un proche ami, son « assistant militaire » : le colonel Rixey Smith. Dans la mesure où personne ne pouvait assister à leurs délibérations, il est impossible de savoir qui, dans ce duo, faisait office de président et qui de vice-président.

---

[114]Thomas W. Lamont, *Across World Frontiers*, 1950, p. 138.

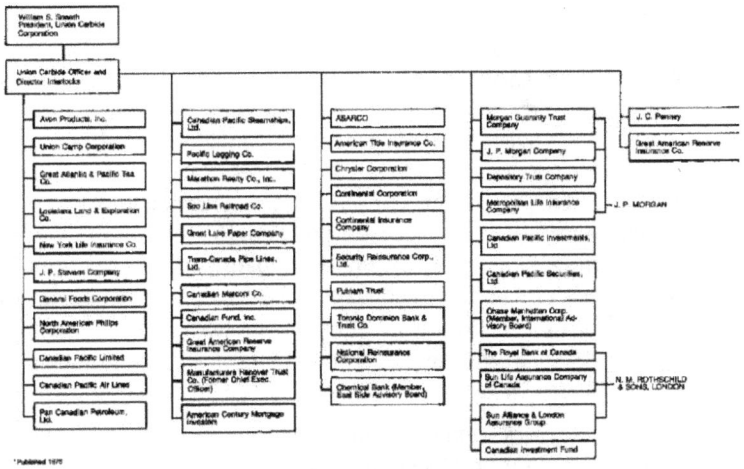

Ce document met en lumière les liens réciproques unissant la banque de réserve fédérale de New York et la J. P. Morgan Co., la Morgan Guaranty Trust Co. ainsi que les filiales des Rothschild, la Banque royale du Canada, la Sun Life Assurance Co. of Canada, la Sun Alliance et le London Assurance Group.

Les admirateurs de Woodrow Wilson furent plusieurs décennies dominés par Bernard Baruch qui voyait en Wilson le plus grand homme qu'il ait jamais rencontré. Les nominations au conseil des gouverneurs de la Réserve fédérale réalisées par Wilson et la responsabilité de cet organisme dans le financement de la première guerre mondiale, en plus du fait d'avoir abandonné les États-Unis – au cours du conflit – aux bons vouloirs d'un triumvirat d'immigrés, en font plutôt l'unique cause formelle de la plus grande catastrophe de l'histoire américaine.

Il n'est guère surprenant qu'après sa tournée européenne peu glorieuse, où il fut sifflé et chahuté par le peuple français dans l'espace public, sans compter les railleries d'Orlando et Clemenceau dans les salons de Versailles, Woodrow Wilson rentra chez lui pour se coucher. La vue des destructions et de la mort en Europe, choses dont il était directement responsable, représenta peut-être pour lui un électrochoc trop puissant pour qu'il pût le supporter. Pantaleoni, un ministre italien, exprimait les sentiments des peuples du Vieux Continent lorsqu'il écrivait : « Woodrow Wilson est un genre de Tartuffe en voie de disparition au milieu de l'exécration universelle ».

Le cartel de la finance ne subit que des revers mineurs lors de ces années cruciales. L'édition du 12 février 1917 du *New York Times* rapportait que : « Les cinq membres du conseil des gouverneurs de la Réserve fédérale furent mis en accusation dans l'hémicycle par le représentant Charles A. Lindbergh, républicain membre de la commission sur la banque et la monnaie. D'après M. Lindbergh, "le complot a commencé" en 1906 quand feu J. P. Morgan, Paul Warburg (actuel membre du conseil des gouverneurs) et la National City Bank "ont conspiré" avec d'autres groupes financiers afin d'obtenir une législation monétaire conforme à l'intérêt des grandes entreprises ainsi que la mise en place d'un conseil d'administration spécifique pour mette en œuvre de telles mesures, pour que le conseil de la Réserve fédérale soit géré de telle façon qu'il permette à ces conjurés de coordonner entre elles les grandes sociétés et de se maintenir à leur tête, avec l'objectif de fondre tous leurs trusts en un seul grand monopole, de restreindre et de contrôler les échanges ainsi que le commerce. » La Chambre ne vota jamais cette résolution accusatoire.

The New York Times rapportait encore, le 10 août 1918 : « Le mandat de M. Warburg étant terminé, celui-ci s'est volontairement retiré du conseil de la Réserve fédérale ». L'explication qui avait été précédemment avancée, d'après laquelle M. Warburg avait quitté ce conseil parce qu'il avait un frère impliqué dans les services secrets d'un État étranger – l'Allemagne – contre lequel les États-Unis étaient en guerre, n'était donc pas la véritable cause de son départ. Quoi qu'il en soit, il n'abandonna pas totalement l'administration de la Réserve fédérale, étant donné qu'il hérita aussitôt du siège de J. P. Morgan au sein du Comité consultatif fédéral, dignité à partir de laquelle il continua d'administrer dans les dix années qui suivirent le système de la Réserve fédérale.

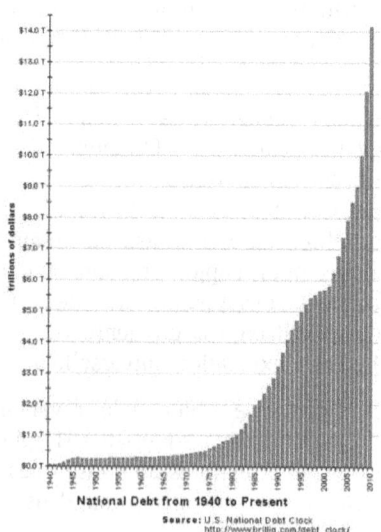

CHAPITRE IX

LA CRISE DE L'AGRICULTURE

Paul Warburg ayant démissionné en 1918 du conseil des gouverneurs de la Réserve fédérale, Albert Strauss – un associé de l'établissement financier international J. & W. Seligman – lui succéda. Cette maison bancaire entretenait d'importants intérêts à Cuba et en Amérique du Sud ; dans ces pays, cette banque joua un rôle primordial dans le financement d'innombrables révolutions. La publicité la plus notoire faite autour de ce personnage correspondit aux investigations de la commission des finances du Sénat en 1933, lesquelles établirent que J. & W. Seligman avait versé des pots-de-vin pour une valeur totale de 405 000 $ à Juan Leguia, le fils du président du Pérou, afin de convaincre cet État à contracter un prêt auprès de cet établissement.

Le *Who's Who* donne une liste incomplète des fonctions exercées par Albert Strauss : président du conseil d'administration de la Cuba Cane Sugar Corporation ; administrateur de la Brooklyn Manhattan Transit Co., de Coney Island Brooklyn RR, de New York Rapid Transit, de Pierce-Arrow, de la Cuba Tobacco Corporation ainsi que de l'Eastern Cuba Sugar Corporation.

Le gouverneur Delano démissionna en août 1918 et fut promu colonel dans l'armée. La Grande Guerre prit fin le 11 novembre 1918.

En 1918, William McAdoo fut remplacé par Carter Glass à la fonction de secrétaire au Trésor. Strauss et Glass participèrent tous les deux à la réunion secrète du conseil des gouverneurs de la Réserve fédérale le 18 mai 1920 destinée à rendre possible la crise agricole de 1920-1921.

En 1913, dans la grande propagande accompagnant le Federal Reserve Act, l'un des plus gros mensonges était que ce texte était censé profiter aux agriculteurs. En réalité, cette loi ne profitait à personne, si ce n'est à quelques ogres de la finance. Le professeur O. M. W. Sprague, économiste de Harvard, commentait dans un article paru dans le *Quarterly Journal of Economics* en février 1914 : « Le principal objet du Federal Reserve Act est de s'assurer qu'il y aura en permanence une offre de monnaie et de crédit soutenue dans notre pays afin de répondre aux besoins financiers imprévus ».

Dans cette formule, rien ne renvoie au soutien des agriculteurs.

La première guerre mondiale avait introduit aux États-Unis une grande prospérité – comme le révèle en 1917-1918 la valorisation des actions des industries lourdes à la Bourse de New York – à cause de l'augmentation de la masse monétaire et d'énormes compensations bancaires tout au long de l'année 1918. La mission confiée au système de la Réserve fédérale était de mettre la main sur tout l'argent et le crédit qui avaient échappé au contrôle du « groupe des financiers » au cours de cette parenthèse de prospérité. Ce fut mission accomplie avec la crise de l'agriculture en 1920-1921.

En 1917-1918, les travaux de la commission de la Réserve fédérale chargée de l'Open Market, alors que Paul Warburg exerçait toujours la fonction de président, attestent d'une prodigieuse augmentation des achats d'acceptations commerciales par les banques. Sous la houlette du fort compétent Eugene Meyer, J^r, les acquisitions de titres d'État enregistrèrent aussi une magnifique croissance. En 1919, la guerre étant terminée et le marché particulièrement instable, une bonne part des spéculations boursières était financée par des fonds empruntés aux banques de la Réserve fédérale et garantis par des obligations d'État. C'est de cette façon que la Réserve fédérale précipita la crise : elle commença par créer de l'inflation, puis elle rehaussa son taux d'escompter pour augmenter le loyer de l'argent.

En 1914, ce taux de la Réserve fédérale était passé de 6 à 4%, avant de tomber à 3% en 1916, niveau qu'il conserva jusqu'en 1920. Les taux d'intérêt étaient si bas parce qu'il fallait introduire en Bourse les Liberty Loans pour 1 000 000 000 $. Au début de chaque nouveau Liberty Loan, le conseil de la Réserve fédérale émettait 100 000 000 $ sur le marché monétaire new-yorkais grâce à ses opérations sur l'open-market afin de créer une avalanche de liquidités facilitant cette introduction en Bourse. La fonction première de ces obligations était d'absorber l'accroissement de la masse monétaire provoquée par l'argent et le crédit émis en grandes quantités au cours de la guerre. Les ouvriers agricoles percevaient des salaires élevés et les agriculteurs encaissaient contre leurs denrées les meilleurs prix qu'on leur avait jamais versés. Ces deux groupes socioprofessionnels accumulèrent des millions de dollars en liquidités, et ils ne les placèrent guère dans les Liberty Loans. Cet argent échappait donc de fait à l'aréopage de Wall Street qui avait la main sur la monnaie et le crédit de l'Amérique. Ils désiraient le récupérer, d'où la crise agricole de 1920-1921 aux États-Unis.

Une bonne partie de cet argent était déposée dans de modestes banques provinciales du Midwest et de l'Ouest, lesquelles avaient catégoriquement refusé de participer au système de la Réserve fédérale, car les éleveurs et céréaliers de ces États ne voyaient aucune raison valable de confier le contrôle de leur argent à un cénacle de financiers internationaux. La principale tâche de la Réserve fédérale fut de briser ces petites banques de province et de récupérer l'argent gagné par les agriculteurs pendant la guerre – en gros : *les ruiner*. Et elle se mit à l'ouvrage.

Un Conseil fédéral aux prêts agricoles fut dans un premier temps institué. Cette institution poussa les agriculteurs à placer dans le foncier l'argent qu'ils avaient épargné (ce que les agriculteurs étaient disposés à faire) en s'aidant de prêts de longue durée. Il fut ensuite fait en sorte que l'inflation reprît, en 1919-1920, aussi bien aux États-Unis qu'en Europe. En Europe, l'objectif de cette inflation était de gommer une bonne part des dettes de guerre contractées par les Alliés vis-à-vis du peuple américain ; aux États-Unis, il s'agissait d'éponger les sommes excessives distribuées aux travailleurs sous forme de salaires élevés et de primes de production. Au fur et à mesure que les prix grimpaient, l'argent des ouvriers perdait de sa valeur réelle, ce qui appauvrissait de façon injuste les classes laborieuses ; tandis que les classes propriétaires s'enrichissaient grâce à cette inflation augmentant généreusement la valeur des terres et des produits manufacturés. Les travailleurs furent de la sorte globalement appauvris, mais les agriculteurs – qui étaient par nature des plus économes et davantage autosuffisants – devaient être matés plus violemment.

Nous lisons sous la plume de G. W. Norris dans le *Collier's Magazine* du 20 mars 1920 : « Un bruit veut qu'en décembre 1919 deux membres du conseil des gouverneurs de la Réserve fédérale aient eu des échanges directs avec plusieurs banquiers et financiers de New York. Les transactions boursières ont aussitôt après subi une chute brutale et les créations d'entreprises ont cessé. On pense qu'une action concertée dans un sens donné a déjà été faite à l'encontre d'autres secteurs du pays, comme l'atteste l'encouragement manifestement abusif du système de la Réserve fédérale à spéculer sur les terres et les matières premières. »

Le sénateur Robert L. Owen, président de la commission sur la banque et la monnaie du Sénat, déclarait en 1939 pour témoigner lors des auditions monétaires du Sénat :

> « Début 1920, les agriculteurs étaient des plus prospères. Ils remboursaient leurs emprunts fonciers et achetaient massivement de nouvelles terres sur l'incitation du gouvernement (c'est pour cela qu'ils empruntaient de l'argent). Ils ont ensuite été mis en faillite par une contraction soudaine du crédit et de la monnaie cette même année. Ce qui s'est passé en 1920 est l'exact opposé de ce qui aurait dû être : il aurait fallu liquider sur plusieurs années le trop-plein de crédit créé lors de la guerre. Au lieu de cela, le conseil des gouverneurs de la Réserve fédérale s'est réuni à huis clos, comme secrètement, le 18 mai 1920, pour des conciliabules d'une journée entière, dont les minutes ont été consignées sur soixante pages et sont reprises par le document sénatorial n° 310 du 19 février 1923. Les administrateurs de classe A – les membres du conseil – étaient présents, mais les administrateurs de classe B – les représentants des entreprises, des commerçants et des agriculteurs – n'y ont guère été conviés. Les administrateurs de classe C, devant représenter le peuple américain, étaient également absents et n'avaient pas reçu la moindre invitation.
>
> N'étaient là que les gros de la finance. Ce jour-là, leurs travaux eurent pour fruit une contraction du crédit qui engendra, l'année suivante, une réduction de 15 000 000 000 $ du revenu national, abandonnant des millions de personnes au chômage et diminuant de 20 000 000 000 $ la valeur des terres et exploitations agricoles. »

Carter Glass, membre de ce conseil en 1920 en tant que secrétaire au Trésor, confiait dans *Adventure in Constructive Finance*, son autobiographie publiée en 1928 : « Bien entendu, aucun journaliste n'est présent, et ce devrait toujours être ainsi dans toute réunion de n'importe quel conseil d'administration dans le monde[115] ».

Ce Carter Glass avait protesté contre un amendement au Federal Reserve Act de 1913 suggéré par le sénateur LaFollette. De fait, si cet amendement avait été accepté, il aurait empêché les membres du conseil de la Réserve fédérale d'être par ailleurs administrateurs, employés ou actionnaires de quelque banque, société financière ou compagnie

---

[115]Carter Glass, *Adventure in Constructive Finance*, New York, Doubleday, 1928.

d'assurances que ce soit. D'après Carter Glass, une telle restriction aurait finalement conduit à ce que le conseil des gouverneurs fût composé de mécanos et d'ouvriers agricoles. Les agriculteurs et les mécaniciens n'auraient sans doute pas pu faire plus de dégâts que le firent Glass, Strauss et Warburg à l'occasion de la réunion secrète du conseil dont nous venons de parler.

Le sénateur Brookhat, de l'Iowa, confirma qu'au cours d'une réunion confidentielle Paul Warburg – entre autres président du Comité consultatif fédéral – avait obtenu l'adoption d'une résolution visant à dépêcher une délégation de cinq personnes auprès de la Commission du commerce inter-États afin de demander une augmentation des tarifs ferroviaires. En tant que patron de la Kuhn, Loeb Co. qui détenait la plupart des chemins de fer américains, il était déjà nostalgique des immenses bénéfices obtenus grâce au gouvernement pendant la guerre et il voulait imposer aux citoyens américains de nouvelles hausses de prix.

Le sénateur Brookhart témoigna encore :

« J'ai pénétré dans le bureau parisien de Myron T. Herrick et je lui ai dit que j'étais venu là pour étudier les banques coopératives. Celui-ci me répondit : "Au fur et à mesure que vous aurez fait le tour des pays européens, vous remarquerez que les États-Unis sont le seul pays civilisé de la planète dont la loi interdit au peuple de s'organiser sur le mode des coopératives". Regagnant New York, je m'entretiens avec près de 200 individus. Après avoir parlé des coopératives et alors que je languissais en attendant mon train (je n'avais guère spécialement parlé de banques coopératives, mais bien de coopératives en général), un homme me prit en aparté et m'avertit : "Je pense que Paul Warburg est le meilleur financier que nous ayons jamais eu. Il croit beaucoup plus que vous ne le pensez à vos idées de coopératives et, si vous désirez consulter quelqu'un sur ce type de sujet, il est l'homme de la situation, car il vous apprécie et vous pouvez lui faire confiance." Peu après, je fus introduit auprès de M. Warburg lui-même, qui me confia : "Vous avez parfaitement raison avec ces idées de coopératives. Je tiens à vous faire savoir que les grands financiers sont de votre côté. Je souhaite vous le faire savoir maintenant, pour que vous ne fassiez rien en faveur de banques coopératives sans eux, de peur de les fâcher." Je répondis : "M. Warburg, j'ai déjà concocté un amendement au projet de loi Lant, que je soumettrai demain, pour autoriser l'établissement de banques nationales coopératives." Il s'agissait du texte sur le crédit intermédiaire, alors en instance et pouvant autoriser la création de banques coopératives nationales.

Ce fut là toute ma conversation avec M. Warburg, et il n'y en eut pas d'autres depuis. »

M. Wingo expliqua qu'en avril, mai, juin et juillet 1920 les manufacturiers et marchands bénéficièrent d'une très belle augmentation de leur crédit. Il s'agissait de les aider pendant la contraction du crédit dont l'objectif était de ruiner les agriculteurs américains qui se voyaient alors refuser tout crédit.

Eugene Meyer, Jr, en laissa échapper, au cours des auditions du Sénat en 1923, la raison déterminante, expliquant l'œuvre du conseil de la Réserve fédérale afin d'augmenter les taux d'intérêt à 7% pour les effets de commerce de l'élevage et des grandes cultures :

> « Je crois – disait-il – que bien des problèmes auraient pu être évités si un plus grand nombre de banques éligibles, qui n'en sont actuellement pas membres, avaient été membres du système de la Réserve fédérale ».

Cette remarque de Meyer est parfaitement juste. L'ambition des opérations du conseil des gouverneurs de la Réserve fédérale était de briser les banques provinciales reposant sur un capital foncier collectif, dans les États qui s'étaient fermement opposés à abandonner leur liberté à l'arbitraire bancaire établi par le système de la Réserve fédérale. Kemmerer, décrivant le système de la Réserve fédérale, observait en 1919 :

> « La tendance sera de gagner en unité et en simplicité grâce aux institutions étatiques, en augmentant le nombre des actionnaires et des déposants dans les banques de réserve ».

Les banques des États ne se prêtèrent cependant pas à ce jeu.

C'est le peuple d'Amérique qui avait obtenu en 1923 des auditions du Sénat pour enquêter sur les causes véritables de la crise agricole de 1920-1921. Le compte rendu exhaustif de la réunion secrète du conseil de la Réserve fédérale le 18 mai 1920 avait été rendu public dans le *Manufacturers' Record* de Baltimore (Maryland), une revue relayant les intérêts des petits manufacturiers du Sud.

Benjamin Strong, gouverneur de la banque de réserve fédérale de New York et ami intime de Montagu Norman le gouverneur de la Banque d'Angleterre, fit valoir son point de vue lors de ces auditions :

> « Le système de la Réserve fédérale a fait pour les agriculteurs beaucoup plus qu'ils ne le croient ».

Emmanuel Goldenweiser, directeur de recherches pour le conseil des gouverneurs, prétendit que le taux d'escompte avait simplement été rehaussé pour lutter contre l'inflation, mais il ne put expliquer pour quelle raison cette hausse ne pesa que sur les agriculteurs et les ouvriers, alors que la Réserve fédérale protégeait parallèlement les industriels et marchands, en leur assurant davantage de crédit.

William Jennings Bryan eut le dernier mot sur le rôle du conseil de la Réserve fédérale qui avait provoqué la crise agricole de 1920-1921. Il concluait dans le numéro de novembre de *Hearst's Magazine* :

« La banque de réserve fédérale, qui aurait dû assurer aux agriculteurs la plus grande protection possible, s'est faite son ennemi numéro un. Le sacrifice des agriculteurs est un crime qui fut délibérément commis. »

CHAPITRE X

LES ÉMETTEURS DE MONNAIE

Le 18 janvier 1920, *The New York Times* publiait un intéressant commentaire sur le système de la Réserve fédérale sur la page de son édito. L'auteur de ce commentaire non signé (Paul Warburg peut-être ?) s'exprimait ainsi : « La Réserve fédérale est une source de crédit, et non de capital ». C'est l'une des déclarations les plus révélatrices qui aient été faites au sujet du système de la Réserve fédérale. Il y est nommément dit que le système de la Réserve fédérale n'ajoutera jamais rien à la structure ou à la formation du capital en Amérique, parce que la Réserve fédérale a été instituée pour produire du crédit et créer de la monnaie afin d'alimenter l'endettement et la spéculation, plutôt que de fournir les capitaux nécessaires aux progrès du commerce et de l'industrie. Pour parler simplement, une ambition de capitalisation correspondrait à l'émission de billets adossés sur des métaux précieux ou d'autres matières premières. Or, les billets de banque de la Réserve fédérale ne sont que de la monnaie de papier reposant sur du vent et prêtée contre intérêts...

Le sénateur Owen déclarait le 25 juillet 1921 en une du *New York Times* : « Le conseil de la Réserve fédérale est la plus grande puissance financière de la planète. Plutôt que d'employer cette puissance colossale dans le sens prévu par le Federal Reserve Act, le conseil des gouverneurs [...] a délégué cette force aux banques et utilisé toute l'étendue de son influence pour soutenir la politique inflationniste allemande ». Ce sénateur, dont le nom comptait parmi les approbateurs du texte de loi, s'était rendu compte que le conseil des gouverneurs ne remplissait pas sa mission comme on l'avait promis.

Après la crise agricole de 1920-1921, le conseil des gouverneurs de la Réserve fédérale tâcha huit années durant à proposer toujours plus de crédit aux financiers new-yorkais, une politique qui trouva son point d'orgue avec la Grande Dépression de 1929-1931 qui contribua à affaiblir la structure économique du monde entier. Paul Warburg avait démissionné en mai 1918, lorsque le système monétaire américain était déjà passé d'une devise indexée sur des obligations à une devise adossée sur du papier, des flux commerciaux et les actions des banques de la Réserve fédérale. Warburg reprit ses fonctions au sein de la *Kuhn, Loeb Company*, rémunérées 500 000 $ l'an, mais il continua à influencer les politiques de la Réserve fédérale en tant que président du Comité consultatif fédéral et du comité exécutif du conseil d'acceptation des États-Unis.

Paul Warburg établit entre 1921 et 1929 trois des plus grands trusts d'Amérique : la Banque d'acceptation internationale, la plus importante du monde en la matière ; l'Agfa Ansco Film Corporation, ayant son siège en Belgique ; et l'I. G. Farben Corporation, dont Warburg fonda la branche américaine sous l'étiquette « I. G. Chemical Corporation ». Parmi ses créatures, nous trouvons encore la Westinghouse Corporation.

À l'orée de la décennie 1920, le système de la Réserve fédérale joua un rôle essentiel pour faire revenir la Russie dans la structure financière mondiale. Winthrop et Stimson poursuivirent leurs offices d'intermédiaires entre les banquiers russes et les financiers américains. Henry L. Stimson se chargea des négociations qui aboutirent à la reconnaissance par les États-Unis de la Russie bolchevique à la suite de l'élection de Roosevelt en 1932. Ce n'étaient en réalité que des supercheries, car les États-Unis avaient alors depuis bien longtemps repris des relations commerciales avec les financiers russes.

Dès 1920, la Réserve fédérale s'est mise à acheter de l'or russe, tandis que la devise russe était acceptée sur les marchés des changes. D'après l'autobiographie du colonel Ely Garrison et le rapport des services secrets de la Marine américaine au sujet de Paul Warburg, la Révolution russe avait été subventionnée par les Rothschild et les Warburg, et un membre de la famille Warburg convoya en 1918 vers Stockholm les fonds qu'employèrent Lénine et Trotski.

Voici ce que nous trouvons dans un article paru en juillet 1922 dans la revue anglaise *Fortnightly* :

« L'an dernier, presque toutes les institutions capitalistes y ont été restaurées. Cela vaut pour la banque d'État, les banques privées, la Bourse, le droit de détenir une quantité illimitée d'argent, les droits de succession, le système des lettres de change ainsi que pour les autres institutions et usages nécessaires aux affaires de l'industrie et du commerce du secteur privé. Une grande partie des anciennes industries nationalisées font désormais partie de trusts à demi indépendants. »

La constitution de trusts puissants en Russie sous les apparences de communisme lui a permis de recevoir une aide financière et technique importante de la part des États-Unis. L'aristocratie russe avait été balayée pour avoir été trop inefficace dans la gestion d'un État industriel moderne. Les financiers internationaux avaient alloué des fonds à Lénine et Trotski afin de renverser le tsarisme tout en maintenant la Russie dans la première guerre mondiale. Peter Drucker, porte-parole de l'oligarchie américaine, confiait en 1948 à travers un article du *Saturday Evening Post* :

« LA RUSSIE EST LE PARANGON DE L'ÉCONOMIE DIRIGÉE VERS LAQUELLE NOUS NOUS ORIENTONS ».

L'émission d'une quantité suffisante de monnaie en vue de répondre aux besoins de son économie ne s'est réalisée en Russie qu'après l'avènement d'un gouvernement exerçant un contrôle absolu sur son peuple. Au cours de la décennie 1920, la Russie émit en grande quantité une devise appelée « monnaie-inflation ». Notre article (de juillet 1922) de *Fortnightly* faisait observer :

« Étant donné que la pression de l'économie a produit ce "système aux dimensions astronomiques" concernant la monnaie, elle ne pourra jamais le détruire. Ce système est de son genre autonome, conçu avec force logique et, même, intelligent. Il ne pourra disparaître que par l'effondrement ou la destruction de l'édifice politique qu'il adorne. »

Fortnightly faisait également voir en 1929 que :

« Depuis 1921, la vie quotidienne du citoyen soviétique n'est guère différente de celle du citoyen américain, et le système de gouvernement soviétique est davantage tourné vers l'économie ».

L'amiral Kolchak, chef des armées russes blanches, avait le soutien de financiers internationaux qui lui obtinrent des troupes britanniques et américaines en Sibérie donnant un alibi pour l'émission des roubles Kolchak. À un même instant de l'année 1920, les financiers cotaient à la Bourse de Londres les anciens roubles tsaristes, les roubles Kerenski et les roubles Kolchak, la valeur de chacune de ces devises fluctuant en fonction des mouvements des forces alliées soutenant Kolchak. Ce dernier détenait en outre d'importants stocks d'or saisis par ses hommes. Tout un train d'or disparut en Sibérie après sa défaite. La destination de cet or fut évoquée à l'occasion des auditions sénatoriales de 1921 concernant le système de la Réserve fédérale. Le parlementaire Dunbar interrogea W. P. G. Harding, membre du conseil des gouverneurs :

« **Dunbar**. – Autrement dit, la Russie a convoyé une importante quantité d'or vers les États européens, qui à leur tour nous l'ont transmise ?

Harding. – Cela a été pour régler des marchandises achetées par ce pays et créer un change contre le dollar.

Dunbar. – Mais malgré tout cet or est arrivé de Russie en passant par l'Europe… ?

Harding. – Nous pouvons penser qu'une partie de cet or est celui de Kolchak arrivant de Sibérie, mais cela ne regarde pas spécialement les banques de la Réserve fédérale. Le secrétaire au Trésor avait donné des instructions aux services concernés leur intimant de ne pas accepter des lingots portant le poinçon d'un pays ami. »

Ce que le gouverneur Harding voulait dire par « pays ami » n'est pas des plus clairs. Les États-Unis n'étaient en guerre contre aucun pays en 1921, mais déjà le Congrès nourrissait des doutes quant aux échanges d'or de la Réserve fédérale à l'international. Le gouverneur Harding pouvait donc esquiver le sujet et prétendre que la provenance de leur or ne concernait pas les banques de la Réserve fédérale. Les États-Unis avaient officiellement cessé de s'intéresser à son origine en 1906, quand le secrétaire au Trésor Shaw conclut avec plusieurs banques new-yorkaises (dans lesquelles il avait des intérêts) des accords leur permettant d'acheter de l'or grâce à des avances en liquidités faites par le Trésor américain (qui devait ensuite racheter cet or à ces mêmes banques). Le Trésor pouvait prétendre ne pas connaître cette provenance, étant donné que ses services ne consignaient que les dénominations des banques auxquelles il rachetait l'or. Le Trésor ignorait donc depuis 1906 à quels marchands internationaux il achetait réellement ses métaux précieux.

Les transactions internationales de la Réserve fédérale concernant l'or, de même que son soutien zélé à la Société des Nations pour lui permettre d'obliger tous les États d'Europe et d'Amérique du Sud à en revenir à l'étalon-or au plus grand bénéfice des marchands d'or internationaux – à l'instar d'Eugene Meyer, J^r, et Albert Strauss – se révèlent à travers un incident banal : le crédit sterling de 1925.

J. E. Darling écrivait dans le périodique anglais *Spectator* du 10 janvier 1925 :

« Évidemment, pour les États-Unis, il est de la première importance de convaincre l'Angleterre de reprendre dès que possible l'étalon-or. Un étalon-or contrôlé par les Américains doit inéluctablement avoir pour corollaire de faire des États-Unis la puissance financière suprême de la planète, du Royaume-Uni un tributaire et un satellite, et de New York la capitale financière du monde. »

M. Darling ne précise pas que le peuple américain serait aussi peu gagnant que le peuple britannique, et que le retour du Royaume-Uni à l'étalon-or ne profiterait qu'à un groupe restreint de marchands d'or internationaux détenant tout l'or de la planète. Il n'est donc guère étonnant que le *Banker's Magazine* de juillet 1925 remarquait avec enthousiasme :

« L'événement majeur du second semestre de l'année dernière, pour le monde de la finance, fut la restauration de l'étalon-or ».

La première guerre mondiale révolutionna le statut des États-Unis qui, de pays débiteur, prirent celui de première nation créditrice de la planète, place auparavant occupée par l'Angleterre. Dans la mesure où – d'après Marriner Eccles, du conseil des gouverneurs de la Réserve fédérale – la dette est de l'argent, les États-Unis devenaient par le fait même l'État le plus riche du monde. Le conflit a également conduit au déplacement du siège du marché mondial des acceptations de Londres vers New York, tandis que Paul Warburg est devenu le financier le plus puissant du globe pour ce qui est du commerce d'acceptations. Cependant, le pilier de la finance internationale ne changeait guère : l'étalon-or restait à la base des taux de change entre devises, et le petit cénacle de financiers internationaux qui contrôlait l'or dominait par là le système monétaire des États occidentaux.

Le professeur Gustav Cassel expliquait en 1928 :

« L'étalon monétaire international n'est pas l'étalon-or, mais le dollar américain. Le conseil des gouverneurs de la Réserve fédérale américaine a le pouvoir de fixer le pouvoir d'achat du dollar en modifiant son taux d'escompte. En conséquence, il contrôle l'étalon monétaire de toute la planète. »

Si cela était vrai, les membres du conseil de la Réserve fédérale seraient les financiers les plus puissants de la planète. Bien sûr, la liste de ses membres englobe ponctuellement des banquiers de premier plan comme Paul Warburg et Eugene Meyer, J^r, mais globalement les gouverneurs de ce conseil sont revêtus d'une autorité strictement formelle, la véritable influence étant exercée du côté du Comité consultatif fédéral et des financiers londoniens.

Le Parlement britannique adopta en mai 1925 le Gold Standard Act remettant le Royaume-Uni sur les rails de l'étalon-or. Le 16 mars

1926, le gouverneur de la banque de réserve fédérale de Richmond, George Seay, confessa devant la commission sur la banque et la monnaie de la Chambre des représentants que la Réserve fédérale avait joué un rôle primordial dans cet événement :

« Une entente orale, ensuite confirmée par écrit, accordait un prêt ou crédit de 200 000 000 de dollars-or au Royaume-Uni. Les négociations furent intégralement conduites par Benjamin Strong, le gouverneur de la banque de réserve fédérale de New York, d'une part, et par Montagu Norman, gouverneur de la Banque d'Angleterre, d'autre part. L'objectif de ce prêt était d'inciter l'Angleterre à reprendre l'étalon-or et il fut honoré à l'aide de l'investissement des fonds de la Réserve fédérale dans des titres étrangers et des lettres de change. »

Le bulletin de la Réserve fédérale de juin 1925 laissait entrevoir :

« Grâce à cet accord conclu avec la Banque d'Angleterre, la banque de réserve fédérale de New York entreprend de vendre de l'or à crédit à la Banque d'Angleterre, ponctuellement au cours des deux années à venir, sans cependant dépasser 200 000 000 $ par transaction ».

Un crédit en or de 200 000 000 $ avait donc été négocié à travers un accord oral entre les financiers internationaux Benjamin Strong et Montagu Norman. Il devient dès lors évident que la Réserve fédérale avait à cœur d'autres intérêts que les besoins en financement des entreprises et industries américaines... Le retour du Royaume-Uni à l'étalon-or fut encore facilité par un prêt supplémentaire d'or à hauteur de 100 000 000 $, à l'initiative de la J. P. Morgan Company. Winston Churchill, alors chancelier de l'Échiquier, se plaignit par la suite de ce que le coût de ce prêt s'était élevé pour le gouvernement de Sa Majesté à 1 125 000 $ la première année, ce montant laissant imaginer les profits de la J. P. Morgan Company à cette époque...

Autre chose : le problème de la modification du taux d'escompte n'a jamais été dissipé de façon satisfaisante. Une enquête réalisée à Washington auprès du conseil des gouverneurs de la Réserve fédérale aboutit à cette explication : « Ce sont les conditions du marché monétaire qui président aux modifications de taux ». Comme le marché de la monnaie se situe à New York, nous n'avons pas besoin d'avoir beaucoup d'imagination pour en déduire que les banksters new-yorkais peuvent avoir intérêt à ce que ces taux soient manipulés et qu'ils cherchent régulièrement à les faire modifier.

Norman Lombard remarquait dans la revue *World's Work* :

« Dans leurs analyses des politiques proposées et la réalisation de changements, le conseil de la Réserve fédérale devrait se soumettre aux procédures et à l'attitude propres à nos tribunaux. Les suggestions de modification des taux ou d'achat-vente de titres par les banques de réserve peuvent émaner de n'importe qui, sans aucune argumentation écrite ou forme à respecter. Une telle suggestion peut être soumise par un gouverneur ou un administrateur du système de la Réserve fédérale, par téléphone ou au cours d'un repas de club, tout comme elle peut être émise au cours de n'importe quelle conversation banale avec un membre du conseil des gouverneurs. Les intérêts de celui qui suggère un changement n'ont pas besoin d'être divulgués et son identité, ainsi que toutes les suggestions qu'il aurait déjà faites, sont communément tues. Si la suggestion concerne les transactions sur l'open-market, le grand public n'aura aucune information jusqu'à ce qu'une décision soit promulguée dans l'habituel communiqué hebdomadaire de l'institution, faisant état de changements dans les avoirs des banques de la Réserve fédérale. En attendant, il n'y a aucune discussion publique ni déclaration donnant les justifications de la décision, et les noms de ceux qui l'approuvèrent ou s'y opposèrent ne sont guère donnés. »

En outre, la probabilité pour que le citoyen lambda rencontre un gouverneur de la Réserve fédérale dans son club est particulièrement mince.

Les auditions parlementaires de 1928 au sujet de la stabilisation du pouvoir d'achat du dollar montrent sans équivoque que le conseil des gouverneurs de la Réserve fédérale avait étroitement collaboré avec les dirigeants des banques centrales européennes et que la Grande Dépression de 1929-1931 avait été conçue au cours d'un déjeuner confidentiel organisé en 1927 entre les gouverneurs de la Réserve fédérale et ceux des banques centrales d'Europe. Le conseil n'a jamais été tenu de rendre publiquement compte de ses décisions et actes... Les contrôles et équilibres constitutionnels ne paraissent pas avoir droit de cité dans la finance !

Les membres du conseil des gouverneurs se sont toujours totalement soumis aux grands financiers. Les trois éléments clefs de cette banque centrale sont sa possession par des actionnaires privés percevant des rentes et retirant des bénéfices de la manipulation du crédit de la nation américaine ; le contrôle absolu des ressources financières de l'État américain ; et la mobilisation de son crédit en vue de financer des puissances étrangères. Ceux-ci ont tous été manifestes au sein du système de la Réserve fédérale dès ses quinze premières années d'existence.

L'« amendement Edge » du 24 décembre 1919, autorisant expressément la création d'entreprises pouvant « s'impliquer dans des transactions bancaires à l'international, le commerce d'or et de lingots compris, et dans la garde d'actions de sociétés étrangères », met encore en lumière les objectifs planétaires du Federal Reserve Act de 1913. E. W. Kemmerer, économiste de l'université de Princeton, commentait cet amendement de la sorte :

« Le système de la Réserve fédérale s'avère exercer une influence colossale en faveur de l'internationalisation de la finance et du commerce américains. »

M. Kemmerer n'est cependant point dérangé par le fait que cette internationalisation de la finance et du commerce américains ait constitué une cause directe de la participation de l'Amérique à deux guerres mondiales. D'innombrables preuves révèlent comment Paul Warburg a instrumentalisé le système de la Réserve fédérale comme d'un outil lui ayant permis d'obtenir que les hommes d'affaires américains se lancent à une large échelle dans le commerce d'acceptations.

Avant 1915, l'emploi d'acceptations commerciales (qui constituent *de facto* la devise internationale des échanges commerciaux) par des banquiers et entreprises était pratiquement inconnu aux États-Unis. Le développement du système de la Réserve fédérale se trouve être le décalque exact de l'augmentation de l'usage de telles acceptations en Amérique, et cela ne relève pas de la simple coïncidence. Les individus qui ont appelé de leurs vœux le système de la Réserve fédérale sont ceux-là mêmes qui ont fondé des banques d'acceptation et profité de l'utilisation de ces acceptations.

La Commission monétaire nationale a dès 1910 commencé à répandre des brochures et divers documents de propagande recommandant énergiquement aux financiers et entrepreneurs américains de se mettre à l'heure des acceptations commerciales pour leurs transactions. Cette commission avait fait campagne pendant trois années, tandis que le projet Aldrich comprenait une clause autorisant largement l'introduction des acceptations bancaires et leur usage au sein du système américain des effets de commerce.

Le Federal Reserve Act de 1913, tel qu'il fut adopté par le Congrès américain, ne permettait pas ouvertement l'emploi des acceptations, mais le conseil de la Réserve fédérale donna en 1915 puis en 1916 la définition de l'« acceptation commerciale », ensuite complétée une première fois par la *Série A* de régulation en 1920 et un seconde en 1924 par une nouvelle *Série*. Parmi les premiers actes officiels du conseil des gouverneurs, nous trouvons en 1914 la concession aux banques de la Réserve fédérale d'un taux d'escompte préférentiel, c'est-à-dire faible, pour toutes les acceptations. Dans la mesure où de telles acceptations n'étaient pas en usage aux États-Unis à ce moment-là, aucune justification quant à leur nécessité pour le monde des affaires n'a pu être apportée : il était évident que quelqu'un voulait qu'elles soient plébiscitées par le pouvoir du conseil des gouverneurs.

Le National Bank Act de 1864, qui fit autorité sans admettre de partage dans la finance américaine jusqu'en 1914, n'habilitait pas les banques à prêter des sommes équivalents au crédit qui leur était octroyé. Le pouvoir des banques de créer de l'argent était en conséquence limité à l'extrême. Les États-Unis ne comptaient aucune banque d'émission, savoir une banque centrale pouvant créer de la monnaie. Les financiers américains, en vue d'avoir une banque centrale, avaient provoqué des paniques bancaires en cascade au plus grand dam des entrepreneurs américains et faisant perdre de l'or aux États-Unis. Ils avaient causé une pénurie d'argent et souhaitaient en réimporter. Une fois les États-Unis dotés de leur banque centrale (*id est* le système de la Réserve fédérale), les paniques financières n'étaient plus utiles, puisque les banques pouvaient d'elles-mêmes créer de l'argent. Toutefois, la panique en tant qu'instrument de coercition face à la communauté financière et au monde de l'entreprise fut de nouveau employée de façon notable à deux reprises : tout d'abord en 1920, pour provoquer une crise agricole parce que les banques et compagnies financières des États s'étaient refusées à se jeter dans le système de la Réserve fédérale ; puis en 1929, début de la Grande Dépression qui permit à une poignée de grands monopoles de concentrer pratiquement tous les pouvoirs entre leurs mains.

Une « acceptation commerciale » est une traite tirée d'une marchandise par le vendeur sur l'acheteur et acceptée par lui, avec une date d'expiration. L'utilisation d'acceptations commerciales sur les marchés de gros octroie un crédit garanti à court terme et permet d'acquérir des biens pendant leur production, leur stockage, leur transport ou leur mise sur le marché. Cela facilité à la fois le commerce intérieur et international. Les financiers qui souhaitaient troquer le système de la facturation différée par ce système d'acceptations bancaires étaient donc en apparence des esprits de progrès désireux de favoriser les importations et exportations américaines. Énormément de publicité avait été faite dans ce but, mais elle était bien de traduire fidèlement la réalité des choses.

Le système de la facturation différée, jusqu'alors plébiscité par les professionnels, offrait une remise pour les règlements comptant. En revanche, le système des acceptations dissuadait l'utilisation des espèces et offrait une remise contre du crédit. Le système de la facturation différait se pliait en outre à des modes de paiement plus souples, les délais de règlement pouvant être gracieusement étendus. L'acceptation ne permettait rien de la sorte, dans la mesure où elle consiste en un crédit à court terme avec un délai fixe. Elle n'est pas sous l'autorité du vendeur, mais entre les mains d'une banque – le plus souvent un établissement d'acceptations – n'autorisant aucun allongement des délais de paiement. Par le fait même, l'adoption des acceptations par les entreprises américaines tout au long de la décennie 1920 facilita grandement la prédation d'immenses trusts contre les petites entreprises, et l'absorption de ces dernières, ce qui pavait la voie au krach boursier de 1929.

Les acceptations avaient été employées dans une certaine mesure dans le commerce américain avant la guerre de Sécession. Au cours du conflit, les nécessités des échanges avaient balayé l'acceptation comme mode de crédit et elle ne retrouva plus guère la sympathie des professionnels américains, ceux-ci préférant la souplesse et la transparence du système de la facturation différée. Ce dernier renvoie à l'ouverte de traites relevant des effets de commerce et ne portant que le nom du débiteur. Les acceptations sont quant à elles des effets à deux noms : ceux du débiteur *et* du créditeur. Elles devenaient par là des titres pouvant être acquis et cédés par les banques. Pour le créditeur, en vertu du système des facturations différées, la dette relève du passif. Pour la banque d'acceptations qui détient une acceptation, la dette est un actif. Ainsi, les individus qui ont introduit les banques d'acceptations aux États-Unis sous la houlette de Paul Warburg se sont emparés du contrôle des milliards de dollars de crédit à travers les comptes débiteurs inscrits au bilan des entreprises américaines.

Marriner Eccles, membre du conseil des gouverneurs de la Réserve fédérale, déclarait devant la commission sur la banque et la monnaie de la Chambre des représentants : « La dette est le fondement de la création de monnaie ».

Les principaux détenteurs d'acceptations commerciales s'arrogèrent la gestion de l'emploi des milliards de dollars issus de ces crédits, en supplément des intérêts perçus sur l'acceptation elle-même. On comprendra sans peine pourquoi Paul Warburg dépensa autant de temps, d'argent et d'énergie pour obtenir l'adoption des acceptations par le système bancaire américain.

La National City Bank accepta le 14 septembre 1914 la toute

première traite tirée sur une banque nationale en vertu du Federal Reserve Act de 1913. C'était le début de la fin pour le système des facturations différées, jusque-là essentiel dans le commerce de gros. En 1915, le vice-président de la National City Bank de New York Beverly Harris publiait une brochure expliquant :

> « Les commerçant qui utilisent le système de la facturation différée usurpent le rôle des banquiers. »

Paul Warburg, président du Comité américain des acceptations, confiait au *New York Times* du 14 juin 1920 :

> « Le développement homogène du système serait mis en danger si le conseil des gouverneurs de la Réserve fédérale ne s'engageait pas coûte que coûte sur la voie de la généralisation des acceptations, qui sont des investissements vitaux pour les banques de la Réserve fédérale. »

Cette précision révèle de façon limpide le dessein de Warburg et de ses compères, les concepteurs de la « réforme monétaire » des États-Unis. Ils se préparaient à avoir le contrôle de tout le crédit de l'Amérique, et ils l'ont eu grâce au système de la Réserve fédérale, au système des acceptations et à l'inertie des citoyens américains.

La première guerre mondiale fut une chance pour concrétiser l'introduction des acceptations bancaires, de telle sorte que leur volume bondissait à 400 000 000 $ en 1917. Augmentant au cours de la décennie 1920 à plus d'1 000 000 000 $ par an, leur valeur culmina juste avant la Grande Dépression de 1929-1931. Les graphiques de la banque de réserve fédérale de New York montrent que l'usage qu'elle fit de ces acceptations atteint son acmé en novembre 1929, le mois même du krach boursière, avant une lourde dégringolade. Les initiateurs du système des acceptations avaient alors atteint leurs objectifs, à savoir contrôler les entreprises et industries américaines.

En février 1950, le *Fortune Magazine* évoquait : « Le volume des acceptations diminua et passa de 1 732 000 000 $ en 1929 à 209 000 000 $ en 1940 en raison de la concentration entre quelques mains des banques d'acceptations et à cause de la politique du Trésor qui maintint des taux d'intérêt faibles, rendant les prêts directs plus intéressants que les acceptations. Depuis la guerre, un léger revirement s'est fait jour, mais il est généralement plus rentable pour les grandes entreprises de financer leurs importations par leurs fonds propres. »

Cela signifie que les « grandes sociétés » – c'est-à-dire, en bon français, les monopoles géants – contrôlent désormais le crédit et n'utilisent plus les acceptations. Outre la lourde propagande gérée par la Réserve fédérale elle-même, la National Association of Credit Men, l'American Bankers' Association et quelques autres organismes corporatistes de financiers new-yorkais avaient consacré beaucoup de temps et d'argent pour planifier leurs actions en faveur des acceptations. Ce flot de meetings et de publications s'avéra cependant insuffisant, si bien qu'en 1919 Paul Warburg lança le Conseil américain des acceptations, lequel se consacra totalement au matraquage médiatique pro-acceptations.

Le premier événement organisé par son comité, à Détroit dans le Michigan le 9 juin 1919, tombait en même temps que le congrès annuel de la National Association of Credit Men, ayant lieu au même endroit et le même jour, pour que les « observateurs curieux puissent facilement prendre part aux conférences et réunions de ces deux organismes », si nous en croyons un livret imprimé à l'instigation du Conseil américain des acceptations.

Paul Warburg fut élu président de cette association, puis devait devenir le président du comité exécutif du Conseil américain des acceptations, fonction qu'il exerça jusqu'à son décès survenu en 1932. Ce conseil a publié des listes donnant les noms des grandes entreprises ayant utilisé de tels effets de commerce : toutes avaient des relations commerciales avec la Kuhn, Loeb Co. ou les satellites que celle-ci contrôlait. Les analyses prodiguées devant ce conseil ou par l'un ou l'autre de ses membres étaient enrobées de façon plaisante et gratuitement transmises aux entrepreneurs de province par la National City Bank de New York.

Louis T. McFadden, président de la commission sur la banque et la monnaie de la Chambre des représentants, accusa en 1922 le Conseil américain des acceptations d'exercer une influence illégitime sur les gouverneurs de la Réserve fédérale et il exigea une enquête parlementaire – ce qui n'intéressa guère le Congrès…

Pour la deuxième convention annuelle du Conseil américain des acceptations, à New York cette fois-ci, son président Paul Warburg affirma le 2 décembre 1920 :

> « C'est pour moi une immense satisfaction de révéler qu'au cours de l'année passée le Conseil américain des acceptations a pu entretenir et renforcer un peu plus ses rapports avec les gouverneurs de la Réserve fédérale. »

Au cours de la décennie 1920, Paul Warburg – qui avait démissionné du conseil des gouverneurs après en avoir été membre pendant la guerre – continua d'exercer directement son influence personnelle sur le conseil de la Réserve fédérale en y participant en tant que président du Comité consultatif fédérale mais aussi en tant que président du Conseil américain des acceptations. Entre la création de ce dernier organisme en 1920 et son décès en 1932, Paul Warburg resta à la présidence du conseil d'administration de la Banque d'acceptation internationale de New York, la plus importante banque d'acceptation de la planète. Felix M. Warburg, son frère et l'un de ses associés au sein de la Kuhn, Loeb Co., était un administrateur de la Banque d'acceptation internationale, tandis que James Paul Warburg – le fils de Paul – en était le vice-président. En outre, Paul Warburg siégeait dans les comités de direction d'autres banques d'acceptations américaines d'importance, à l'image de la Westinghouse Acceptance Bank, fondées dès après la Grande Guerre, au moment où les états-majors du marché mondial des acceptations déménageaient de Londres vers New York. Paul Warburg devint de la sorte le banquier d'acceptations le plus puissant du globe.

Paul Warburg entra encore plus avant dans la légende grâce à sa mythification à travers le personnage Daddy Warbucks de la BD *Little Orphan Annie.* Ce comic racontait l'histoire d'une petite fille abandonnée avec son chien et adoptée par « l'homme le plus riche de la planète » : Daddy Warbucks, un pastiche de *Warburg,* ayant des pouvoirs presque magiques et pouvant faire ce qu'il voulait grâce au poids de ses richesses illimitées. Ceux qui étaient conscients de tout cela ne pouvaient que s'amuser quand *Annie,* l'adaptation de ce titre en comédie musicale, rencontra un succès retentissant à Broadway alors que l'immense majorité du public ne savait absolument pas qu'il s'agissait tout bonnement d'un énième coup d'éclat de Warburg.

Le déménagement du marché des acceptations de l'Angleterre vers les États-Unis offrit à Thomas Lamont l'occasion de tenir en 1917 un discours des plus enthousiastes devant l'Académie des sciences politiques, disant notamment : « C'est le dollar, et non plus la livre sterling, qui sert désormais de base au change international des devises ».

Les Américains étaient fiers d'entendre cela... mais ils ne savaient pas quel en était le prix à payer !

L'influence exercée illégitimement par le Conseil américain des acceptations sur le conseil de la Réserve fédérale – celle-là même qui était visée par la plainte de McFadden – est clairement visible dans le tableau rendant compte des taux de la banque de réserve fédérale de New York tout au long de la décennie 1920. Neuf années durant, le taux d'escompte officiel de cet organisme suit fidèlement le taux des acceptations à 90 jours chez les banquiers ; or, c'est la banque de réserve fédérale de New York qui détermine le taux d'escompte de toutes les autres banques de réserve.

Au cours de cette décennie, le conseil des gouverneurs conserva parmi ses membres deux personnalités présentes dès sa création : C. S. Hamlin et Adolph C. Miller. Ces individus firent carrière en jouant aux arbitres des politiques monétaires de la nation américaine. Hamlin fut gouverneur entre 1914 et 1936, date à laquelle il fut désigné conseiller spécial de ce même conseil ; et Miller y œuvra de 1914 à 1931. Si ces deux énergumènes purent rester au sein de cette institution durant de si longues années, c'est parce que leurs parcours souverainement respectables conféraient un prestige certain, vis-à-vis de l'opinion publique, à la Réserve fédérale. Toutes ces années durant, les financiers de quelque importance défilaient l'un après l'autre au sein du conseil des gouverneurs pour y exercer un certain temps des responsabilités qu'ils ne quittaient que pour des fonctions plus intéressantes. De fait, ni Miller ni Hamlin n'opposèrent la moindre objection contre les injonctions des banquiers new-yorkais. Ils modulaient les taux d'escompte et réalisaient des opérations sur l'open-market autour des titres de l'État dès que Wall Street l'exigeait d'eux. Derrière eux, dans l'ombre, se terrait un protagoniste exerçant une influence permanente et impérieuse en tant que président du Comité consultatif fédéral (où siégeaient des individus partageant les mêmes intérêts, à l'instar de Winthrop Aldrich et de J. P. Morgan) : Paul Warburg. Ce dernier n'était jamais trop accaparé par ses responsabilités à la tête de grandes multinationales au point de ne pouvoir pas, dans le même temps, organiser la superstructure financière des États-Unis. À compter de 1902 (année de son arrivée en Amérique depuis l'Allemagne), et ce jusqu'à sa mort en 1932, son influence était corrélée à son alliance avec le cartel bancaire européen. James Paul Warburg, son fils, continua d'exercer une influence analogue. Il obtint la fonction de directeur du Budget sous Franklin D. Roosevelt quand cet homme célèbre accéda en 1933 à la présidence des États-Unis et il mit sur pied le Bureau de l'information de guerre, l'agence de la propagande officielle au cours de la seconde guerre mondiale.

Paul Einzig, éditorialiste du *London Economist*, évoquait dans *The Fight For Financial Supremacy* : « Presque aussitôt après la première guerre mondiale, une collaboration étroite fut inaugurée entre la Banque d'Angleterre et les dirigeants de la Réserve fédérale – la banque de réserve fédérale de New York en particulier[116]. »

Cette alliance était en grande partie due aux rapports cordiaux existant entre M. Montagu Norman – de la Banque d'Angleterre – et M. Benjamin Strong – gouverneur de la banque de réserve fédérale de New York jusqu'en 1928. La modulation des taux d'escompte de la banque de réserve fédérale de New York fut en plusieurs occasions présidée par le souhait d'aider la Banque d'Angleterre.

À la page 327 de *They Told Barron*, nous lisons : « il y avait une collaboration étendue entre Londres et New York pour fixer la hauteur des taux d'escompte[117] ».

---

[116]William Boyce Thompson (de Wall Street), confia le 27 novembre 1920 à Clarence Barron : « Pourquoi la banque de Réserve fédérale devrait-elle entretenir des lignes télégraphiques privées à travers tout le pays et échanger chaque jour par câble avec la Banque d'Angleterre ? »

[117]Paul Einzig, *The Fight For Financial Supremacy*, New York, Macmillan, 1931.

CHAPITRE XI

LORD MONTAGU NORMAN

La collaboration Benjamin Strong-lord Montagu Norman constitue l'un des plus grands secrets de tout le XXᵉ siècle. Carroll Quigley observait dans *Tragedy and Hope* : « Strong est devenu le gouverneur de la banque de réserve fédérale de New York en 1914, sur une nomination conjointe de Morgan et de la *Kuhn, Loeb Company*[118] ».

Lord Montagu Norman est la seule personnalité de toute l'histoire de la Banque d'Angleterre dont les deux grands-pères avaient également exercé la responsabilité de gouverneur. Son père avait été lié à la Brown, Shipley Company, à savoir la branche londonienne des Brown Brothers (aujourd'hui : Brown Brothers Harriman). Montagu Norman (1871-1950) s'exila en 1894 pour travailler pour les Brown Brothers de New York. James Marloe et la famille Delano, de Brown Brothers, le prirent sous leur protection. Il regagna ensuite l'Angleterre et il fut nommé en 1907 à la cour de la Banque d'Angleterre. Frappé par une dépression nerveuse en 1912, il se fit soigner par Jung en Suisse, ce qui faisait vraiment chic auprès des puissants qu'il représentait[119].

---

[118]Carroll Quigley, *Tragedy and Hope*, New York, Macmillan, p. 326.

[119]Quand des individus de ce rang sont accablés par des sentiments de culpabilité à force d'organiser des guerres mondiales et des crises économiques provoquant bien de la misère et de la souffrance tout en semant la mort chez des millions de personnes à travers le globe, ils sont quelquefois rattrapés par les remords. Bien évidemment, ces regrets sont moqués par leurs pairs qui n'y voient que la manifestation d'un « défaut de maîtrise de soi ». Ils retournent à leurs travaux au bout d'un certain temps passé en compagnie de leurs psychiatres, avec un enthousiasme régénéré, leur conscience étant débarrassée

Lord Montagu Norman fut le gouverneur de la Banque d'Angleterre entre 1916 et 1944. Il participa au cours de cette période aux rencontres des banques centrales qui provoquèrent le krach de 1929 et la crise mondiale qui s'en ensuivit. Brian Johnson écrivait *The Politics of Money* : « Strong et Norman, des amis intimes, passaient ensemble leurs vacances à Bar Harbourg ou dans le sud de la France ». Johnson expliquait plus loin :

> « Norman devint ainsi l'*alter ego* de Strong [...] La politique d'argent facile assumée par Strong sur le marché monétaire new-yorkais de 1925 à 1928 correspondait à la concrétisation de l'accord qu'il avait conclu avec Norman et consistant à conserver à New York des taux d'intérêt plus bas qu'à Londres. Strong refusa au nom de la coopération internationale l'intervention stabilisatrice qu'auraient offerte des taux d'intérêt plus élevés à New York, jusqu'à ce qu'il fût trop tard. L'argent facile avait à New York encouragé le déclenchement du boom économique de la fin des années 1920, accompagné d'une spéculation aussi stupéfiante que vertigineuse[120]. »

Benjamin Strong s'éteignit soudainement en 1928. La notice nécrologique que *The New York Times* lui dédia le 17 octobre 1928 évoquait cette fameuse réunion de juillet 1927 en Europe, réunissant les directeurs des trois banques centrales les plus importantes : « En ce temps se réunissaient M. Norman de la Banque d'Angleterre, Strong de la banque de réserve fédérale de New York, et le docteur Hjalmar Schacht de la Reichsbank : ce fut la réunion du "club le plus exclusif de la planète". Aucun compte rendu n'a jamais été publiquement produit au sujet de ces discussions internationales parfaitement officieuses tout en tranchant des questions cruciales telles que les mouvements de l'or, la stabilité du commerce internationale ou l'économie mondiale. »

Ces conciliabules pendant lesquels est décrété l'avenir de l'économie globale sont constamment décrits comme étant des rencontres « totalement officieuses » et privées jamais suivis du moindre compte rendu public. Les quelques occasions où des parlementaires scandalisés ont exigé que ces personnalités nébuleuses s'expliquent sur leurs agissements, celles-ci évoquaient à peine les

---

de tout tracas ainsi que de toute tentation de pitié à l'égard du « menu peuple » dont ils continueront d'être les bourreaux.

[120] Brian Johnson, *The Politics of Money*, New York, McGraw Hill, 1970, p. 63.

contours des mesures qu'ils avaient promulguées et ne s'étendaient guère sur ce qu'elles avaient concrètement dit ou fait.

H. Parker Willis, l'un des concepteurs et le premier secrétaire du conseil des gouverneurs de la Réserve fédérale entre 1914 et 1920, interrogea ouvertement – au cours des auditions sénatoriales de 1931 au sujet du système de la Réserve fédérale – George Harrison, successeur de Strong à la fonction de gouverneur de la banque de réserve fédérale de New York :

« – Quel lien y a-t-il entre la banque de réserve fédérale de New York et la commission monétaire de la Bourse ?

– Il n'y en a aucun, répondit le gouverneur Harrison.

– Y a-t-il quelque entente ou collaboration afin de déterminer les taux ? demanda Willis.

– Aucunement, fit le gouverneur Harrison, même si de temps à autres on nous fait part d'avis sur le contexte et la situation monétaire, ainsi que sur les niveaux des taux qui seraient désirables. »

Ceci était totalement en contradiction avec son affirmation : « Il n'y en a aucun [lien] ». La banque de réserve fédérale de New York qui détermine le taux d'escompte applicable par les autres banques de réserves entretenait en réalité des relations serrées avec la commission monétaire de la Bourse de New York.

Au sein de la Chambre des représentants, les auditions sur la stabilisation en 1928 établirent de façon tonitruante que les gouverneurs de la Réserve fédérale avaient eu des discussions avec les dirigeants des grandes banques centrales d'Europe. Les membres du Congrès des États-Unis n'auraient rien pu faire pour faire cesse ce complot, dont l'acmé fut la Grande Dépression de 1929-1931, et ce même s'ils en avaient connu les détails. Les financiers internationaux contrôlant les mouvements de l'or pouvaient exercer leurs vœux dans toutes les contrées, les États-Unis restant aussi vulnérables que toutes les autres.

Voici quelques extraits tirés de ces auditions parlementaires...

« **M. Beedy**. – Dans votre tableau, je remarque que les lignes qui traduisent les fluctuations les plus marquées figurent sous la catégorie « Taux du loyer de l'argent à New York ». Tandis que le taux du loyer de l'argent augmente et diminue dans les grandes métropoles, les prêts octroyés pour des investissements paraissent bénéficier de ces fluctuations désormais plutôt violentes, alors que l'industrie en général semble ne pas profiter de ces mêmes fluctuations, et ce fait est plutôt régulier, ne subissant pas de fortes augmentations ni de fortes baisses.

Gouverneur Adolph Miller. – Tout cela relevait plus ou moins des nécessités du contexte international. Elles commercialisaient à New York des crédits indexés sur l'or et équilibrés sur la livre sterling à Londres.

Représentant Strong (sans lien avec Benjamin Strong). – Le conseil de la Réserve fédérale a-t-il le pouvoir d'attirer l'or vers notre pays ?

E. A. Goldenweiser, directeur de recherches pour le conseil des gouverneurs. – Le conseil de la Réserve fédérale était à même de drainer l'or en direction de ce pays en augmentant le loyer de l'argent.

Gouverneur Adolph Miller. – Je crois que nous sommes très près de la situation où tout geste supplémentaire de notre part en faveur des préoccupations monétaires de l'Europe devra être expurgé. L'été dernier, en 1927, le conseil de la Réserve fédérale a inauguré sur les marchés ouverts sa politique d'achats accompagnée dans son application par la diminution du taux d'escompte des banques de réserve pour alléger la situation du crédit et diminuer le loyer de l'argent. Les motifs officiellement avancés pour légitimer cette rupture par rapport à l'ancien politique de crédit consistaient en l'aide à la stabilisation du change internationale et en la stimulation des exportations d'or.

Président McFadden. – Pouvez-vous rapidement nous expliquer comment ce sujet fut introduit auprès du conseil de la Réserve fédérale et quelles étaient les influences pesant sur la décision finale ?

Gouverneur Adolph Miller. – Vous posez une question à laquelle il m'est impossible de répondre.

Président McFadden. – Peut-être puis-je la reformuler... D'où provenait la suggestion ayant motivé la décision de modifier les taux l'été dernier ?

Gouverneur Adolph Miller. – Les trois principales banques centrales européennes avaient dépêché des délégués sur notre continent. Il s'agissait du gouverneur de la Banque d'Angleterre, de M. Hjalmar Schacht et du professeur Rist, vice-gouverneur de la Banque de France. Ces Messieurs furent en contact avec les dirigeants de la banque de réserve fédérale de New York. Ils firent après une semaine ou deux une apparition d'une journée à

Washington. Débarqués un soir, il furent reçus le lendemain par les gouverneurs du conseil de la Réserve fédérale, puis ils repartirent à New York l'après-midi même.

Président McFadden. – Les membres du conseil étaient-ils présents lors de ce déjeuner ?

Gouverneur Adolph Miller. – Oh que oui ! Ce dernier était offert par les gouverneurs du conseil afin de resserrer nos liens.

Président McFadden. – S'agissait-il d'une rencontre informelle, ou bien des sujets importants y auraient-ils été débattus ?

Gouverneur Adolph Miller. – Je considère que c'était avant tout une rencontre informelle. À titre personnel, j'ai eu une longue discussion en aparté avec le docteur Schacht avant le repas, puis une autre assez longue avec le professeur Rist. Après manger, j'ai pu parler avec M. Norman, le gouverneur de New York Strong s'étant ensuite joint à nous deux.

Président McFadden. – S'agissait-il d'une réunion formelle du conseil ?

Gouverneur Adolph Miller. – Non.

Président McFadden. – Il s'agissait simplement d'une conversation informelle sur des sujets qui avaient été soulevés à New York... ?

Gouverneur Miller. – Je peux le supposer. Il s'agissait avant tout de relations mondaines. Ce que j'y ai dit relevait majoritairement de l'ordre des généralités. Les dirigeants de ces banques centrales s'exprimaient eux aussi à travers des expressions générales.

M. King. – Que désiraient-ils ?

Gouverneur Miller. – Ils répondaient avec beaucoup de franchise à nos questions. Je souhaitais avoir une conversation avec M. Norman, et nous nous sommes entretenus tous les deux après le repas. Nous avons ensuite été rejoints par d'autres délégués étrangers ainsi que par les autorités de la banque de réserve fédérale de New York. Ces personnalités étaient toutes particulièrement préoccupées par le fonctionnement de l'étalon-or. Ils voulaient donc voir légèrement baisser le marché monétaire new-yorkais, avec des taux plus bas, afin de dissuader de la sorte les transferts d'or depuis l'Europe vers notre continent. Ceci aurait parfaitement été dans l'intérêt du contexte monétaire internationale que l'on connaissait à ce moment-là.

M. Beedy. – Ceci aboutit-il à un certain accord entre les délégués de ces banques étrangères et le conseil des gouverneurs de la Réserve fédérale (ou la banque de réserve fédérale de New York) ?

Gouverneur Miller. – Oui.

M. Beedy. – Cela fut-il officiellement rapporté ?

Gouverneur Miller. – Non. Il y eut par la suite une réunion de la commission chargée des politiques de l'open-market (le comité des politiques d'investissement du système de la Réserve fédérale) qui produisit et reçut diverses recommandations. Je me rappelle que des titres, d'une valeur avoisinant les 80 000 000 $, furent acquis en août en conformité avec ce programme.

Président McFadden. – Y eut-il une réunion entre les membres de la commission de l'open-market et ces banquiers étrangers ?

Gouverneur Miller. – Il est possible qu'ils se soient croisés à titre privé, mais non en tant qu'institution.

M. King. – Comment la commission de l'open-market trouve-t-elle ses idées ?

Gouverneur Miller. – Ils s'assoient autour d'une table et débattent. J'ignore d'où est venue l'initiative. L'esprit d'émulation était comme toujours à l'œuvre.

Président McFadden. – Vous venez de nous donner un aperçu de négociations d'une importance cruciale.

Gouverneur Miller. – Je parlerais plutôt de *discussions*.

Président McFadden. – Des choses vraiment dignes de mention sont-elles arrivées ?

Gouverneur Miller. – Oui.

Président McFadden. – Un revirement politique de l'ensemble de notre système financier, qui accoucha d'une situation financière particulièrement inhabituelle et inouïe pour notre nation (le boom des spéculations boursières dans les années 1927-1929)… Il me semble qu'un sujet de cette taille aurait dû faire l'objet d'un compte rendu à Washington.

Gouverneur Miller. – Je vous l'accorde.

Représentant Strong. – N'aurait-il pas été bon d'orienter ces compétences octroyées au système de la Réserve fédérale en vue de la stabilisation permanente du pouvoir d'achat lié au dollar amélioré, plutôt que l'abandonner aux influences des intérêts européens ?

Gouverneur Miller. − Je considère que cette expression, "influences", est une injure. En outre, stabiliser le dollar américain sans faire de même pour toutes les autres devises indexées sur l'or relève de l'impossible. Les monnaies sont reliées entre elles par l'étalon-or. Des personnalités éminentes qui viennent ici sont très adroits dans l'art d'approcher les membres et le personnel du conseil de la Réserve fédérale.

M. Steagall. − Le séjour de ces banquiers étrangers a-t-il eu pour résultat que l'argent fût meilleur marché à New York ?

Gouverneur Miller. − Oui, tout à fait.

Président McFadden. − Je voudrais que soient insérés dans ces minutes les noms de tous les individus qui ont pris part à ce déjeuner à Washington.

Gouverneur Miller. − Outre les noms que je vous ai déjà donnés, il y avait l'un des plus jeunes cadres de la Banque de France. Je crois que tous les membres du conseil de la Réserve fédérale étaient présents. Le sous-secrétaire au Trésor Ogdent Mills était là, de même que M. Schuneman, adjoint du secrétaire au Trésor, ainsi que deux ou trois fonctionnaires du département d'État et M. Warren du service de l'étranger de la banque de réserve fédérale de New York. Le gouverneur Strong était bien là.

Président McFadden. − Cette rencontre réunissant autant de banquiers étrangers ne s'est sans doute pas tenue par hasard. Qui a émis l'idée d'une telle réunion avec les financiers les plus éminents d'Allemagne, de France et d'Angleterre ?

Gouverneur Miller. − Le contexte observé était clairement désagréable pour Londres, en raison de l'imminence du retrait d'une certaine quantité d'or que la France voulait récupérer et qui avait été au départ transféré et déposé par le gouvernement français au sein de la Banque d'Angleterre sous la forme d'un crédit de guerre. Il semblait devoir y avoir des tensions en Europe, car la France commençait à remettre les choses en ordre chez elle pour revenir à l'étalon-or. La nature de cette situation exigeait une influence modératrice.

M. King. − Qui incarna la cause formelle de la réunion de ces personnalités ?

Gouverneur Miller. − C'est un élément que j'ignore.

Représentant Strong. – Ne serait-il pas juste d'affirmer que les participants qui voulaient de l'or étaient sans doutes les initiateurs de la rencontre ?

Gouverneur Miller. – Ils sont venus ici.

Représentant Strong. – Le fait est qu'ils sont venus sur notre sol, ont tenu une réunion, ont fait bonne chère, ont discuté, ont obtenu que le conseil de la Réserve fédérale diminue son taux d'escompte afin d'effectuer des acquisitions sur l'open-market, et ont eu leur or.

M. Steagall. – Est-il vrai que cette initiative a stabilisé les devises européennes et affecté la nôtre ?

Gouverneur Miller. – Oui, c'est pour cela que la chose a été faite.

Président McFadden. – Permettez-moi d'attirer votre attention sur la récente réunion parisienne au cours de laquelle M. Goldenweiser – directeur de recherches pour le conseil de la Réserve fédérale – et le docteur Burgess – fonctionnaire de la Réserve fédérale assistant la banque de réserve de New York – ont pu consulter les délégués d'autres banques centrales. Qui a organisé cette rencontre ?

Gouverneur Miller. – D'après mes souvenirs, elle a été organisée par la Banque de France.

Gouverneur Young. – Non, c'est la Société des Nations qui les a toutes initiées. »

La rencontre secrète des gouverneurs du conseil de la Réserve fédérale et des dirigeants des banques centrales d'Europe ne fut point organisée en vue de quelque stabilisation que ce fût. Elle eut lieu dans le but de trouver le meilleur moyen de renvoyer en Europe l'or conservé aux États-Unis par la Réserve fédérale, en vue de contraindre les États du Vieux Monde de reprendre l'étalon-or. La Société des Nations n'était jusque-là guère parvenue à réaliser ce qui était dès le départ à l'origine de cette institution nouvelle, parce que le Sénat des États-Unis s'était opposé à ce que Woodrow Wilson trahît les citoyens américains en abandonnant l'autorité monétaire de l'Amérique à une instance internationale. Il a fallu la seconde guerre mondiale et Franklin D. Roosevelt pour y arriver. En attendant, l'Europe devait pouvoir disposer de l'or américain et la Réserve fédérale le lui a livré, pour une valeur estimée à 500 000 000 $. Cet or quittant les États-Unis causa l'éclatement de la bulle boursière, sonna le glas de la prospérité des entreprises dans les années 1920 et inaugura la Grande Dépression de

1929-1931, la plus grande catastrophe qu'ait jamais connue la nation américaine. Il est parfaitement logique d'en conclure que cette crise subie par le peuple américain était une punition pour avoir refusé de rejoindre la Société des Nations. Les financiers savaient pertinemment ce qui se produirait en transférant 500 000 000 $ en or vers l'Europe. Ils souhaitaient cette crise, parce qu'elle leur permettrait de faire main basse sur la finance et les entreprises américaines.

Reprenons le cours de nos auditions parlementaires...

M. Beedy. – M. Ebersole, du département au Trésor, est intervenu lors du dîner que nous avons eu hier soir en concluant que le système de la Réserve fédérale ne voulait pas d'une quelconque stabilisation et que les entreprises américaines n'en voulaient pas davantage. Ils désirent des fluctuations, non seulement du cours des titres boursiers, mais encore du prix des matières premières et du commerce en général, parce que ceux qui contrôlent actuellement le système profitent de cette instabilité. Si ces personnalités n'exerçaient pas un tel contrôle de façon légale, elles seraient probablement tentées de se l'accaparer à travers des insurrections, comme cela se produisait jadis dans les sociétés humaines. Les révolutions étaient avivées par du mécontentement au sujet des moyens de subsistance, le contrôle étant concentré dans les mains d'une minorité et la majorité payant la casse.

Président McFadden. – J'ai avec moi la lettre d'un membre du conseil de la Réserve fédérale qui avait été citée à comparaître ici. Je souhaite la voir consignée dans le procès-verbal. Elle émane du gouverneur Cunnigham :

"Monsieur le Président,

Ces dernières semaines, je suis resté confiné dans mon domicile pour des raisons de santé et je m'apprête en ce moment même à passer plusieurs semaines loin de Washington afin d'accélérer mon rétablissement.

Edward H. Cunnigham"

Cette lettre a été écrite pour répondre à la convocation qui lui avait été envoyée pour qu'il réponde à notre commission. J'ai également un billet de George Harrison, vice-gouverneur de la banque de réserve fédérale de New York :

"Cher membre du Congrès,

Le gouverneur Strong s'est embarqué pour l'Europe la semaine dernière. Depuis le premier de l'an son état de santé est

> *déplorable et il a été frappé d'un zona très violent qui l'a fortement affaibli très peu de temps après son passage devant votre commission en mars dernier.*
>
> *George L. Harrison, le 19 mai 1928"*

Je souhaite en outre que soit reproduite dans notre procès-verbal une déclaration publiée dans *The New York Journal of Commerce* de Washington en date du 22 mai 1928 :

> "Ici, dans les milieux bien informés, il est assuré que le principal thème abordé par le gouverneur de la banque de réserve fédérale de New York Strong au cours de son actuel séjour parisien est la concession de crédits de stabilisation en faveur de la France, de la Roumanie et de la Yougoslavie. Un second problème crucial auquel s'attaquera M. Strong est la quantité d'or que la France prélèvera dans notre pays." »

Le président McFadden nourrit quelques doutes sur l'étrange pathologie de Benjamin Strong, ce qui aboutit le 23 mai 1928 à ce témoignage du gouverneur Charles S. Hamlin, du conseil de la Réserve fédérale :

> « Tout ce que je sais, c'est que le gouverneur Strong a été fort malade et qu'il est parti en Europe, principalement – d'après ce que je crois savoir – pour des motifs médicaux. Évidemment, connaissant bien les différents locaux des banques centrales européennes, il ne devrait pas manquer d'y faire un tour. »

Quelques semaines après son retour d'Europe, le gouverneur Benjamin Strong décédait sans avoir répondu à la commission.

L'objectif de ces auditions menées par la commission sur la monnaie et la banque de la Chambre des représentants en 1928 était d'interroger la nécessité d'adopter la proposition de loi Strong, présentée par le représentant Strong (simple homonyme aucunement apparenté au financier international Benjamin Strong) en vue de doter la Réserve fédérale de compétences permettant la stabilisation du pouvoir d'achat du dollar. Carter Glass et Woodrow Wilson avaient en effet fait une telle promesse en présentant en 1912 le Federal Reserve Act au Congrès. Une clause analogue avait été diligemment proposée par le sénateur Robert L. Owen dans le Federal Reserve Act, mais la commission sur la banque et la monnaie emmenée par Carter Glass l'avait rejetée. Les spéculateurs et boursicoteurs étaient les adversaires d'un dollar stable, car cela les aurait empêchés d'engranger leurs profits. C'est parce que les *traders* avaient à l'échelle nationale créé les conditions de l'instabilité que les citoyens américains furent incités à investir en Bourse au cours de la décennie 1920.

La proposition de loi Strong de 1928 fut rejetée par le Congrès.

La situation financière des États-Unis au cours de la décennie 1920 se caractérisa par une inflation cantonnée aux valeurs spéculatives. Cette réalité avait été voulue par les boursicoteurs. Les prix des matières premières demeuraient quant à eux relativement bas, en dépit de la surévaluation des titres boursiers.

Les acquéreurs ne s'attendaient pas à ce que leurs actions pussent leur permettre d'encaisser des dividendes. L'idée était de les conserver un certain temps, avant de les revendre à profit. Ainsi que Paul Warburg le faisait remarquer en mars 1929, il fallait bien que ce petit jeu s'arrêtât un jour ou l'autre. Wall Street attendit que le peuple plaçât ses économies dans des titres surévalués pour sonner la fin de la récréation. Le président des États-Unis Calvin Coolidge semblait être le complice des boursicoteurs dans un spectacle sinistre quand il faisait monter la sauce en encourageant en 1927 les citoyens américains à continuer d'acheter des actions en Bourse. Les cours excessifs du marché créaient un certain malaise, si bien que les financiers usèrent de leur influence pour obtenir du président des États-Unis, du secrétaire au Trésor et du président du conseil des gouverneurs de la Réserve fédérale qu'ils multiplient les déclarations selon lesquelles les prêts des courtiers n'étaient pas trop onéreux et la Bourse était saine.

Irving Fisher avaient prévenu en 1927 les Américains que l'épée de Damoclès de la stabilisation des prix à l'échelle planétaire retomberait tôt ou tard sur les États-Unis. La fondation du Fonds monétaire international fut l'un des fruits de la seconde guerre mondiale, précisément pour arriver à ces fins. La même année, le professeur Gustav Casel observait :

« Le mouvement baissier des cours n'a pas été le produit spontané de forces incontrôlables. C'était le fruit d'une politique délibérément menée en vue de faire baisser les cours et de conférer une plus grande valeur à chaque unité monétaire. »

Après avoir voté le Federal Reserve Act et nous avoir plongés dans la première guerre mondiale, le Parti démocrate se cantonna dans la décennie 1920 au rôle de parti d'opposition. Politiquement, ces démocrates étaient hors-jeu ; mais, si l'on en croit la biographie de Bernard Baruch, ce dernier les arrosait de grasses subventions pour permettre leur survie financière. Le Parti démocrate était politiquement hors-jeu et ses chances pour 1928 réduites à un point que nous fait sentir un élément de son programme politique officiellement adopté le 28 juin

1928 à Houston :

> « L'administration du système de la Réserve fédérale au profit des spéculateurs boursiers doit cesser. Celui-ci doit être géré pour le bien des agriculteurs, des salariés, des commerçants, des fabricants et de tous ceux qui travaillent dans des entreprises de l'économie réelle. »

Cette naïveté assura la défaite du candidat Al Smith, parrainé par Franklin D. Roosevelt. La campagne déchaînée contre Al Smith fut en outre ponctuée par des manifestations d'intolérance religieuse, car il était catholique. Les financiers ravivèrent à travers tout le pays les haines anticatholiques pour que fût élu Herbert Hoover, qui n'était autre que leur protégé depuis la première guerre mondiale.

Au lieu d'utiliser la loi afin d'encourager la stabilité financière des États-Unis selon ce qui avait été promis par Woodrow Wilson lors de sa promulgation, l'instabilité financière fut constamment promue par le conseil de la Réserve fédérale. Un rapport officiellement produit par ce dernier le 13 mars 1939 stipulait : « Le conseil des gouverneurs du système de la Réserve fédérale refuse tout projet se proposant de stabiliser les cours ».

Dans la décennie 1920, le conseil de la Réserve fédérale était politiquement instrumentalisé afin de faciliter l'élection des candidats désignés par les financiers. Le 4 août 1928, le *Literary Digest* mentionnait à l'occasion de la hausse de 5% des taux par le conseil de la Réserve fédérale l'année même des élections présidentielles :

> « Cela prend le contre-pied de la politique d'argent bon marché menée en 1927, politique souhaitable, et offre de bonnes conditions sur le marché boursier. Ce revirement fut attaqué par le *People's Lobby* à Washington, arguant : "Cette hausse, au moment où les agriculteurs ont besoin d'argent bon marché pour financer leurs prochaines récoltes, est un coup violent directement asséné aux exploitants qui commençaient à se refaire après la crise agricole de 1920-1921". »

Dans ce contexte, *The New York World* faisait savoir :

> « La critique de la politique du conseil de la Réserve fédérale du fait de nombreux investisseurs ne se fonde pas sur son désir de faire éclater la bulle boursière, mais plutôt que l'accusation selon laquelle ce conseil lui-même, à travers la politique conduite l'année dernière, est totalement responsable de l'existence même de cette bulle boursière. »

La *North American Review* publia en mai 1929 une analyse accablante des quinze premières années d'existence du système de la Réserve fédérale, sous la plume de H. Parker Willis, économiste éminent comptant parmi les auteurs du Federal Reserve Act puis premier secrétaire du conseil entre 1914 et 1920. On y devinait la désillusion la plus totale :

« Ma première conversation avec le président nouvellement élu Wilson eut lieu en 1912. Notre discussion se cantonna exclusivement à la réforme bancaire. Je lui demandai s'il était confiant quant au fait de pouvoir garantir sa gestion par un texte approprié et sur la manière de le faire appliquer et respecté. Il me répondit : "Nous devons nous reposer sur l'idéalisme de l'esprit d'entreprise américain". Il se mit à la recherche de choses fiables à offrir à cet idéalisme à l'américaine. Finalement, tout cela permit réellement de financer la Grande Guerre et à modifier les pratiques bancaires américaines. Les idéaux que le président réclamait et appelaient de ses vœux comme autant de principes moraux contraignants chez les financiers et les entrepreneurs américains restèrent lettre morte.

Depuis la promulgation du Federal Reserve Act, nous avons essuyé la crise financière et la révolution les plus sérieuses de toute notre histoire, en 1920-1921. Nous avons vu notre agriculture traverser une longue parenthèse de souffrances, si ce n'est de révolution, à l'issue de laquelle un million d'exploitants avaient été démunis de leurs exploitations à cause du hiatus constaté entre les prix du foncier et le curieux état des conditions de crédit. Nous avons traversé la plus longue période de faillites bancaires jamais enregistrée par notre nation. Depuis l'inauguration du système de la Réserve fédérale, 4 500 banques ont déposé le bilan. Il y eut des moments où toutes les banques d'une même commune se sont retrouvées en faillite, dans plusieurs villes de l'Ouest, et d'autres établissements continuent, encore et toujours, de faire faillite. Les banques affiliées au système de la Réserve fédérale aussi bien que celles qui en étaient restées à l'écart furent indifféremment affectées.

La désignation des membres originels du conseil de la Réserve fédérale à l'instigation de Wilson ne fut guère heureuse.

Ceux-ci formaient un groupe hétérogène sélectionné dans le seul but d'apaiser tels ou tels intérêts de poids. Il n'est pas étonnant que les heureux élus aient utilisé leurs fonctions pour s'acquitter de leurs dettes. Quand le conseil songea à une résolution devant permettre la désignation des futurs membres du système de réserve selon leur mérite exclusivement à cause de l'incompétence manifeste de plusieurs des présents, le contrôleur des finances John Skelton Williams prit sur lui de rayer l'adverbe "exclusivement" sans perdre le soutien de ce conseil. L'introduction de certaines personnalités (Warburg, Strauss, etc.) au sein de l'institution fut l'occasion de satisfaire des intérêts particuliers, dont les conséquences s'avéreraient désastreuses.

Le président Wilson se trompait, comme si souvent, en présumant que l'exercice de fonctions aussi importantes transfigureraient les individus qui en seraient investis pour le service public, en ravivant notamment leur patriotisme. Sous la présidence de Wilson, le conseil de la Réserve toucha le fond avec la désignation d'un membre uniquement choisi pour sa capacité à obtenir des votes en faveur du candidat démocrate à la présidence. On creusa toutefois encore un peu avec le président Harding qui nomma son vieil ami D. R. Crissinger, entre quelques autres hommes politiques, manipulables à merci, à diverses fonctions. Harding avait avant de mourir fait tout son possible pour décrédibiliser l'institution... Depuis, le système ne cesse de décliner.

Les banques de réserve venaient à peine de prendre leur forme première qu'il devenait évident que les financiers cherchaient à les instrumentaliser de façon à pistonner leurs "filleuls préférés", autrement dit des individus qui étaient unanimement perçus comme étant des charges pour toute la communauté financière ou des incapables de tout acabit. Lorsqu'il s'agissait de choisir les administrateurs de la Réserve, les banques de province refusaient communément de voter ou, quand elles s'y résolvaient, c'était pour suivre les satellites de la City. Dans ce contexte, un contrôle populaire ou démocratique des banques de réserve relevait de la gageure. De bons résultats auraient pu être atteints si des individus honnêtes, conscients des devoirs leur incombant de par l'exercice de fonctions publiques, avaient hérité de ces pouvoirs. Si tant est que de tels hommes existent, ils n'eurent jamais leurs entrées au conseil de la Réserve fédérale... La direction de l'une des banques de réserve est aujourd'hui aux mains d'une personne n'ayant jamais exercé la moindre profession bancaire dans sa vie, tandis que le gouverneur et le président d'une autre sont tous les deux d'anciens dirigeants de banques ayant fait faillite. Ils détiennent le malheureux record d'échecs de leur district. Dans la plupart des régions de réserve, le critère de performance renvoyant aux standards bancaires est outrageusement bas pour tout ce qui concerne les autorités des institutions de réserve. Le *modus operandi* de la banque de réserve fédérale de Philadelphie est au sein du système considéré comme relevant de la "banque de la famille et des copains".

Quand les profits s'accumulèrent de façon accélérée pendant la guerre, quelqu'un eut l'idée de les utiliser de façon à acquérir des immeubles extrêmement onéreux. De nos jours, les banques de réserve sont obligées de consacrer constamment un bon milliard de dollars de budget uniquement pour assumer leurs dépenses courantes.

La meilleure image de ce que le système a réalité et de ce qu'il s'est abstenu de faire est donnée par l'épreuve traversée par notre nation en mai 1929 à cause des spéculations. Trois ans plus tôt, le marché inaugurait sa timide croissance. À l'automne 1926, un cénacle de financiers se réunit autour d'une table au sein d'un hôtel de Washington ; l'un des banquiers les plus renommés de la planète se trouvait parmi eux. L'un des participants s'interrogea sur le risque d'encourager la spéculation avec les faibles taux d'escompte consentis par le système.

"Oui, répondit notre banquier célèbre, ce sera le cas, mais nous n'y pouvons rien. C'est le prix à payer pour aider l'Europe."

Nous pouvons fort bien nous demander si le feu vert donné par le conseil à la spéculation fut le prix payé pour aider l'Europe ou bien si c'était le prix à payer pour inciter une certaine classe de financier à secourir l'Europe, mais – quoi qu'il en soit – les circonstances européennes n'auraient jamais dû être prises en compte pour concevoir les politiques d'escompte de la Fed. La vérité, c'est que les banques de la Réserve fédérale sont déconnectées de nos citoyens.

Le citoyen lambda, du Maine au Texas, a été peu à peu incité à placer son épargne dans la Bourse, avec pour résultat une spéculation croissante, adoptant une allure toujours plus soutenue et ayant fini par détruire toutes les bonnes entreprises d'Amérique.

Roy A. Young, du conseil des gouverneurs, fut convoqué en mars 1928 par une commission du Sénat.

"– Considérez-vous que les prêts consentis par les courtiers sont trop élevés ?

– Je suis incapable d'affirmer que les prêts accordés par les courtiers sont trop élevés ou trop faibles, fit-il savoir, mais je suis certain qu'ils sont octroyés avec la prudence et les garanties nécessaires."

Andrew Mellon, secrétaire au Trésor, assura au cours d'une déclaration officielle la nation que ces prêts n'étaient guère trop élevés. Coolidge, se fondant sur les éléments que le conseil de la Réserve fédérale lui avaient transmis, s'exprima publiquement sans ambages, affirmant que le montant des prêts n'était pas trop élevé. Le conseil des gouverneurs, dont la mission était de garantir les intérêts des citoyens ordinaires, mit donc tout en œuvre pour que ces derniers ne puissent pas s'inquiéter pour leurs économies. Le conseil de la Réserve fédérale fit cependant envoyer le 2 février 1929 aux administrateurs de la Fed une circulaire les avertissant du grave péril que représentait la spéculation débridée.

Que devait-on attendre d'un cercle d'individus tels ceux qui formaient le conseil des gouverneurs, un cénacle d'hommes dont la seule ambition était de sortir du lot du moment où il n'y avait aucun risque de se fâcher avec les puissants, démontrant un appétit insatiable en ce qui concerne l'argent et les honneurs, et dont la plus grande priorité était de "se retrouver avec les grands génies" qu'incarnaient d'après eux les maîtres de la finance et du secteur bancaire en Amérique ? »

H. Parker Willis se passait de toute allusion à lord Montagu Norman, ni n'évoquait les manigances de la Banque d'Angleterre en vue d'aboutir au krach de 1929 et à la Grande Dépression.

CHAPITRE XII

LA GRANDE DÉPRESSION

R. G. Hawtrey, un économiste anglais, expliquait dans l'*American Economic Review* de mars 1926 :

« Quand l'investissement extérieur dépasse l'offre générale de l'épargne, le marché de l'investissement est censé soutenir cet excédent en empruntant de l'argent aux banques. L'une des solutions réside dans le contrôle du crédit par une hausse des taux bancaires. »

Le conseil de la Réserve fédérale exerçait réellement ce contrôle du crédit, mais il n'en fit pas l'usage souhaitable en 1926 ni quand il convenait de résoudre un problème. Rien de tel ne fut esquissé avant 1929, quand les taux furent rehaussés en tant que mesures punitives afin d'éliminer du marché tous les investisseurs, à l'exception des grands requins.

Dans le *Quarterly Journal of Economics* d'août 1928, le professeur Cassel abondait dans le même sens :

« Le fait qu'une banque centrale n'augmente pas à temps son taux bancaire en s'appuyant sur la situation concrète du marché des capitaux augmente considérablement la puissance de la marche cyclique de l'économie, avec toutes ses conséquences néfastes sur les économies nationales. Une régulation raisonnable des taux bancaires est en notre pouvoir, et elle ne peut se faire que si nous comprenons sa nécessité et si nous voulons vraiment nous lancer sur cette voie.

Les conditions favorables à l'aspect cyclique de l'économique seraient nettement atténuées, et les cycles économiques que nous connaissons seraient réellement mis aux oubliettes, grâce à un taux bancaire modulé en fonction de ces considérations. »

Voilà la meilleure introduction possible en vue d'expliquer le caractère artificiel des crises économiques. La survenue de la panique de 1907, de la crise agricole de 1920 et de la Grande Dépression en 1929, à chaque fois au moment de récoltes abondantes et de périodes prospères, paraît indiquer que cette introduction n'est guère une supposition gratuite. Lord Maynard Keynes observait que la plupart des théories portant sur les cycles économiques se dispensaient de rapporter correctement leurs analyses aux mécanismes monétaires. Toute analyse ou exposé sur une crise qui omettrait de dresser la liste de ses facteurs, à l'instar des mouvements de métaux précieux ou des pressions exercées sur les taux de change, n'a aucun intérêt. Les économistes américains se sont pourtant toujours efforcés d'esquiver ce problème…

La Société des Nations réalisa dès 1928 son objectif de consommer le retour des États européens à l'étalon-or, à une époque où les trois quarts de l'or de la planète se trouvait en France et aux États-Unis. Il convenait donc de trouver un accord pour que cet or soit transféré vers des pays qui en avaient besoin pour assurer leur devise et leur crédit. La réponse fut mise en place par le système de la Réserve fédérale.

À l'issue de la rencontre secrète du conseil des gouverneurs avec les représentants des banques centrales d'Europe en 1927, les banques de la Réserve fédérale doublèrent en peu de mois le nombre de leurs titres d'État et acceptation, ce qui déclencha des exportations d'or d'une valeur de 500 000 000 $ pour cette seule année. Les opérations boursières de la Fed encouragèrent au jour le jour à la baisse le loyer de l'argent, tandis que de l'or quittait l'Amérique. Parallèlement, des étrangers profitaient de ce contexte pour acquérir en très grande quantité des bons du Trésor américain, en raison du taux maintenu bas.

« En vertu de l'entente sanctionnée bien des mois plus tôt par la Banque d'Angleterre et les dirigeants de la Réserve fédérale à Washington, les États-Unis autorisèrent l'exportation de 725 000 000 $ d'or, permettant de la sorte à la France et à l'Europe de stabiliser leurs devises et incitant la France à entrer dans le système établi sur l'étalon-or[121] » (20 avril 1928).

M. Montagu Norman, gouverneur de la Banque d'Angleterre, vint le 6 février 1929 à Washington afin d'échanger avec Andrew Mellon, secrétaire au Trésor. Aussitôt après cette visite énigmatique, le conseil de la Réserve fédérale modifiait brusquement sa pratique et se retourna

---

[121] Clarence W. Barron, *They Told Barron*, New York, Harpers, 1930, p. 353.

vers une politique de taux d'escompte élevés, remisant sa politique d'« argent bon marché » inaugurée en 1927 après un autre voyage de M. Norman. Le krach boursier et la déflation de la structure financière de la nation américaine étaient prévus et devaient avoir lieu en mars. Paul Warburg, en vue de déclencher le mécanisme, adressa un avis officiel à l'attention des opérateurs de la Bourse afin de les inviter à se retirer du marché. Dans le rapport annuel pour les actionnaires de sa Banque d'acceptation internationale, M. Warburg commentait en mars 1929 :

> « Si nous laissons la folie de la spéculation sans limite se propager, l'effondrement qui s'en ensuivra est assuré de toucher les spéculateurs eux-mêmes d'une part, et l'ensemble du pays d'autre pays à travers une crise généralisée. »

M. Warburg avait pensé qu'il ne fallait faire aucune remarque sur la situation de la Bourse pendant trois ans de « spéculation sans limite ». Un titre de presse qui lui est acquis, *The New York Times*, mit à la disposition de ce rapport deux colonnes de sa une, en plus de souligner en éditorial la perspicacité et la sagacité des remarques de Paul Warburg. L'inquiétude de Warburg pouvait être sincère, étant donné que la bulle boursière était allée bien au-delà de ce qu'il avait prévu : les financiers avaient donc peur des conséquences possibles si jamais les Américains se rendaient compte de ce qu'il se passait. Cette médiatisation par *The New York Times* déclencha une soudaine déferlante de ventes à la Bourse et commença à faire paniquer les banquiers, de sorte qu'il fut convenu d'apaiser les marchés d'une façon ou d'une autre. La National City Bank de Warburg injecta par conséquent 25 000 000 $ de liquidités en urgence sur le marché de la monnaie à court terme afin de repousser la consommation du krach.

Quoique cela puisse sembler surprenant, la décision authentique du conseil de la Réserve fédérale devant provoquer le krach de 1929 fut rendue publique dans *The New York Times*. Ce quotidien titrait en effet le 20 avril 1929 : « Le comité consultatif de la Fed se réunit en urgence. Un air de mystère plane sur ses discussions à Washington. Des résolutions ont été adoptées par ce comité puis confiées au conseil des gouverneurs, mais leur objectif est jalousement tenu secret. Une ambiance de mystère impénétrable caractérise ces débats, aussi bien du côté des gouverneurs que du comité consultatif. Au cours de cette session extraordinaire, toutes les précautions ont été prises pour protéger les échanges. Les correspondants de notre journal n'ont obtenu que des réponses évasives. »

Seul le « premier cercle » de la London Connection savait que l'on avait convenu de siffler la fin de la plus grande bulle spéculative de l'histoire américaine au cours de cette « rencontre mystérieuse ». Les quelques initiés se mirent à se défaire de leurs actions d'ordre spéculatif afin d'en placer les fruits dans des obligations d'État. Les autres, qui n'étaient pas dans la confidence, dont quelques-uns des individus les plus fortunés d'Amérique, conservèrent leurs actions spéculatives et perdirent tous leurs biens.

Le colonel Curtis B. Dall, courtier à Wall Street en ce temps-là, écrivait à propos du krach dans *FDR: My Exploited Father-in-Law* : « En fait, il s'agissait d'un "plumage" délibéré du grand public par les puissances financières internationales, provoqué par une pénurie soudaine mais programmée de l'offre monétaire à très court terme sur le marché new-yorkais de la monnaie[122] ». Le système de la Réserve fédérale fixa du jour au lendemain à 20% le loyer de l'argent au jour le jour. Incapables d'assumer de tels taux, la seule possibilité laissée aux spéculateurs était de se jeter par la fenêtre.

Le taux de la banque de réserve fédérale de New York, qui faisait la loi pour les taux d'intérêts nationaux, passa à 6% le 1er novembre 1929. Il chuta à 1,50% le 8 mai 1931, après la mise en faillite des investisseurs. Dans *A Primer On Money*, le représentant Wright Patman expliquait que la masse monétaire avait connu entre 1929 et 1933 une contraction de 8 000 000 000 $, ce qui occasionna la faillite définitive de 11 630 banques sur les 26 401 que dénombraient les États-Unis.

Le conseil de la Réserve fédérale avait déjà averti le 6 février 1929 les actionnaires des banques de réserve qu'il convenait de sortir du marché, mais il n'avait pas pris la peine de prévenir d'une quelconque façon le restant de la population... Hormis les financiers de Wall Street qui étaient aux manettes, personne ne pressentait de quoi il en retournait.

Le *Quarterly Journal of Economics* remarquait par ailleurs :

« Le problème a été soulevé, non seulement en Amérique, mais également dans plusieurs États européens, afin de savoir si les statistiques des douanes consignent avec précision les mouvements de métaux précieux, car la fiabilité de ces chiffres s'est avérée très faible lors d'une enquête en la matière. À titre

---

[122] Colonel Curtis B. Dall, *FDR: My Exploited Father-in-Law*, Washington, Liberty Lobby, 1970.

d'exemple, tout transfert entre la France et l'Angleterre aurait dû être consigné dans chacun de ces deux pays, mais la confrontation de leurs statistiques révèle une différence annuelle moyenne entre 50 000 000 F du côté de la France et 80 000 000 F de celui de l'Angleterre. Cette divergence colossale est inconcevable. »

Reginald McKenna faisait valoir :

« L'analyse des rapports entre la variation des dépôts d'or et l'amplitude de ses mouvements sur les cours dévoile ce qui était évident et qui demeure pourtant largement ignoré : l'étalon-or n'a rien d'une opération automatique ! L'étalon-or ne peut être géré et contrôlé efficacement que pour le profit d'un petit club de traders internationaux, et c'est ce à quoi nous assistons. »

Le conseil de la Réserve fédérale détermina en août 1929 son taux de 6%. Le mois suivant, la Banque d'Angleterre passa de 5,5% à 6,5% son taux directeur. Dans l'édition de septembre 1929 de la *Review of Reviews*, le docteur Friday s'avouait incapable de trouver une raison valable légitimant le choix de la Fed :

« La résolution de la Réserve fédérale en date du 7 août 1929 montre qu'il n'y a aucune signe d'insuffisance vis-à-vis des besoins de l'automne. Les ressources en or sont infiniment plus importantes que l'an passé et l'or continue d'affluer, au plus grand dam de l'Allemagne et de l'Angleterre. Les motifs pouvant expliquer les actions du conseil des gouverneurs doivent être trouvés ailleurs. Le seul indice divulgué au grand public est que "cette question a soulevé des difficultés, à cause de circonstances particulières". Toutes les raisons que le gouverneur Young avaient invoquées l'an dernier pour diminuer les taux bancaires restent valables pour aujourd'hui. La hausse des taux révèle d'une part qu'il est périlleux d'aspirer de l'or depuis l'étranger et d'autre part que les importations de métaux précieux ont augmenté au cours des quatre derniers mois. Agir en vue de les doper revient à porter la responsabilité d'une contraction du crédit à l'échelle planétaire. »

Nous voyons donc que le système de la Réserve fédérale, déjà responsable de la première guerre mondiale rendue possible grâce au financement des Alliés par les États-Unis, accoucha encore de la crise mondiale de 1929-1931. Au cours de l'enquête du Sénat sur le conseil des gouverneurs de la Réserve fédérale en 1931, le gouverneur Adolph C. Miller fit savoir :

« Si nous n'avions guère eu ce système de la Réserve fédérale, tout d'abord je pense que nous n'aurions jamais eu une telle situation de spéculation néfaste. »

Carter Glass répondit : « Vous avez lumineusement démontré que le conseil des gouverneurs de la Réserve fédérale a produit une terrifiante expansion du crédit par ces transactions sur l'open-market ».

Emmanuel Goldenweiser déclarait : « En 1928-1929, le conseil de la Fed avait inauguré un essai de restreinte de la croissance trop rapide des prêts cotés et des spéculations boursières. La continuation de cette politique restrictive fut cependant entravée par la diminution, à l'automne 1928 puis à l'été 1929, des taux d'intérêts applicables aux bons du Trésor. »

J. P. Morgan tout comme la Kuhn, Loeb Co. avaient leurs « listes privilégiées » d'individus auxquels étaient transmis des avis d'initiés concernant des opérations lucratives. Les heureux élus figurant sur ces listings préférentiels pouvaient acquérir ainsi des actions à prix coûtant, c'est-à-dire 2 à 15% moins cher que ce qu'elles étaient vendues au grand public. Nous trouvons sur ces listes des collègues financiers, de grands industriels, des hommes politiques influents inféodés à la City, des membres du Congrès (aussi bien républicains que démocrates) siégeant dans diverses commission, ainsi que des dirigeants d'États étrangers. Ces personne furent averties du krach imminent et cédèrent toutes leurs actions, sauf celles qui étaient dites « d'or » : General Motors, DuPont, etc. Les cours de ces actions plongèrent eux aussi, battant des records peu reluisants, avant de remonter fort rapidement par la suite.

Le *modus operandi* des financiers en 1929 est mis en lumière dans un article de *Newsweek* en date du 30 mai 1936, autour de la démission du conseil de la Réserve fédérale de Ralph W. Morrison, qui y avait été désigné par Roosevelt :

> « L'avis unanime est que le conseil de la Réserve fédérale a perdu un homme de valeur. Il avait vendu à Insull ses actions dans des infrastructures texanes pour 10 000 000 $, puis il organisa en 1929 une réunion pour enjoindre à ses banques de liquider au plus tard au 1er septembre tous les prêts qu'elles avaient consentis sur leurs titres : elles traversèrent par conséquent la crise sans problèmes. »

Il était prévisible que tous les grands financiers traverseraient la crise « sans problèmes ». Ceux qui en souffrirent sont les travailleurs et les agriculteurs qui avaient placé leurs économies en Bourse afin de pouvoir s'enrichir rapidement, selon ce que leur avaient persuadé de faire le président des États-Unis Coolidge et le secrétaire au Trésor

Andrew Mellon.

Il y avait eu au Royaume-Uni des lanceurs d'alerte au sujet du krach à venir, mais la presse américaine ne les releva guère. Le 25 mai 1929, *The London Statist* alertait : « Aux États-Unis, selon toute vraisemblance les autorités financières appellent de leurs vœux une panique économique afin d'enrayer la spéculation ».

Dans son numéro du 11 mai 1929, *The London Economist* pronostiquait : « Les aléas de l'an dernier ont correspondu à l'apparition d'une technique inédite qui, si elle était gardée en usage et se développait, pourrait permettre de "rationner le spéculateur sans nuire au trader" ».

Le gouverneur Charles S. Hamlin cita cette phrase au cours des auditions du Sénat en 1931 afin de corroborer son propos : « C'était l'avis de plusieurs membres du conseil des gouverneurs : sucrer les crédits de la Réserve fédérale pour les spéculateurs, mais sans éclabousser les investisseurs ».

Le gouverneur Hamlin se dispensa de préciser que les « spéculateurs » qu'ils désiraient abattre n'étaient autres que les enseignants et commerçants de petites localités qui avaient placé leurs avoirs en Bourse, ni que les « investisseurs » qu'il désirait protéger étaient les principaux opérateurs de Wall Street : Bernard Baruch et Paul Warburg.

Quand la banque de réserve fédérale de New York releva ses taux pour les fixer à 6% le 9 août 1929, la mauvaise santé de la Bourse était déjà patente et la crise explosa avec l'émission d'ordres de vente dans des quantités stupéfiantes du 24 octobre jusqu'en novembre, ce qui balaya une valorisation de 160 000 000 $ en titres. Il s'agissait de 160 000 000 $ détenus par des citoyens américains un mois donné, et disparus le mois suivant. Nous pouvons nous figurer l'étendue de cette catastrophe si nous considérons que les colossales sorties d'argent et de marchandises au cours de la seconde guerre mondiale ne dépassèrent que de peu les 200 000 000 $, dont une bonne partie subsista sous la forme de titres négociables dans la dette nationale. Ce krach boursier est donc le plus grand malheur jamais subi par les États-Unis.

À l'occasion de son assemblée annuelle de janvier 1930, l'Académie des sciences politiques de l'université Columbia produisit un rapport d'autopsie sur le krach de 1929. Son vice-président Paul Warburg devait présider les débats, dans lesquels son administrateur Ogden Mills devait jouer un rôle essentiel. Ces deux personnalités préfèrent cependant se faire excuser. Le professeur Oliver M. W.

Sprague, de Harvard, fit cette observation à propos du krach : « Nous avons en l'espèce un remarquable cas d'école d'une chute de la Bourse vraisemblablement provoquée par son propre poids ».

On objecta qu'il n'y avait guère eu d'épuisement du crédit comme en 1893, ni de disette monétaire à l'instar de la panique de 1907 où il avait été nécessaire de recourir aux chambres de compensations, ni d'effondrement du cours des matières premières à la manière de 1920. Alors qu'est-ce qui fut à l'origine du krach ? Les investisseurs avaient acquis des acquisitions à des prix hauts en espérant que les cours continueraient de monter. Les cours devaient inéluctablement baisser, et c'est ce qu'il s'est passé. Pour les économistes et financiers réunis autour de leurs verres et de leurs cigares à l'hôtel *Astor*, il était évident que c'était la faute des citoyens. Ces derniers avaient sans aucun doute fait une erreur en acquérant des actions surévaluées, mais il convient de rappeler que toutes les personnalités de haut rang – à commencer par le président des États-Unis jusqu'à ses moindres relais – les avaient poussés en ce sens. Les périodiques nationaux, les grands quotidiens, les banquiers, les économistes et les hommes politiques en vue avaient tous alimenté ce grand délire consistant à recommander vivement aux Américains d'acheter des actions surcotées. Les gens se mirent à sortir du marché quand la banque de réserve fédérale de New York releva en août 1929 son taux directeur à 6%, ce qui aboutit à une panique tirant vers le bas les cours, les plaçant largement en dessous de leurs niveaux naturels. Comme les précédentes paniques, celle-ci permit à Wall Street ainsi qu'à des opérateurs étrangers initiés d'hériter frauduleusement de titres à une valeur de loin inférieure à la réalité.

Le krach de 1929 a en outre été l'occasion de former de gigantesques holdings – à l'instar de la Marine Midland Corporation, de la Lehman Corporation et de l'Equity Corporation – qui recueillirent ces titres et obligations bon marché. La J. P. Morgan Company mis sur pied en 1929 un trust agroalimentaire sans pareil : Standard Brands. Les monopolisateurs avaient trouvé une chance inouïe pour se développer et consolider leurs holdings.

Emmanuel Goldenweiser, directeur de recherches pour le système de la Réserve fédérale, confiait en 1947 : « Il est rétrospectivement évident que le conseil des gouverneurs aurait dû ignorer le développement de la spéculation et le laisser s'écrouler de lui-même ».

L'aveu de cette faute 18 années après les faits n'était qu'une maigre consolation pour tous ceux qui avaient perdu leurs économies au cours de la crise.

Le krach de Wall Street en 1929 provoqua une contraction du

crédit à l'échelle planétaire, jusqu'en 1932, et dont les démocraties ne se rétablirent que pour se réarmer en vue de la seconde guerre mondiale. Au cours de la crise, les banksters resserrèrent encore davantage leur contrôle grâce à leur soutien de trois escrocs notoires : les frères Sweringen, Samuel Insull et Ivar Kreuger. Ces individus accumulèrent des milliards de dollars dans des titres qui avaient atteint des sommets astronomiques. Les financiers qui les encourageaient et avaient introduit leurs actions en Bourse auraient pu les freiner n'importe quand, en exigeant le remboursement des prêts de moins d'1 000 000 $ qu'ils leur avaient octroyés, mais ils laissèrent ces boursicoteurs continuer leur aventure jusqu'à ce qu'ils aient incorporé dans des holdings – que les banques cueillirent ensuite pour quasiment rien – d'innombrables propriétés industrielles et financières. Insull se spécialisa dans les holdings d'infrastructures de tout le Middle West, que les banques récupèrent pour un rien de leur valeur réelle. Ivar Kreuger s'abritait derrière la Lee Higginson Company, l'un des établissements bancaires qui jouissaient de la plus grande renommée en Amérique. *The Saturday Evening Post* voyait en lui « davantage qu'un colosse de la finance », tandis que la revue anglaise *Fortnightly* constatait dans un billet de décembre 1931 intitulé « A Chapter in Constructive Finance » : « C'est en tant qu'irrigateur financier que Kreuger a acquis une importance cruciale pour l'Europe[123] ».

Si nous ne nous abusons, le titre d'« irrigateur financier » était attribué par le *Newsweek Magazine* à Jacob Schiff, lorsque cette revue racontait comment cet individu s'était accaparé avec l'argent des Rothschild les chemins de fer américains.

The New Republic commentait le 25 janvier 1933 dans un billet évoquant la Lee Higginson Company qui inonda le marché américain des titres Kreuger et Toll :

> « Sur 1 000 000 000 $, les trois quarts furent détournés. Qui fut à même d'intimer à la police française de taire plusieurs heures toute information concernant ce suicide à l'importance cruciale, juste le temps qu'un certain individu puisse revendre les actions qu'il

---

[123]Nous nous rappelons qu'Ivar Kreuger avait régulièrement été à la Maison-Blanche l'invité personnel de son vieil ami le président Herbet Hoover. Hoover semble avoir conservé des rapports cordiaux avec bon nombre d'escrocs notoires du XXe siècle, dont son compère Émile Francqui. L'instruction judiciaire de la fraude de Kreuger, évaluée à 1 000 000 000 $, incomba à Samuel Untermyer, ci-devant conseiller aux auditions de la commission Pujo.

possédait d'entreprises de Kreuger, quittant ainsi le marché avant le coup de tonnerre ? »

Le conseil de la Réserve fédérale aurait pu et dû contrôler l'immense et croissant crédit attribué à Insull et à Kreuger en se penchant sur les garanties qu'ils opposaient à leurs emprunts, mais les gouverneurs n'analysèrent guère les opérations de ces deux énergumènes.

En raison même des facilités de crédit qu'il suppose, le système bancaire moderne donne l'occasion – inconnue jusque-là pour des boursicoteurs tels que Kreuger – de faire croire que l'on jouit d'un capital abondant, ne reposant en réalité que sur des capitaux empruntés. Cela pousse le spéculateur à acheter, à partir de titres, d'autres titres. La quantité de ces derniers n'est limitée que par le seuil auquel les banques ne le soutiendront plus. Quand un spéculateur est soutenu par un établissement bancaire renommé, à l'instar de la Lee Higginson Company vis-à-vis de Kreuger, la seule manière de l'arrêter serait d'enquêter sur ses véritables ressources financières, qui – dans le cas Kreuger – étaient nulles.

Herbert Hoover gouvernait le peuple américain lors du krach de 1929 et au cours de la crise qui s'en ensuivit. Le président Hoover prit la parole après la première dégringolade des marchés (le 24 octobre 1929, avec 5 000 000 000 $ qui s'évanouirent) : « La base économique de notre nation, à savoir la production et la distribution de biens, repose sur des fondements sains et prospères ».

Andrew Mellon, son secrétaire au Trésor, lui emboîtait le pas le 25 décembre 1929 : « Les marchés publics sont dans une situation saine ». Cependant, l'Aluminium Company of America, sa société, se portait manifestement moins bien, étant donné qu'il avait diminué de 10% la rémunération de tous ses salariés.

The New York Times rapportait le 7 avril 1931 cette information :

« Montagu Norman, gouverneur de la Banque d'Angleterre, a rencontré ce jour le conseil de la Réserve fédérale. Mellon, Meyer et George L. Harrison (le gouverneur de la banque de réserve fédérale de New York) étaient là. »

La London Connection avait missionné Norman à ce moment-là afin de s'assurer que la Grande Dépression suivait le programme prévu. Le représentant McFadden avait émis une plainte, rapportée par *The New York Times* le 4 juillet 1930 : « Le prix des biens a retrouvé ses niveaux de 1913. Les salaires ont été poussés à la baisse en raison d'un surplus d'offre de main-d'œuvre représenté par nos 4 000 000 de chômeurs. L'emprise de Morgan sur le système de la Réserve fédérale se consomme par l'intermédiaire de sa domination au sein de la banque de réserve fédérale de New York, sans oublier la médiocrité des autorités de l'institution et la bienveillance du conseil de la Réserve fédérale à Washington.» Plus la crise empirait, plus l'étau des monopolisateurs se resserrait sur l'économie américaine, mais personne ne porta alors plainte contre les bandits qui contrôlaient tout le système.

CHAPITRE XIII

LES ANNÉES 1930

En 1930, Herbert Hoover désigna Eugene Meyer, J^r, un vieux copain du temps de la Grande Guerre, au conseil des gouverneurs de la Réserve fédérale. Son passé en matière de service de la nation, plutôt gratiné, remontait à 1915 et à l'époque où il était l'associé de Bernard Baruch au sein de l'Alaska-Juneau Gold Mining Company. Meyer avait été conseiller spécial du Comité des industries de guerre, au sujet des métaux non ferreux (or, argent, etc.) ainsi qu'assistant particulier du ministre de la Guerre pour la production d'avions. En 1917, il fut désigné au sein de la Commission nationale sur l'épargne de guerre, puis il devint entre 1918 et 1926 le président de la Société de financement de la guerre. Hoover le catapulta en 1930 au conseil de la Réserve fédérale, et Franklin D. Roosevelt institua en 1946 sa Banque pour la reconstruction et le développement.

Meyer devait être un individu doué de capacités hors du commun pour avoir été revêtu de fonctions si insignes... Plusieurs sénateurs estimèrent toutefois qu'il n'aurait jamais dû hériter de la moindre responsabilité gouvernementale, à cause de l'histoire de sa famille dont quelques membres avaient été des marchands d'or internationaux, mais aussi en raison de transactions douteuses autour de titres d'État au cours de la première guerre mondiale, dans des affaires à plusieurs milliards de dollars. Voilà la raison pour laquelle le Sénat organisa des auditions pour déterminer si Meyer pouvait être habilité à présider le conseil de la Réserve fédérale.

Au cours de ces audiences, le représentant Louis T. McFadden – président de la commission sur la banque et la monnaie de la Chambre des représentants – prit la parole :

« Depuis le commencement de ses services publics en 1917, Eugene Meyer, J^r, a constitué sa propre équipe. Son entourage de la Société de financement de la guerre prit l'ascendant sur le Système fédéral des prêts agricoles, puis, presque aussitôt ensuite, la Kansas City Join Stock Land Bank l'Ohio Joint Stock Land Bank déposèrent le bilan.

Représentant Rainey. – Quand M. Meyer démissionna symboliquement de ses fonctions au faîte du comité aux prêts agricoles fédéraux, il n'y cessa pas ses activités pour autant. Derrière lui, il avait laissé en place un groupe efficace de démolisseurs. Ils prolongèrent ses politiques, prenant leurs ordres auprès de lui. Avant sa promotion, il était fréquemment en lien avec Dewey, secrétaire-adjoint au Trésor. Juste avant sa nomination, la Chicago Joint Land Stock Bank, la Dallas Joint Stock Land Bank, la Kansas City Joint Land Stock Bank et la Des Moines Land Bank fonctionnaient toutes correctement, avec des obligations vendues à parité. Le commissaire à l'Agriculture de l'époque s'était entendu avec le secrétaire Dewey pour que rien ne pût être fait sans la consultation et l'accord du Comité aux prêts agricoles fédéral. Quelques jours plus tard, les *marshals* des États-Unis, le revolver à la ceinture, pénétrèrent dans ces banques, le cas échéant en dégainant, afin d'exiger qu'elles leur échussent. La nouvelle de cet événement se répandit dans toute l'Amérique à l'instigation de la presse, et ces établissements se retrouvèrent ruinés. Cela déboucha sur le remaniement du vieux Comité fédéral aux prêts agricoles, à la démission de trois de ses membres et à la désignation de M. Meyer à sa présidence.

Sénateur Carey. – Qui donc permit aux *marshals* de saisir ces établissements ?

Représentant Rainey. – Le secrétaire-adjoint au Trésor, Dewey. Cela sonna le début de la fin pour toutes ces banques rurales, que Giannini racheta à la pelle. »

World's Work rapportait dans son numéro de février 1931 :

« Lorsque la Grande Guerre débutait pour nous, en 1917, M. Eugene Meyer, J^r, figurait parmi les premiers individus appelés à Washington. Le président Wilson le désigna en avril 1918 à la tête de la Société de financement de la guerre, celle-là même qui prêta 700 000 000 $ aux établissements bancaires et financiers. »

Voici la suite des auditions concernant Eugene Meyer, J^r, au Sénat :

« **Représentant McFadden**. – L'établissement bancaire international de New York et Paris Lazard Frères était la maison financière de la famille Meyer. Il apparaît régulièrement dans les importations et exportations d'or, tandis que l'une des compétences essentielles du système de la Réserve fédérale concerne les mouvements des métaux précieux dans l'exercice de ses différentes attributions. Jeudi dernier, le sénateur Fletcher a posé cette question à M. Meyer : "Avez-vous un lien quelconque avec des affaires financières internationales ?" Ce à quoi M. Meyer a répliqué : "Moi ? Pas à titre personnel." Pourtant, si nous jetons un œil sur les minutes de ces audiences, cette question-là et la réponse qui s'y rapporte sont absentes de la transcription dactylographiée. Le sénateur Fletcher se souvient quant à lui très bien de sa question et de la réponse. Cette absence est pour le moins singulière...

Sénateur Brookhart. – J'en déduis que M. Meyer l'a relue pour la faire corriger.

Représentant McFadden. – M. Meyer est le beau-frère de George Blumenthal, un membre de la J. P. Morgan Company, représentant les intérêts des Rothschild. Il est en outre un agent de liaison entre le gouvernement français et J. P. Morgan. Edmund Platt, auquel il restait encore huit années de mandat de gouverneur au sein du conseil de la Réserve fédérale, a démissionné et laissé sa place vacante pour M. Meyer. Alfred A. Cook, le beau-frère de ce M. Meyer, a offert à Platt la vice-présidence de la Marine Midland Corporation. En tant que directeur de la Société de financement de la guerre, Eugene Meyer, J^r, plaça 2 000 000 000 $ dans des obligations d'État dont un grand nombre d'ordres furent dans un premier temps confiés à des établissements bancaires aujourd'hui sis au 14 Wall Street, à l'adresse d'Eugene Meyer, J^r, en personne. M. Meyer est de nos jours un important actionnaire de l'Allied Chemical Corporation. J'attire votre attention sur le rapport de la Chambre des représentants n° 1635, 68e Congrès, 2e session, révélant qu'au minimum 24 000 000 $ en bons du Trésor furent dupliqués. Des bons du Trésor d'une valeur de 10 000 000 000 $ ont été subrepticement détruits. Notre commission sur la banque et la monnaie a établi que les résultats de la Société de financement de la guerre sous la houlette d'Eugene Meyer, J^r, avaient été particulièrement déficients. Notre commission a découvert que les archives comptables officielles présentées à notre commission et rapportées chaque nuit au Trésor par les personnes qui en avaient la charge subissait des altérations. »

Ses antécédents dans le service de la nation n'empêchèrent point Eugene Meyer, J^r, de continuer à servir le peuple américain su sein du conseil de la Réserve fédérale, en tant que président de la Société de financement de la reconstruction et à la responsabilité de chef de la Banque internationale.

Interrogé sur son soudain souhait de miser sur les compétences d'Edmund Platt, le président de la Marine Midland Corporation Rand répondit : « Nous rémunérons M. Platt 22 000 $ l'année et, bien évidemment, nous avons également débauché son secrétaire » – ce qui représentant 5 000 $ supplémentaires par an.

Le sénateur Brookhart prouva qu'Eugene Meyer, J^r, avait administré le Comité fédéral aux prêts agricoles contre les intérêts des exploitants agricoles américains : « Sur les 500 000 000 $ de capital dont disposait l'institution, M. Meyer n'en a jamais prêté plus de 180 000 000, ce qui démontre qu'il n'a même pas été capable d'utiliser ne serait-ce que la moitié des fonds destinés à aider les agriculteurs.

M. Meyer. – Le sénateur Kenyon m'a écrit, dans une lettre, pour saluer ma coopération aux intérêts supérieurs des habitants de l'Iowa.

Sénateur Brookhart. – Vous vous y êtes rendu pour adopter publiquement une attitude contraire à celle des banksters de Wall Street. Ces derniers missionnent toujours quelqu'un pour cette besogne. Dans vos propos, je n'ai pas encore identifié grand-chose qui puisse manifester votre volonté d'octroyer aux agriculteurs en général des prêts, ni même qui puisse signaler des efforts authentiques en vue d'améliorer leurs conditions. Par rapport aux capitaux dont vous disposiez, vous n'avez accordé que fort peu de prêts au cours des deux années que vous avez passées à la direction du Comité fédéral aux prêts agricoles. D'après vos propres mots, vous n'avez répondu favorablement qu'à un huitième des demandes. »

Malgré ces éléments accablants soulevés lors des auditions sénatoriales, Eugene Meyer, J^r, conserva son siège au conseil de la Réserve fédérale.

Louis McFadden, président de la commission sur la banque et la monnaie de la Chambre des représentants, poursuivit en ces temps tragiques sa croisade solitaire contre la London Connection qui avait mis sens dessus dessous la maison américaine. McFadden s'adressait ainsi à la Chambre des représentants le 10 juin 1932 :

« Diverses personnes croient que les banques de la Réserve fédérale sont des institutions gouvernementales des États-Unis. Ce ne sont pourtant pas des institutions gouvernementales. Il s'agit de monopoles privés sur le crédit, exploitant le peuple américain pour leurs bénéfices propres et ceux de leurs relais à l'étranger. Les banques de la Réserve fédérale sont les correspondantes des banques centrales étrangères. Henry Ford l'a dit : "Le seul objectif de ces financiers est de contrôler le monde entier par la création de dettes inextinguibles". Le fait est que le conseil de la Réserve fédérale a usurpé le pouvoir des États-Unis en monopolisant avidement leur crédit, savamment exploité par le conseil et les banques de la Réserve fédérale. »

Le 13 janvier 1932, McFadden présenta une résolution d'impeachment du conseil des gouverneurs de la Réserve fédérale au grief d'un « complot criminel » :

« Je les accuse, individuellement et collectivement, des crimes de conspiration et de trahison, d'avoir œuvré contre la paix et la sûreté de l'Amérique, ainsi que d'avoir comploté pour l'annihilation du gouvernement constitutionnel des États-Unis. La commission judiciaire est habilitée à enquêter (dans son ensemble ou à travers une sous-commission) sur la gestion officielle du conseil des gouverneurs de la Réserve fédérale et ses agents pour déterminer, de l'avis de ladite commission, si les accusés sont coupables d'un crime ou délit important qui, selon ce que prévoit la Constitution, exigerait l'intervention des prérogatives constitutionnelles de la Chambre des représentants. »

Cette résolution resta lettre morte, mais McFadden revint à la charge le 13 décembre 1932, avec cette fois-ci une procédure en impeachment contre le président Herbert Hoover. Seuls cinq parlementaires le suivirent… et sa résolution fut rejetée. Le chef de file de la majorité républicaine au sein de la Chambre des représentants eut cette sentence : « Désormais, Louis McFadden est politiquement mort ».

McFadden présenta le 23 mai 1933 sa résolution parlementaire n° 158 « Articles of Impeachment » contre le secrétaire au Trésor, deux secrétaires-adjoints au Trésor, le conseil des gouverneurs de la Réserve fédérale ainsi que contre des fonctionnaires et dirigeants des banques de la Fed pour leurs responsabilités et leur collusion dans le déclenchement de la Grande Dépression :

« Je les accuse d'avoir illicitement détourné 80 000 000 000 $ au détriment du gouvernement des États-Unis en 1928, en relançant illégalement une action de remboursement aux dépens du Trésor américain pour une valeur de 80 000 000 000 $ au cours de l'année 1928 et de celles qui suivirent, ainsi que d'avoir volé le gouvernement et le peuple américain en leur dérobant et en cédant leurs réserves d'or. »

La résolution ne fut jamais étudiée par l'assemblée. Un bruit se répandit à Washington, selon lequel McFadden avait perdu l'usage de la raison ; à l'occasion des élections législatives qui suivirent, il fut largement battu grâce aux milliers de dollars déversés en Pennsylvanie dans sa circonscription de Canton.

Les citoyens américains élurent en 1932 Franklin D. Roosevelt à la Maison-Blanche. Son élection fut saluée comme étant une libération pour le peuple des États-Unis après les influences néfastes qui avaient conduit à la Grande Dépression. On voulait y voir la fin de la prédominance de Wall Street, de même que l'évanouissement du gendarme financier de Washington.

Roosevelt devait sa carrière politique à un clin d'œil du hasard. Investi de la fonction de secrétaire-adjoint à la Marine pendant la première guerre mondiale, il s'était levé – en vertu de liens anciennement tissés au collège et à l'Université – pour faire avorter des poursuites contre bon nombre d'invertis au sein de la Navy, parmi lesquels figuraient quelques-uns de ses anciens camarades de Groton et Harvard. Cette intervention lui attira les sympathies d'une cohorte internationale d'homosexuels fortunés dont il conserva les faveurs et qui avaient du poids à New York comme à Paris. On y trouvait Bessie Marbury, d'une vieille famille new-yorkaise très connue. La « femme » de Bessie, qui vivait en sa compagnie depuis de longues années, était Elsie de Wolfe, devenue ensuite lady Mendl au gré d'un mariage de raison. Elle arbitrait ce petit monde internationaliste. Bessie et Elsie posèrent leur dévolu sur Anne Morgan – la benjamine des filles de J. P. Morgan – et la recrutèrent pour leur cercle, mettant sa fortune à contribution pour restaurer la villa Trianon près de Paris, laquelle devint leur quartier général. Cette villa fit office d'hôpital pendant la première guerre mondiale. Bessie Marbury désirait obtenir du gouvernement français la Légion d'honneur, mais J. P. Morgan, J^r, – qui la détestait parce qu'elle avait corrompu sa plus jeune sœur – pria ce gouvernement de lui refuser cette décoration. Fâchée de cet échec, Bessie Marbury se lança en politique et devint une personnalité influente du Parti national démocrate aux États-Unis. Entre autres, elle s'était entourée d'Eleonore Roosevelt et, au cours d'une promenade au Hyde Park, Eleonore lui confia qu'elle cherchait désespérément une occupation pour son « pauvre Franklin » cloué dans un fauteuil roulant et glissant vers la dépression.

« Je sais ce que nous allons faire ! s'exclama Bessie. Nous allons le présenter au mandat de gouverneur de l'État de New-York ! » Elle accomplit sa mission grâce à son influence, et Roosevelt serait par la suite élu à la présidence des États-Unis.

Earl Bailie, de la J. & W. Seligman Company, faisait partie des individus que Roosevelt avait fait venir à New York. Il le nomma à la fonction de conseiller spécial près le Trésor. Il devait sa renommée à l'enveloppe de 415 000 $ remise à Juan Leguia, fils du président du Pérou, afin que son père acceptât un prêt de la J. & W. Seligman Company. Cette nomination suscita donc un véritable tollé, si bien que Roosevelt renvoya Earl Bailie à New York pour conserver son aura de défenseur du peuple.

Franklin Roosevelt était lui-même un financier international de sinistre mémoire, ayant introduit à la Bourse de New York dans les années 1920 d'importantes émissions d'obligations étrangères. Ces obligations ne furent guère remboursées et les Américains y perdirent des millions de dollars. Cela ne les dissuada cependant pas d'élire ce même Franklin Roosevelt à la Maison-Blanche. *The New York Directory of Directors* mentionne M. Roosevelt en tant que PDG d'United European Investors, Ltd. en 1923 et 1924, qui introduisit en Amérique des millions de marks allemands qui perdirent toute leur valeur. Le *Poor's Directory of Directors* le cite comme administrateur de l'International Germanic Trust Company en 1928. Franklin D. Roosevelt était en outre conseiller de la Federal International Banking Corporation, une société anglo-américaine commercialisant des titres étrangers aux États-Unis.

Au cours de la décennie 1920, le cabinet d'avocat de Roosevelt – Roosevelt & O'Connor – représentait nombre de multinationales. Son associé Basil O'Connor siégeait dans plusieurs conseils d'administration : Cuban-American Manganese Corporation, Venezuela-Mexican Oil Corporation, West Indies Sugar Corporation, American Reserve Insurance Corporation, Warm Springs Foundation, entre autres sociétés. Par la suite, il dirigerait la Croix-Rouge américaine.

Une fois investi des fonctions de président des États-Unis, Franklin Roosevelt se choisir pour directeur du Budget James Paul Warburg – le fils de Paul Warburg – qui vice-présidait la Banque internationale d'acceptations et était administrateur de diverses sociétés. Roosevelt désigna à la responsabilité de secrétaire au Trésor W. H. Woodin, l'un des principaux industriels américains, administrateur de l'American Car Foundry Company et de bien d'autres usines de premier ordre, de Remington Arms, de la Cuba Company, de Consolidated Cuba Railroads et de diverses autres entreprises majeures.

Woodin serait ensuite remplacé par Henry Morgenthau, Jr, le fils du promoteur immobilier de Harlem qui avait contribué à l'accession à la Maison-Blanche de Woodrow Wilson. Les promesses de changements radicaux faites par Roosevelt avaient peu de chances d'être tenues avec une telle équipe... L'un de ses derniers actes fut un moratoire favorable aux banquiers, pour leur permettre de redorer leur blason.

Laissons la parole à *World's Work* : « Le Congrès a concédé à Charles G. Dawes et à Eugene Meyer, Jr, la liberté d'évaluer d'après leurs critères propres les garanties que les éventuels emprunteurs de 2 000 000 000 $ peuvent offrir ».

Par ailleurs, Roosevelt institua la Securities Exchange Commission afin d'empêcher la survenue de nouveaux venus dans le gang de Wall Street. Cette commission suscita les débats suivants au Congrès :

« **Représentant Wolcott**. – Au cours des audiences de cette commission en 1933, des économistes ont produit des graphiques montrant sans le moindre doute possible que les matières premières cotées en dollars suivaient le cours de l'or. Ce n'était guère le cas, n'est-ce pas ?

Leon Henderson. – Exactement.

Représentant Gifford. – N'est-ce pas Joe Kennedy qui fut choisi [en tant que président de la SEC] par le président Roosevelt en raison de ses sympathies pour le grand capital ?

Leon Henderson. – Sans doute. »

En 1935, Paul Einzig remarquait :

« Le président Roosevelt fut le premier à se dire publiquement favorable à une politique monétaire ouvertement censée faire grimper les prix. Sa politique fut couronnée de succès dans un sens négatif. De 1933 à 1935, il parvint à réduire l'endettement privé, mais cela ne fut possible que par l'augmentation de la dette publique ».

En d'autres termes : dans la mesure où les riches sont faciles à compter alors que les pauvres sont innombrables, il a allégé le fardeau de l'endettement pesant sur ces premiers en le déplaçant vers ces seconds.

Le sénateur Robert L. Owen témoigna en 1938 à la commission sur la banque et la monnaie de la Chambre des représentants :

« J'avais introduit dans le projet de loi que le Sénat m'avait transmis le 26 juin 1913 un amendement selon lequel les compétences de la Réserve fédérale devaient être utilisées pour promouvoir la stabilité des prix, c'est-à-dire qu'un dollar puisse conserver un pouvoir d'achat stable et permettre de faire sereinement face aux remboursements de dettes. Cette proposition fut rejetée. De puissants intérêts financiers prirent l'ascendant sur le conseil des gouverneurs de la Réserve fédérale dans les personnes de Paul Warburg, Strauss et Adolph C. Miller qui organisèrent une rencontre secrète le 18 mai 1928 et furent à même de causer une contraction du crédit si violente qu'elle abandonna 5 000 000 d'Américains aux affres du chômage. Le conseil de la Réserve provoque volontairement en 1920 la panique de l'année suivante. Les mêmes énergumènes, œuvrant dans la licence la plus totale en Bourse et ayant étendu de 1926 à 1929 notre crédit bien au-delà des bornes du raisonnable, firent grimper le cours des actions jusqu'à des sommets tels qu'il n'était plus guère possible de percevoir des dividendes ; or, quand les actionnaires s'en rendirent compte, ils cherchèrent à sortir du marché, ce qui eut pour conséquence le krach du 24 octobre 1929. »

Le sénateur Owen ne cherchait pas à établir si le conseil de la Réserve fédérale pouvait être tenu pour responsable vis-à-vis de l'opinion publique. En réalité, il ne pouvait point l'être : ses membres étaient des fonctionnaires désignés par les présidents, tandis que leurs rémunérations étaient consenties par les actionnaires privés des banques de la Fed.

W. P. G. Harding, l'un des gouverneurs du conseil de la Réserve fédérale, attestait en 1921 que :

« La Fed est une institution détenue par les banques membres qui en sont actionnaires. Le gouvernement ne possède pas un seul dollar de son capital. »

Le gouvernement américain a pourtant bel et bien confié au système de la Réserve fédérale l'utilisation de ses milliards de dollars de crédit, ce qui donne à cette institution la qualité de banque centrale ayant le pouvoir de battre de la monnaie sur le crédit de l'État. Les billets de banque fédéraux ne constituent ni des devises du gouvernement fédéral, ni de la monnaie adossée sur l'or. Ce sont juste les billets de banque de la Réserve fédérale, émis par les banques de la Fed : chaque dollar que celles-ci impriment est un dollar qui tombe dans leur poche.

En 1930, W. Randolph Burgess – de la banque de réserve fédérale de New York – expliquait à l'Académie des sciences politiques :

« À regarder ses principaux modes d'action, le système de la Réserve fédérale ne diffère en rien des autres banques d'émission que sont la Banque d'Angleterre, la Banque de France et la Reichsbank ».

Ces différentes banques centrales disposent du pouvoir d'émettre les devises de leurs États respectifs. De cette façon, en Europe, les populations n'ont pas la main sur leur propre monnaie, et les Américains pas davantage de ce côté-ci de l'océan. La monnaie se retrouve imprimée de façon privée en vue de profits privés. Le peuple n'a plus la moindre souveraineté sur sa monnaie, et la conséquence de ce fait est la perte de son autorité sur les questions politiques importantes, à l'instar de la politique étrangère.

Sous la forme de banque centrale d'émission, le système de la Réserve fédérale peut s'appuyer sur la totalité des richesses incommensurables du peuple des États-Unis. Quand elle commençait ses activités en 1913, elle incarnait une menace importante pour les banques centrales des États européens appauvris. Dans la mesure où elle s'asseyait sur une richesse immense, elle attira dans les années 1920 beaucoup plus d'or que ce qui était souhaitable, et il devint rapidement manifeste que tout l'or de la planète devait se diriger vers l'Amérique. Cela rendrait l'étalon-or impossible en Europe, étant donné qu'il ne s'y trouverait plus d'or pour garantir les émissions de devises et le crédit. En 1927, à l'issue d'une rencontre secrète avec les autorités de banques centrales étrangères, l'objectif premier de la Réserve fédérale fut de faire en sorte que d'importantes quantités d'or retournassent vers le vieux continent. Pour y parvenir, elle employa diverses méthodes : le maintien de taux d'intérêt très bas et l'achat massif de bons du Trésor des États-Unis pour produire de la monnaie nouvelle dans des proportions astronomiques, ce qui intensifia les spéculations boursières et prépara la catastrophe nationale du krach de Wall Street et de la crise subséquente.

Comme le système de la Réserve fédérale était coupable d'avoir causé cette catastrophe, nous aurions pu croire que ses dirigeants se seraient efforcés de la limiter. Ceux-ci vinrent pourtant aggraver la détresse des citoyens américains au cours des années noires 1931 et 1932, en ne faisant rien pour les secourir. Cela était encore plus grave que le complot même qui avait été à l'origine de la crise. Quiconque a connu les États-Unis de cette époque se souviendra du chômage de masse, de la pauvreté et d'Américains mourant de faim, alors que le conseil de la Réserve fédérale aurait pu agir à tout moment pour atténuer ces malheurs.

Le problème était de remettre un peu d'argent dans le circuit. Tellement d'argent normalement destiné à payer son loyer, sa nourriture et ses factures avait été accaparé par Wall Street qu'il n'en restait plus pour l'économie réelle et la vie de tous les jours. En bien des endroits, des citoyens imprimèrent leur propre monnaie sur du papier ou du bois afin de l'utiliser au sein de leurs communautés – et cet argent avait de la valeur, dans la mesure où il répondait aux besoins réciproques des personnes qui l'utilisaient.

Le système de la Réserve fédérale était une banque centrale d'émission. Elle avait la possibilité d'émettre des millions de dollars, et c'est ce qu'elle faisait quand c'était à l'avantage de ses commanditaires. Pourquoi ne le fit-elle point en 1931 et 1932 ? Les banksters de Wall Street étaient lassés de Hoover et désiraient voir Franklin D. Roosevelt prendre le pouvoir, porté par la vague de l'enthousiasme suscité par un homme providentiel. Il convenait donc que le peuple d'Amérique eût faim et souffrît jusqu'en mars 1933, quand le sauveur de la patrie arriverait auréolé de gloire et entouré de son équipe de voyous de Wall Street devant remettre en circulation un peu d'argent. C'est aussi simple que cela ! Du moment où Roosevelt fut investi de la présidence, la Réserve fédérale se mit à acheter des bons du Trésor au rythme de 10 000 000 $ dix semaines durant, produisant de la sorte 100 000 000 $ d'argent tout neuf et remédiant à une grave pénurie de crédit et de monnaie : les usines se remirent à embaucher.

Sous l'administration Roosevelt, le conseil de la Réserve fédérale consistait – vis-à-vis du grand public – en la personne de Marriner Eccles, un rejeton et un admirateur du « Chef ». Eccles, banquier de l'Utah, était le président de la First Securities Corporation, un fonds d'investissement familial rassemblant un grand nombre de banques qu'Eccles avait reprises à prix cassé au cours de la crise agricole de 1920-1921. Eccles siégeait en outre au conseil d'administration d'importantes sociétés, à l'instar de la Pet Mil Company, de la Mountain States Implement Company ou encore d'Amalgamated Sugar. De par son statut de grand financier, Eccles était totalement dans la ligne du cénacle des puissants qui manipulaient Roosevelt.

Il y eut au Congrès quelques débats sur l'aptitude d'Eccles à siéger au sein du conseil de la Réserve fédérale, à cause de toutes les banques qu'il détenait dans l'Utah. Il assura alors qu'il n'avait que peu d'implication dans la First Securities Corporation… hormis le fait qu'il en était le président. En conséquence, il fut confirmé dans sa nomination à la présidence du conseil des gouverneurs.

Eugene Meyer, J^r, avait alors démissionné de ce conseil afin d'avoir davantage de temps pour prêter les 2 000 000 000 $ de la Société de financement de la reconstruction en évaluant, en fonction de ses critères personnelles, la fiabilité des garanties proposées.

Le Banking Act de 1935 accrut largement les prérogatives de Roosevelt sur les finances des États-Unis. Il faisait partie intégrante de la législation qu'il avait projetée pour allonger la durée de son influence en Amérique. Le texte ne se heurta à aucune résistance populaire, contrairement au National Recovery Act, car il ne violentait pas les libertés aussi ouvertement. Cette loi eut pourtant un grand impact : elle allongeait tout d'abord la durée du mandat des gouverneurs de la Fed à 14 ans, soit trois fois et demie la durée du mandat présidentiel. Cela voulait dire qu'un président en fonction potentiellement hostile à cette institution demeurerait incapable d'y installer une majorité qui lui serait favorable. De cette manière, toute politique monétaire initiée avant l'investiture d'un nouveau président se continuerait quels que soient les désirs de ce dernier…

En outre, le Banking Act de 1935 abrogea la clause Glass-Steagall de la précédente législation bancaire de 1933, laquelle précisait qu'un établissement bancaire ne pouvait en même temps agir en tant que banque d'investissement et opérer en Bourse. Cette limitation était excellente, dans la mesure où elle interdisait à un établissement bancaire de prêter de l'argent à une entité de sa propriété. Il convient tout de même de se souvenir de ce que cette clause servait de couverture à plusieurs autres dispositions de ce même texte, à l'instar de la fondation de la Federal Deposit Insurance Corporation incarnant une assurance de 150 000 000 $ afin de garantir les dépôts à hauteur de 15 000 000 000 $. Ceci augmentait le pouvoir des grandes banques sur les petites, leur donnant une nouvelle occasion de réclamer des enquêtes sur ces dernières. La législation de 1933 avait également établi que les revenus des banques de la Fed devaient tous, en vertu de la loi, revenir à ces banques elles-mêmes : la disposition législative selon laquelle le gouvernement étant censé participer aux profits était annulée. Cet élément n'avait de toute façon jamais été appliquée, et l'augmentation des actifs des banques de la Réserve fédérale – lesquelles grimpèrent de 143 000 000 $ en 1913 à 45 000 000 000 en 1949 – fut intégralement captée par les actionnaires privés de ces banques de réserve. Il se trouve par conséquent que l'unique élément positif de la loi de 1933 était aboli par celle 1935 : les banques de la Fed étaient dorénavant habilitées à prêter directement à l'industrie, faisant de la concurrence déloyale aux banques classiques affiliées au système, incapables d'égaler ses capacités d'octroi de sommes importantes.

L'abrogation de la clause stipulant qu'une banque ne pouvait à la fois se consacrer à des opérations boursières et à des activités de banque d'investissement donna lieu à une interview de son auteur Carter Glass avec plusieurs journalistes :

« – Cela signifie-t-il que J. P. Morgan peut reprendre des activités de banque d'investissement ?

– Eh bien, pourquoi pas ! répondit le sénateur Glass. Il y a eu à travers tout le pays une levée de boucliers contre le fait que ces banques ne puissent consentir des prêts. Les Morgan peuvent désormais reprendre leurs affaires de financement. »

Comme une telle clause leur avait été défavorable, les financiers avaient tout bonnement pris des mesures limitant l'octroi de prêts, jusqu'à ce que celle-ci n'eût plus lieu d'être.

Voici ce que *Newsweek* remarquait dans sa livraison du 14 mars 1936 :

« Le conseil de la Réserve fédérale s'est séparé de neuf des présidents des banques de réserve, expliquant "entretenir le souhait de faire de la présidence de ces banques de réserve une fonction essentiellement honorifique et à temps partiel". »

Ce n'était qu'une nouvelle manifestation de la centralisation du contrôle du système de la Réserve fédérale. L'organisation en districts régionaux n'avait jamais été un élément clef du choix des politiques monétaires, et le conseil des gouverneurs de Washington ne lésinait pas sur ses effectifs.

En 1934, au cours des auditions consacrées aux réserves d'or, le président de la commission sur la banque et la monnaie du Sénat avait posé cette question : « N'est-il pas vrai, Monsieur le Gouverneur Young, que le secrétaire au Trésor a, ces douze dernières années, dominé les décisions des banques de la Réserve fédérale concernant l'achat de bons du Trésor des États-Unis ? »

Le gouverneur Young nia l'allégation, mais il fut largement mis en lumière que le gouverneur de la Banque d'Angleterre, Montagu Norman, s'était directement rendu – au cours de ses deux brefs séjours en Amérique, en 1927 et 1929, afin de définir les politiques de la Fed – auprès du secrétaire au Trésor Andrew Mellon pour obtenir de lui l'achat de bons du Trésor américain sur l'open-market et, de la sorte, commencer à faire en sorte que de l'or quittât le sol américain et revînt vers l'Europe.

Ces auditions sur les dépôts d'or éclaboussèrent d'autres personnalités qui avaient bien plus qu'un intérêt modeste dans les activités de la Réserve fédérale. Un certain James Paul Warburg, revenant tout juste avec le professeur O. M. W. Sprague et Henry L. Stimpson de la conférence économique de Londres, se présenta et suggéra que l'on modernisât l'étalon-or. Frank Vanderlip émit l'hypothèse de supprimer le conseil de la Réserve fédérale pour lui substituer une Autorité monétaire fédérale. Il n'y aurait eu en cela aucune différence pour les financiers new-yorkais qui auraient, de toute façon, pu choisir son personnel.

Un critique de longue date du système, le sénateur Robert L. Owen, tint ces propos :

> « Les Américains ignoraient que les banques de la Réserve fédérale étaient étudiées pour engranger des bénéfices. Si leur but était de stabiliser le crédit et la masse monétaire de la nation, celui-ci n'a guère été atteint. En fait, nous avons traversé des variations inouïes du pouvoir d'achat du dollar depuis que ce système est en place. Les hommes de la Fed sont sélectionnés par les grandes banques lors de procédures particulièrement discrètes, et ils s'alignent scrupuleusement sur les idées qu'on leur dit être les conceptions financières les plus hautes. »

Benjamin Anderson, économiste de la Chase National Bank de New York, déclarait : « En ce moment, en 1934, nous avons en réserve 900 000 000 $ d'excédents. En 1924, en raison d'une augmentation des réserves de 300 000 000 $, nous eûmes rapidement 3 à 4 000 000 000 $ d'expansion du crédit bancaire. Cet argent supplémentaire fut distribué en 1924 par les banques de la Réserve fédérale par l'achat de bons du Trésor, et ce fut la source de la croissance débridée du crédit bancaire. Les banques continuèrent de bénéficier de réserves excédentaires, dans la mesure où l'or affluait toujours et où, dès qu'il y avait un ralentissement, les autorités de la Fed produisaient un peu plus de monnaie, ce qui s'est freiné en 1926 : cette année-là, les choses ont légèrement changé. Par la suite, en 1927, un peu moins de 300 000 000 $ ont été répandus, calculés sur les réserves additionnelles, ce qui enclencha des troubles boursiers, et nous conduisit en 1929 droit dans le mur. »

Le docteur Anderson poursuivait :

> « L'argent des banques de la Réserve fédérale est de l'argent qu'elles ont créé. Quand elles achètent des titres d'État, elles créent des réserves. Elles paient les titres d'État en se faisant à elles-mêmes des chèques, et ces chèques sont transmis aux banques commerciales qui les déposent dans les banques de la Fed pour qu'ensuite de l'argent qui n'existait pas avant puisse

exister...

Sénateur Bulkley. – Cela ne multiplie-t-il pas l'argent en circulation ?

Anderson. – Non. »

Voilà l'explication de la méthode utilisée par les banques de la Réserve fédérale pour accroître leurs actifs, les augmentant en 35 années de 143 000 000 $ à 45 000 000 000 $. Elles n'ont rien produit (il s'agit de sociétés strictement non productives), et elles ont pourtant engrangé un immense profit exclusivement grâce à la production de monnaie, dont 95% sous la forme de crédit, n'ajoutant rien à l'argent réellement en circulation. Ces sommes n'ont pas été distribuées aux Américains à la manière de salaires et elles n'ont pas davantage amélioré le pouvoir d'achat des agriculteurs et des travailleurs. Il s'agissait d'argent scriptural produit par les financiers pour leur propre usage et profit, ce qui a accru leurs richesses de plus de 40 000 000 000 $ en quelques années, parce qu'ils s'étaient accaparé en 1913 le contrôle du crédit de l'État à travers l'adoption du Federal Reserve Act.

Marriner Eccles avait lui aussi beaucoup à dire sur la production de monnaie. Il se percevait lui-même comme étant un économiste et il avait été introduit dans les hautes sphères gouvernementales par Stuart Chase et Rexford Guy Tugwell, deux conseillers « spéciaux » de Roosevelt de longue date. De tout le gang Roosevelt, Eccles fut le seul à être resté à la même fonction tout le temps de son administration.

Le gouverneur Eccles répondit à la commission sur la banque et la monnaie de la Chambre des représentants :

« La monnaie est créée à partir du droit d'émettre de l'argent scriptural ».

En 1913, le fait d'abandonner le crédit de l'État à des financiers du secteur privé les investissait de pouvoirs illimités quant à la production de monnaie. Le système de la Réserve fédérale pouvait en retour détruire de la monnaie en grande quantité grâce à ses transactions sur l'open-market. Citons Eccles lors des auditions sur l'argent en 1939 : « En vendant des obligations sur l'open-market, on efface des réserves ».

Effacer des réserves : cela revient à annuler le fondement de l'émission de monnaie et de crédit, ou bien à restreindre la monnaie et le crédit, un outil souvent même davantage favorable aux financiers que la production monétaire. Retirer de l'argent du marché ou le détruire confère au financier un contrôle immédiat et total sur la situation économique, étant donné qu'il devient le seul à avoir de l'argent et à pouvoir en créer en période de pénurie monétaire. Les paniques monétaires de 1873, 1893, 1920-1921 et 1929-1931 s'étaient caractérisées par un retrait d'argent fiduciaire. Du point de vue de la théorie économique, cela ne semble pas si terrible, mais quand il s'agit pour un employeur de diminuer des trois quarts sa masse salariale parce qu'il ne peut plus trouver d'argent pour l'assumer, l'énorme responsabilité de ces financiers et la longue guirlande de souffrances et de misères dont ils sont coupables me font penser qu'aucun jugement ne serait trop sévère pour punir les crimes qu'ils ont perpétrés contre leurs semblables.

Le gouverneur Eccles déclarait le 30 septembre 1940 :

« Dans notre système monétaire, sans dette il n'y aurait pas d'argent ».

C'est une juste évaluation de notre système monétaire. Plutôt que de créer l'argent grâce à la production des Américains (*id est* la croissance annuelle des biens et services), celui-ci est produit par les banquiers à partir des dettes. Ce système monétaire étant inadéquat, il est nécessairement soumis à d'importantes fluctuations, le rendant foncièrement instable. Ces variations sont cependant l'origine de grands profits : c'est pour cela que le conseil de la Réserve fédérale s'est toujours levé contre toute proposition visant à stabiliser les mécanismes monétaires. Son opinion se dévoile sans ambages dans la lettre d'Eccles, président du conseil des gouverneurs, adressée le 9 mars 1939 au sénateur Wagner ainsi que le 13 mars 1939 dans un rapport émanant de la Fed.

Lisons quelques lignes du président Eccles :

« [...] nous vous signalons que le conseil des gouverneurs du système de la Réserve fédérale n'est guère favorable à l'adoption du projet de loi n° 31 au Sénat, texte censé amender le Federal Reserve Act, de même qu'il s'opposera à toute législation se proposant ce but ».

Le rapport susmentionné du conseil des gouverneurs précisait, sous le titre « Mémorandum concernant les propositions de maintien de la stabilité des prix » :

« Le conseil des gouverneurs s'oppose à toute proposition de loi consacrée à la stabilité des prix, en se fondant sur le fait que les prix ne dépendent guère – pour l'essentiel – du loyer ou coût de l'argent, que le contrôle monétaire exercé par ledit conseil ne saurait être parfait et que des prix moyens stables, quand bien même ils seraient obtenus à travers l'action du gouvernement, ne garantiraient en rien une prospérité durable. »

Pourtant, un président du conseil des gouverneurs, William McChesney Martin, déclara le 10 mars 1952 devant la sous-commission au contrôle de la dette (la « commission Patman ») : « L'un des principaux buts du Federal Reserve Act est de protéger la valeur du dollar ».

Le sénateur Flanders rebondit : « Cela est-il spécifié noir sur blanc dans le texte de base ayant établi le système de la Réserve fédérale ? »

« Non, répondit M. Martin, mais c'est à cause du processus législatif et des circonstances d'alors. »

Le sénateur Robert L. Owen nous a déjà raconté comme ce point fut supprimé du texte originel, contre son avis, et que le conseil des gouverneurs s'opposait à toute chose de ce genre. M. Martin ne le savait apparemment pas...

Il est de fait impossible de garder des prix moyens stables tant qu'il y a en Bourse des spéculateurs faisant artificieusement varier les cours afin d'en tirer des profits. En dépit du psittacisme du gouverneur Eccles répétant à l'envi que des prix moyens stables ne promettraient en rien une prospérité durable, ces derniers pourraient beaucoup faire pour atteindre ce but. Un citoyen percevant un salaire annuel de 2 500 $ ne sera jamais plus prospère si le prix de sa baguette de pain augmente de 0,05 $ dans l'année...

Eccles expliquait en 1935 à la commission sur la banque et la monnaie de la Chambre des représentants : « Le gouvernement contrôle les réserves d'or, c'est-à-dire le pouvoir de battre monnaie et de créer du crédit, régulant ainsi largement la structure des prix ».

Il s'agit presque d'une contradiction directe par rapport à sa déclaration de 1939, où Eccles faisait valoir que les prix ne dépendraient guère, pour l'essentiel, du coût ou loyer de l'argent...

Et en 1935 M. Eccles précisait en commission parlementaire :

« Le conseil de la Réserve fédérale exerce son pouvoir sur les transactions de l'open-market. Les opérations sur ce marché représentent l'outil majeur de contrôle du volume et du coût de l'argent dans ce pays. À cet égard, quand je dis "crédit", je veux parler d'*argent*, étant donné que la plus grande partie de l'argent utilisé par les Américains adopte de loin la forme des crédits et dépôts bancaires. Quand les banques de la Fed achètent des créances ou des titres sur l'open-market, elles augmentent la masse monétaire et diminuent le coût de l'argent. À l'inverse, si elles les revendent sur l'open-mark, elles réduisent la masse monétaire et rehaussent le coût de l'argent. L'arbitre supervisant ces transactions affectant la situation de toute l'Amérique doit s'incarner dans un organisme représentant l'intérêt national. »

Ce témoignage du gouverneur Eccles met en lumière le noyau dur du mécanisme monétaire que Paul Warburg avait présenté en 1910 à ses compères de la finance incrédules, sur l'île de Jekyll. Si on leur demande un commentaire, la plupart des Américains avouent qu'ils sont incapables de comprendre comment fonctionne le système de la Réserve fédérale. Celui-ci est au-delà de leurs compétences, non pas parce qu'il serait trop complexe, mais au contraire parce qu'il est trop simple. Imaginez un escroc vous approchant et vous proposant de vous faire la démonstration de sa merveilleuse machine fabriquant de l'argent : vous le verrez alors y placer un bout de papier blanc... et y imprimer un billet de 100 $. C'est exactement le système de la Réserve fédérale. Demandez-lui ensuite de lui acheter sa fabuleuse machine à fabriquer de l'argent, et il vous le refusera. Elle appartient exclusivement aux actionnaires privés des banques de la Fed, dont l'identité peut être partiellement – si ce n'est complètement – raccordée à la London Connection.

Au cours des audiences de la commission sur la banque et la monnaie, le représentant Wright Patman – son président – interrogea le 6 juin 1960 Carl E. Allen, président de la banque de réserve fédérale de Chicago (p. 4) :

« **Patman**. – Alors, M. Allen, quand la commission de la Fed pour l'open-market achète 1 000 000 $ d'obligations, vous créer de l'argent à partir du crédit de la nation afin de pouvoir payer ces obligations, c'est bien cela ?

Allen. – Tout à fait.

Patman. – Dans ce cas, le crédit des États-Unis se retrouve dans les billets de banque de la Réserve fédérale, si je suis bien ? Et donc si les banques veulent de l'argent réel, vous leur donnez des billets de banque de la Fed, n'est-ce pas ?

Allen. – Ce pourrait bien être le cas, mais personne ne veut des billets de banque de la Réserve fédérale.

Patman. – Personne n'en veut, parce que les banques préféreraient avoir du crédit directement dans leurs réserves. »

C'est l'aspect le plus stupéfiant de l'ouvrage de la Réserve fédérale, et le plus ardu à comprendre. Comment le citoyen lambda pourrait-il saisir ce concept d'après lequel il y a dans son pays des personnes ayant le pouvoir d'écrire dans un registre que l'État leur doit à présent – à titre d'exemple – 1 000 000 000 $ et de recueillir le capital et les intérêts de cet « emprunt » ?

Dans *The Primer of Money*, p. 38, le représentant Wright Patman nous fait part d'une petite histoire :

« Il était une fois un homme entrant dans une banque de la Réserve fédérale et demandant de voir leurs obligations en vertu desquelles les citoyens américains payaient des intérêts. Après qu'on lui eut montré lesdites obligations, il demanda à voir leurs liquidités, mais on n'avait que des registres et des chèques sans provisions à lui présenter. »

Patman en concluait :

« En fait, ces espèces n'existent pas et elles n'ont jamais existé. Ce que nous appelons "réserves de liquidités" se composent exclusivement de crédits comptables écrits sur les registres des banques de la Réserve fédérale. Ces crédits sont créés par les banques de la Fed puis ils passent dans le système bancaire. »

Donnons maintenant la parole à Peter L. Bernstein dans *A Prime on Money, Banking and Gold* :

« Avec les billets de banque de la Réserve fédérale, l'astuce est que les banques de réserve ne perdent aucune liquidité quand elles remettent de telles devises aux banques affiliées au système. Les billets de banque de la Fed ne sont convertibles contre rien, hormis ce que l'État nomme "monnaie légale", à savoir l'argent qu'un créditeur est contraint d'accepter de la part de son débiteur pour régler les sommes que ce dernier doit. Cependant, comme tous les billets de banques de la Réserve fédérale sont également considérés par la loi comme étant de l'"argent légal", ils deviennent vraiment convertibles... mais uniquement contre eux-mêmes ! Ce sont des obligations non remboursables émises par les banques de la Fed[124]. »

---

[124] Peter L. Bernstein, *A Primer on Money, Banking and Gold*, New York, Vintage Books, 1965, p. 104.

Rappelons une formule du représentant Patman :

« Chaque dollar incarne une dette d'1 $ due au système de la Réserve fédérale. Les banques de la Fed produisent de la monnaie à partir de rien pour acheter des bons gouvernementaux au Trésor des États-Unis, prêtant contre intérêts l'argent mis en circulation et inscrivant dans les registres des comptes publics une ligne de crédit pesant sur le Trésor. Ce dernier émet une obligation portant intérêts pour 1 000 000 000 $: la Réserve fédérale lui accorde alors un crédit d'1 000 000 000 $ contre cette obligation et elle crée *ex nihilo* une dette d'1 000 000 000 $ que le peuple américain est contraint de payer, ainsi que ses intérêts[125]. »

Patman allait plus loin :

« D'où le système de la Réserve fédérale tire-t-il l'argent grâce auquel il constitue les réserves bancaires ? »

Réponse :

« Il tire cet argent de nulle part, car il le crée. Quand la Réserve fédérale signe un chèque, elle crée de l'argent. La Fed n'est qu'une machine à produire de l'argent. Elle peut battre monnaie ou émettre des créances. »

La banque de réserve fédérale de New York publia en 1951 un livret intitulé *A Day's Work at the Federal Reserve Bank of New York*, où nous trouvons à la page 22 :

« Il y a encore un autre élément d'intérêt général dans l'activité bancaire, plus important que la garde en sécurité de l'argent : c'est que les banques peuvent "produire" de l'argent. Une des caractéristiques essentielles dont il convient de se souvenir à cet égard est que la masse monétaire a un impact sur le niveau global des prix, le coût de la vie. L'indice du coût de la vie et la masse monétaire évoluent en parallèle. »

Les choix du conseil de la Réserve fédérale (ou, plutôt, les décisions que des « cénacles anonymes » leur intiment de prendre) rejaillissent sur la vie quotidienne de tous les Américains en raison des effets de ces choix sur les prix. Rehausser les taux d'intérêts ou renchérir le « coût » de l'argent a pour conséquence de limiter le

---

[125] *Money Facts*, commission sur la banque et la monnaie de la Chambre des représentants, 1964, p. 9.

volume d'argent disponible sur les marchés, à l'instar de l'augmentation des réserves obligatoires déterminées par le système de la Réserve fédérale. La vente d'obligations à travers la commission de l'open-market annihile encore de l'argent et diminue la masse monétaire. L'achat de titres d'État sur cet open-market « crée » quant à lui davantage d'argent, de la même façon que la réduction des taux d'intérêts rendant « meilleur marché » l'argent. C'est une évidence que de constater que l'augmentation de la masse monétaire apporte de la prospérité, tandis que sa diminution conduit à la dépression. Les augmentations irraisonnables de la masse monétaire la faisant excéder l'offre en biens et services provoquent de l'inflation : « trop d'argent pour courir après trop peu de biens ». Un élément moins clair du système monétaire renvoie à la « vitesse de la circulation », laquelle paraît être beaucoup plus technique qu'elle ne l'est réellement. Il s'agit du rythme auquel l'argent change de mains : dans le cas d'or dissimulé dans les bas de laine d'un paysan, cette vitesse de circulation est lente. Ce phénomène est causé par une faible confiance dans l'économie ou la nation. À l'inverse, une vitesse de circulation très soutenue, à l'exemple de la croissance boursière de la décennie 1920, correspond à un recyclage rapide de l'argent pour les dépenses et les investissements, trouvant sa source dans la confiance – ou trop grande confiance ? – en l'économie nationale. Une masse monétaire plus petite peut grâce à une vitesse de circulation importante circuler entre autant de personnes, biens et services qu'une masse monétaire plus grande circulant à une vitesse inférieure. Si nous éclaircissons ce point, c'est parce que la vitesse de circulation – révélateur de la confiance dans l'économie – est elle aussi largement influencée par les actions de la Réserve fédérale. Milton Friedman faisait observer le 2 mai 1983 dans *Newsweek* : « La principale fonction de la Fed est de déterminer la masse monétaire. Elle a le pouvoir d'accroître ou de diminuer la masse monétaire au taux qu'elle décrète. »

Ce pouvoir est colossal, puisqu'en augmentant la masse monétaire il devient possible de permettre la réélection d'un gouvernement, tandis qu'en la diminuant on fait en sorte de la faire perdre. Voici la suite de la critique de la Réserve fédérale par Friedman :

> « Comment se fait-il qu'une institution dont l'histoire des succès est si mince puisse malgré tout jouir d'une renommée publique aussi haute et, même, inspirer une telle confiance quant à la pertinence de ses pronostics ? »

Les transactions de l'open-market affectant la masse monétaire sont toutes conduites au nom du système en son entier par la seule banque de réserve fédérale de New York agissant pour toutes les autres banques de réserves. Ces opérations sont supervisées par un dirigeant de la banque de réserve fédérale de New York. Les discussions au cours desquelles la commissions pour l'open-market décide de ventre ou acheter des titres sont fermées à tout public, et leurs délibérations demeurent naturellement secrètes... *The New York Times* rapportait le 8 mai 1928 qu'Adolph C. Miller, membre du conseil des gouverneurs de la Réserve fédérale, avait attesté au cours de son audition par la commission sur la banque et la monnaie de la Chambre des représentants que les acquisitions sur l'open-market et les taux de réescompte étaient déterminés lors de telles « discussions ». Les achats sur l'open-market se montaient à ce moment-là à 70 ou 80 000 000 $ quotidiennement, soit dix fois moins que de nos jours. Ces sommes d'argent sont particulièrement considérables pour être à la merci de simples « discussions », mais nous ne pouvons rien savoir de plus sur ces conciliabules...

Nombre de propositions ont été faites à cause de ces tractations mystérieuses affectant l'existence, les libertés et le bien-être de tous les citoyens américains, tel le document du Sénat n° 23 présente le 24 janvier par M. Logan, selon lequel : « Le gouvernement doit créer et mettre en circulation tout le crédit et la monnaie nécessaires à la satisfaction des besoins de dépenses de l'État et du pouvoir d'achat des consommateurs. Le privilège de battre monnaie et de la diffuser est bien sûr une prérogative suprême du gouvernement, mais c'est de loin le pouvoir le plus étendu dont il dispose. »

Le représentant Wright Patman donna le 21 mars 1960 une image très claire de la façon dont les banques « produisent l'argent » :

> « Si je dépose 100 $ à ma banque et que le coefficient de réserve obligatoire déterminé par la banque de la Réserve fédérale est de 20%, alors ma banque pourra prêter jusqu'à 80 $ à Tartempion. D'où proviennent ces 80 $? Ils ne sont pas réellement issus de mon dépôt de 100 $: la banque se contente de créditer le compte de M. Tartempion de 80 $. La banque peut obtenir des titres d'État par la même méthode, en créant simplement des dépôts au crédit du gouvernement. La production de monnaie est un pouvoir laissé aux banques commerciales [...] La Réserve fédérale a offert, depuis 1914, 46 000 000 000 $ de réserves aux établissements bancaires privés. »

La manière dont tout cela est mené se révèle mieux à travers les déclarations du gouverneur Eccles au cours des auditions de la commission sur la banque et la monnaie de la Chambre des représentants, le 24 juin 1941 :

« **Eccles**. – Le système bancaire, en tant qu'ensemble, produit et élimine les dépôts au fur et à mesure qu'il consent des prêts ou qu'il effectue des investissements, soit en achetant des bons du Trésor ou des obligations, soit en octroyant un crédit à un agriculteur.

M. Patman. – Je conviens tout à fait de ce que vous avez dit, Monsieur le Gouverneur, mais le fait est que les banques produisent la monnaie, n'est-ce pas ?

Eccles. – Hum… Les banques produisent de l'argent quand elles prêtent ou investissent. »

Devant la même commission, le gouverneur Eccles était à nouveau interrogé le 30 septembre 1941 par le représentant Patman :

« **M. Patman**. – Comment avez-vous rassemblé l'argent nécessaire pour acheter en 1933 des titres d'État pour un montant de 2 000 000 000 $?

Eccles. – Nous l'avons produit.

M. Patman. – À partir de quoi ?

Eccles. – …À partir du droit de créer de la monnaie scripturale.

M. Patman. – Et derrière tout cela, si je comprends bien, il n'y a rien d'autre que le crédit de notre État ?

Eccles. – C'est en cela que consiste notre système monétaire. Sans dettes, il n'y aurait pas d'argent au sein de notre système monétaire. »

Le gouverneur Eccles fut également interrogé par M. Dewey, le 17 juin 1942 :

« **Eccles**. – Je veux dire que la Réserve fédérale, quand elle entreprend une transaction sur l'open-market, c'est-à-dire lorsqu'elle achète des titres d'État sur ce marché, elle place de l'argent frais entre les mains des banques, ce qui produit des dépôts dormants.

Dewey. – Il n'y a pas des réserves d'excédents pour remplir cet objectif ?

Eccles. – Toutes les fois que le système de la Réserve fédérale acquiert des titres d'État sur l'open-market ou en achète directement au Trésor, donc dans un cas comme dans l'autre, c'est lui qui le remplit.

Dewey. – Comment allez-vous faire pour les payer ? Vous allez créer un crédit ?

Eccles. – C'est ce que nous avons toujours fait. C'est le *modus operandi* propre du système de la Réserve fédérale. La Fed crée de la monnaie, c'est une banque d'émission. »

Pour les auditions parlementaires de 1947, M. Kolborn interrogea M. Eccles :

« **Kolborn**. – Que voulez-vous dire par la "monétisation de la dette publique" ?

Eccles. – Par cette expression, je veux dire que la banque produit de la monnaie en acquérant des bons du Trésor. Tout est produit par de la dette, qu'elle soit privée ou publique.

Fletcher. – Monsieur le Président Eccles, quand pensez-vous qu'il y aura une possibilité de retrouver un open-market réellement ouvert et libre, à la place de l'actuel marché financier artificiellement indexé et contrôlé ?

Eccles. – Certainement pas. Ni vous ni moi ne pourrons jamais le voir de notre vivant. »

Les *US News* du 31 août 1959 citent le membre du Congrès Jerry Voorhis questionnant le secrétaire au Trésor Anderson :

« **Voorhis**. – Voulez-vous dire que les banques, en acquérant des bons du Trésor, ne prêtent pas en s'appuyant sur les dépôts de leurs clients ? Elles créeraient donc l'argent dont elles se servent pour acheter ces titres ?

Anderson. – Tout à fait. Les banques sont différentes de toutes les autres institutions de crédit. Quand une société de crédit immobilier, une compagnie d'assurances ou une caisse coopérative d'épargne et de crédit consent un prêt, elle ne prête que les dollars préalablement déposés par ses clients. À l'inverse, quand une banque octroie un crédit, elle ajoute simplement une ligne sur le compte courant de l'emprunteur, équivalant au montant emprunté. L'argent prêté n'est prélevé à personne : c'est de l'argent frais, créé par la banque au besoin de l'emprunteur. »

Chose étrange, il n'y eut jamais de procès judiciaire autour de la légalité ni de la constitutionnalité du Federal Reserve Act. Quoique cette législation fût établie sur des fondements aussi mouvants que ceux du National Recovery Act (ou NRA) mis en question dans l'affaire Shelter Poultry contre les États-Unis d'Amérique, 29 US 495, 55 US

837.842 (1935), le NRA fut cassé pour inconstitutionnalité par la Cour suprême se fondant sur le fait que « le Congrès ne peut abdiquer ou transférer à des tiers ses fonctions régaliennes. Constitutionnellement, le Congrès ne peut point déléguer son pouvoir législatif à un quelconque groupe ou société commerciale ou industrielle, d'une façon qu'il leur céderait le privilège de faire loi. »

L'article 1er, section 8, de la Constitution des États-Unis établit que :

« Le Congrès aura le pouvoir : [...]

– de faire des emprunts sur le crédit des États-Unis ; [...]

– de battre monnaie, d'en déterminer la valeur et celle de la monnaie étrangère, et de fixer l'étalon des poids et mesures [...]. »

D'après ce jugement concernant le NRA, le Congrès serait incapable de déléguer ses pouvoirs au système de la Réserve fédérale pour permettre à ce dernier de déterminer le volume des réserves obligatoires de banques, les taux d'escompte ou la masse monétaire. Toutes ces compétences sont cependant assumées par le conseil de la Réserve fédérale quand il se rassemble en sessions de travail lors desquelles il statue sur ces questions en décidant des règles et conditions d'application de ses propres décisions.

La seconde guerre mondiale a donné aux grands financiers détenant le système de la Réserve fédérale l'occasion de déverser sur l'Amérique les milliards de dollars imprimés au début de la décennie 1930, intégralement blanchis par l'administration Roosevelt – évidemment ! – au cours de la plus vaste opération de contrefaçon de l'Histoire. Dans le numéro du 4 janvier 1943 de *Newsweek Magazine*, Henry Hazlitt expliquait :

« L'argent qui a commencé à être introduit le 21 décembre 1942, il y a une semaine, était vraiment, *stricto sensu*, de l'argent scripturaire, c'est-à-dire de la monnaie ne reposant sur aucune garantie. Écoutons la Réserve fédérale : "Le conseil des gouverneurs, après consultation du département au Trésor, a autorisé les banques de la Réserve fédérale à utiliser, en ce moment, les stocks existants de devises imprimées au début de la décennie 1930, connus sous la dénomination de 'billets de banques de la Réserve fédérale'. Nous le répétons : ces billets de banque ne comportent absolument aucune garantie". »

À l'occasion des auditions du Sénat au sujet du Bureau de l'administration des prix (OPA) en 1944, le gouverneur Eccles délivra en marge son témoignage sur d'autres thèmes intéressants concernant la Réserve fédérale et le financement de la guerre :

> « **Eccles**. – L'argent en circulation a été gonflé, passant de 7 à 21,5 milliards de dollars en quatre années. Ce temps de guerre implique des pertes considérables d'or. Tandis que nos exportations ont disparu, en grande partie en vertu du prêt-bail, nous avons réalisé des importations contre lesquelles nous avons attribué des soldes créditeurs en dollars. Or, désormais, les pays concernés se font verser ses soldes créditeurs sous la forme d'or.
>
> **M. Smith**. – Monsieur le Gouverneur Eccles, quelle est la fin recherchée par ces gouvernements étrangers à travers ce programme par lequel nous disséminerions de notre or à un fonds international ?
>
> **Gouverneur Eccles**. – Je souhaiterais évoquer l'OPA et laisser de côté le fonds de stabilisation jusqu'au moment d'en parler plus opportunément.
>
> **M. Smith**. – Attendez donc ! Il me semble que l'évocation de ce fonds est extrêmement pertinente pour ce dont nous parlons aujourd'hui.
>
> **M. Ford**. – Je considère que le fonds de stabilisation est totalement dissocié de l'OPA, de sorte que nous devrions nous plier à l'ordre du jour. »

Ainsi, les membres du Congrès n'eurent jamais l'occasion de débattre au sujet du fonds de stabilisation, une énième manigance par laquelle les États-Unis allaient donner aux États européens appauvris l'or qui y avait été transféré. Henry Hazlitt citait l'allocution annuelle de Roosevelt devant le Congrès concernant le budget dans une analyse publiée le 22 janvier 1945 dans *Newsweek* : « Je préconiserai bientôt une loi diminuant les réserves obligatoires d'or au sein des banques de la Réserve fédérale, car elles actuellement trop élevées ».

Hazlitt y répondait en montrant que les réserves d'or obligatoires n'étaient pas si élevés : elles étaient exactement ce qu'elles avaient été au cours des trente années qui précédaient. Le désir de Roosevelt était de libérer davantage d'or de l'emprise du système de la Réserve fédérale afin de le rendre disponible pour le fonds de stabilisation – qui deviendrait par la suite le Fonds monétaire international –, une branche de la Banque mondiale pour la reconstruction et le développement, équivalent de la commission des finances de la SDN vouée à absorber la souveraineté des États-Unis si le Sénat avait laissé cet État y adhérer.

CHAPITRE XIV

RAPPORT PARLEMENTAIRE

« La politique de M. Volcker est, d'une certaine façon, une énigme. »

The New York Times

Depuis la démission d'Eugene Meyer du conseil des gouverneurs de la Réserve fédérale, aucun membre des grandes familles de la finance internationale n'a plus directement servi au sein de cette instance. Ces familles ont préféré agir depuis les coulisses par l'intermédiaire des présidents et autres fonctionnaires soigneusement sélectionnés de la banque de réserve fédérale de New York.

L'actuel président du conseil des gouverneurs de la Réserve fédérale est Paul Volcker. Sa nomination fut saluée par ce pronostic d'un économiste célèbre : « Le choix de Volcker est, de loin, le plus mauvais possible. Carter a installé Dracula au sommet de la banque du sang. Cela veut dire, pour nous, qu'un krach et une crise sont plus que jamais assurés pour la décennie 1980. »

Le *Research Report* du colonel E. C. Harwood, publié le 6 août 1979, reprenait des opinions peu ou prou identiques : « Paul Volcker est issu de la même matrice que les financiers douteux qui ont si mal géré les choix monétaires de ce pays ces cinq dernières décennies. Les conséquences de ce choix seront vraisemblablement désastreuses pour le dollar et l'économie américaine. »

En contrepoint de ces avis pessimistes, *The New York Times* produisit un reportage particulièrement laudateur quant à la désignation de Volcker. Ce quotidien new-yorkais remarquait en effet le 26 juillet 1979 que Volcker avait appris « le métier » auprès de Robert Roosa, aujourd'hui associé au sein de Brown Brothers Harriman, et qu'il avait été membre du comité d'experts de Roosa pour la banque de réserve fédérale de New York, avant un passage au Trésor dans l'administration

Kennedy. « David Rockefeller, président de la Chase Bank, et M. Roosa ont puissamment pesé dans la décision de M. Carter de désigner M. Volcker à la présidence du conseil de la Réserve ». *The New York Times* ne précisait guère que David Rockefeller et Robert Roosa avaient préalablement sélectionné M. Carter – un membre de la Commission Trilatérale – pour incarner le Parti démocrate à l'élection présidentielle de 1978, ni que M. Carter n'aurait que difficilement pu s'opposer à la nomination de Paul Volcker en tant que nouveau président du conseil de la Réserve fédérale. Le journal n'indiquait pas davantage un élément essentiel, qui doit être rappelé, à savoir que cette façon de choisir le président du conseil des gouverneurs est dans la droite ligne du privilège royal concédé lors de l'accord initial entre George Peabody et N. M. Rothschild, recyclé lors de la rencontre de l'île Jekyll et la promulgation du Federal Reserve Act.

The New York Times observait que « la nomination de Volcker a été approuvée par les banques européennes, à Bonn, Francfort et Zurich ». En cette occasion, William Simon – ancien secrétaire au Trésor – aurait déclaré y voir « un choix fantastique ». Le quotidien new-yorkais rapportait en outre que la Bourse de New York avait grimpé à l'annonceur de la désignation de Volcker, enregistrant sa plus forte hausse en trois semaines (+ 9,73%), et que le dollar avait fortement progressé sur le marché du change, aux États-Unis comme ailleurs dans le monde.

Qui était donc ce Volcker pour que sa nomination pût avoir de tels effets sur la Bourse et le dollar ? Il représentait la maison la plus puissante de la London Connection : Brown Brothers Harrimans, ainsi que les maisons financières londoniennes qui chapeautaient l'empire Rockefeller. *The New York Times* signalait le 29 juillet 1979 au sujet de Volcker : « Un homme nouveau qui tracera son propre chemin ».

Cette affirmation s'avère être un mensonge, si l'on en croit le *curriculum vitæ* de Volcker. Son itinéraire avait été tout droit tracé pour lui par ses maîtres de Londres. Il a étudié à Princeton et soutenu son master à Harvard, puis il a suivi les cours de la London School of Economics, l'école formant les financiers, en 1951-1952. Une fois sa « formation » terminée, il a d'abord été admis en tant qu'économiste au sein de la banque de réserve fédérale de New York de 1952 à 1957, avant d'assumer les mêmes fonctions pour la Chase Manhattan Bank entre 1957 et 1961. Il entra ensuite au département du Trésor (1961-1965), obtenant la fonction de délégué du sous-secrétaire aux Affaires monétaires de 1963 à 1965. Il y revint de 1969 à 1974 en tant que sous-secrétaire aux Affaires monétaires internationales. Il fut nommé en 1975 à la présidence de la banque de réserve fédérale de New York, poste qu'il conserva jusqu'en 1979, année où Carter le choisit – à l'instigation de Robert Roosa et David Rockefeller – pour président du conseil des gouverneurs de la Réserve fédérale.

Anthony Salomon lui succéda à la tête de la banque de réserve fédérale de New York. Après avoir soutenu son doctorat à Harvard, Salomon fut membre de l'OPA en 1941-1942, puis il prit part à la mission financière du gouvernement américain en Iran de 1942 à 1946. Il dirigea ensuite une entreprise de conserves entre 1951 et 1961 au Mexique, puis, pour finir, il présida l'International Investment Corp. pour la Yougoslavie (un État communiste) de 1969 à 1972 avant de rejoindre le Trésor en tant que sous-secrétaire aux Affaires monétaires (1977-1980). Pour résumer, le parcours de Salomon est largement semblable à celui de Volcker.

The New York Times commentait le 2 décembre 1981 : « Des années durant, la Réserve fédérale a été la deuxième ou troisième institution la plus secrète de la ville. La loi sur la transparence de 1976 a légèrement levé ce voile : désormais, son conseil tient une fois par semaine une réunion publique, le mercredi à 10 h, mais jamais pour débattre de la politique monétaire, un sujet toujours considéré comme étant éminemment sensible ne devant guère être discuté publiquement. » Ce journal précisait que, lors des sessions de la commission pour l'open-market, Salomon et Volcker siégeaient l'un à côté de l'autre, aux places d'honneur, pour relayer les instructions qu'ils avaient reçues de l'étranger.

Derrière Volcker et Salomon, Robert Roosa – secrétaire au Trésor du cabinet fantôme de Carter – se tenait debout et représentait Brown Brothers Harriman, la Commission Trilatérale, le Council on Foreign Relations, le groupe Bilderberg et le Royal Economic Institute. Roosa est le gérant de la fondation Rockefeller[126] et un administrateur des sociétés Texaco ainsi qu'American Express. Le docteur Martin Larson remarque que « le consortium international de financiers connue sous le nom de Bilderberg, se rencontrant chaque année dans un secret absolu afin de déterminer les destinées de l'Occident, est une créature de l'alliance Rockefeller-Rothschild et il a tenu sa troisième session sur l'île St. Simons, à peu de distance de l'île Jekyll ». Larson montre aussi que « les représentants des intérêts Rockefeller agissent en étroite collaboration avec les agents des Rothschild et de diverses banques

---

[126] Voir document n° 5.

centrales[127] ».

Le 18 juin 1983, le président Ronald Reagan sonnait le glas de plusieurs mois de suppositions en annonçant la reconduction de Paul Volcker dans son mandat de président du conseil des gouverneurs de la Réserve fédérale, pour quatre années supplémentaires. Le premier mandat de Volcker ne devait pourtant s'achever que le 6 août 1983. Plusieurs analystes politiques contemporains furent alors surpris par le fait que Reagan eût confirmé dans ses fonctions un fonctionnaire à la base désigné par Carter : Reagan s'était selon toute vraisemblance plié à une pression considérable, selon ce que nous pouvons lire entre les lignes dans un éditorial paru le 10 juin 1983 en une du *Washington Post* : « Personne ne saurait rivaliser avec M. Volcker, que ce soit au niveau de sa renommée politique ou à celui de sa maîtrise des réseaux complexes qui constituent la structure financière mondiale ». L'auteur de cet article, ayant conservé l'anonymat, ne fournissait aucun document étayant ses louanges élevant Volcker à la célébrité de grand financier à l'aura planétaire... Pour ce qui est de sa renommée politique, *The New York Times* remarquait le 19 juin 1983 : « La politique de M. Volcker est, d'une certaine façon, une énigme ». Son positionnement « apolitique » est conforme à la tradition de Washington « d'indépendance politique de la Fed », tradition longuement conservée. La question de sa dépendance vis-à-vis de la London Connection n'a toutefois jamais été débattue à Washington.

Dans les faits, Volcker est davantage un politicien qu'un économiste. Après avoir étudié au sein de la London School of Economics et appris qui dirigeait la communauté financière internationale, il a toujours joué le jeu. Il n'a pas manqué une seule fois d'obéir aux injonctions de la London Connection.

Cette London Connection existe-t-elle réellement ? Des individus tels que Volcker et Salomon recevaient-ils leurs ordres, ne serait-ce que de façon détournée ou indirecte, de financiers étrangers ? Examinons, afin de nous en assurer, les preuves factuelles permettant de répondre à ces hypothèses. Il s'agit de preuves du même acabit que celles qui ont bien souvent condamné des hommes à la prison ou à la chaise électrique. En 1911, John Moody observait que sept membres de l'alliance entre le groupe moderne et le consortium Standard Oil-Kuhn, Loeb dominaient les États-Unis. Où ces éléments se positionnent-ils sur

---

[127]Voir document n° 1.

l'échiquier financier actuel ?

Les *US News* dressaient le 11 avril 1983 la liste des principales holdings bancaires des États-Unis, hiérarchisées en fonction de leurs actifs au 31 décembre 1982.

En première position figure Citicorp (New York), avec 130 000 000 000 $ d'actifs. Cette holding est née en 1955 de la fusion entre la First National City Bank de New York (propriété de Baker et Morgan) et la National City Bank tout court, deux des principaux détenteurs d'actions de la banque de réserve fédérale de New York en 1914.

Sur la troisième marche du podium se trouve la Chase Manhattan Bank (New York) avec des actifs de 80 900 000 000 $, issue de la fusion entre la Chase Bank et la *Bank of Manhattan*, le groupe des Rockefeller et de Kuhn, Loeb, comptant eux aussi parmi les acquéreurs d'actions de la banque de réserve fédérale de New York en 1914.

La quatrième place revient à Manufacturers Hanover (New York), avec 64 000 000 000 $ d'actifs, ayant également acheté en 1914 des actions de la banque de réserve fédérale de New York.

Numéro 5 : la J. P. Morgan Company (New York), avec des actifs à hauteur de 58 600 000 000 $ et une importante quantité de parts au sein de la banque de réserve fédérale de New York.

Numéro 6 : la Chemical Bank de New York, avec 48 300 000 000 $ d'actifs, ayant pris des parts de la banque de réserve fédérale de New York en 1914.

Numéro 11 : la First Chicago Corporation, c'est-à-dire la *First National Bank* de Chicago qui n'était autre que le principal établissement relais de la banque Morgan-Baker de New York, ayant fourni les deux premiers présidents du Comité consultatif fédéral.

Le lien direct unissant les participants de l'équipée de l'île Jekyll en 1910 et notre époque s'incarne dans un extrait de la page 75 d'*A Primer on Money* s'appuyant sur la commission sur la banque et la monnaie de la Chambre des représentants, 88e Congrès, 2e session, 5 août 1964 :

> « L'effet pratique de l'exigence selon laquelle tous les achats doivent être réalisés sur l'open-market est de prendre l'argent du contribuable pour le donner aux opérateurs. Cela contraint le gouvernement à s'acquitter d'un droit de péage pour emprunter de l'argent. Les opérateurs "bancaires" sont au nombre de six : la *First National Bank* de New York, la Chemical Corp. Exchange

Bank (New York), la Morgan Guaranty Trust Co. (New York), le Bankers Trust de New York, la *First National Bank* de Chicago et la Continental Illinois Bank de Chicago. »

Ces établissements perçoivent donc un « droit de péage » sur tout l'argent emprunté par l'État américain et ce sont ces mêmes banques qui avaient conçu le Federal Reserve Act de 1913. Une preuve accablante prouve la domination de ces mêmes sociétés qui ont organisé en 1914 le système de la Réserve fédérale. Par exemple, le 6 juin 1983, Warren Brookes écrivait dans *The Washington Post* :

« Citicorp (la National City Bank et la *First National Bank* de New York réunies en 1955) vient juste d'enregistrer un *return on equity* de 18,6%, J. P. Morgan de 17%, la Chemical Bank et le Bankers Trust d'environ 16% – autant de performances exceptionnelles. »

Ce sont ces banques qui ont capté les premières actions émises par la banque de la Réserve fédérale en 1914 et détiennent une majorité de contrôle sur la banque de réserve fédérale de New York (la seule à opérer sur l'open-market) déterminant les taux d'intérêt.

Ces établissements ont également profité, et ce sans interruption, de fluctuations en elles-mêmes inexplicables de la croissance de la monnaie et des taux d'intérêts. Brookes continue son analyse : « Les taux monétaires réels ont fait des allées et venues entre 0 et 17% au cours de périodes successives de six mois dans les trois années de récession. Les deux indicateurs de la croissance monétaire que Milton Friedman privilégie, les facteurs M2 et M3, ont en fait montré peu de changements d'une année sur l'autre au cours de la période 1972-1982. »

Nous sommes donc en présence de taux de croissance monétaire jouant au yo-yo entre 0 et 17%, mais aucune variation réellement décelable d'une année sur l'autre, ce qui soulève le problème de savoir s'il est possible d'obtenir tout au long d'une même année une stabilité de la croissance monétaire. La réponse est simple : *les gros profits sont enregistrés grâce à ces fluctuations et va-et-vient*. La véritable question est donc : *qui déterminer ces mouvements ?* La conclusion est sans surprise : *la London Connection*.

Les propagandistes portés par les monopoles médiatiques, ainsi que les sociétés de pensée liées à ces derniers, répandent de nouvelles théories économiques toutes plus exotiques les unes que les autres, afin de détourner les regards du contrôle continuellement exercée par de grands financiers et leurs héritiers ayant obtenu en 1913 du gouvernement américain un monopole sur la monnaie et le crédit du peuple d'Amérique. De fait, un propagandiste de la *National Review*, James Burnham, est devenu célèbre avec sa théorie ridicule des « managers ». Il a formulé un axiome selon lequel les anciens arbitres de la richesse – les J. P. Morgan, Warburg et Rothschild – avaient dès 1950 disparu de la scène pour être remplacés par une classe nouvelle : celle des « managers ». Cette théorie, n'ayant aucun fondement réel, a servi à occulter le fait que les mêmes individus contrôlent toujours le système monétaire mondial. Ce que sont vraiment les « managers », c'est-à-dire les directeurs exécutifs à la façon de Volcker, ce sont des hommes de paille salariés continuant de recevoir une bonne paye à la fin du mois tant qu'ils exécutent les ordres de leurs commanditaires. Burnham lui-même est un propagandiste grassement payé de la *National Review* que bon nombre d'hommes politiques de premier plan – sans omettre le président Reagan – pensaient être une publication « conservatrice ».

Entre 1914 et 1982, une période où d'innombrables banques américaines ont fait faillite, les acquéreurs initiaux des actions de la Réserve fédérale ne sont pas contentés de survivre : ils ont consolidé leur puissance. Maintenant, qu'en est-il de la London Connection ? Existe-t-elle toujours et détermine-t-elle vraiment la trajectoire économique des États-Unis ? L'édition du 19 mai 1983 du *Washington Post* publiait un billet reçu de Nairobi au Kenya au sujet d'une réunion de la Banque africaine de développement : « La banque d'affaires britannique Morgan Grenfell ainsi qu'un consortium américain composé de Kuhn Loeb, de Lehman Brothers International, des Lazard Frères (France) et des Warburg du Royaume-Uni œuvrent discrètement en tant que conseillers financiers d'une dizaine d'États africains criblés de dettes ».

Ce sont exactement les noms rencontrés en 1914. Ils dominent toujours la finance internationale à leur profit, avec des résultats désastreux pour tous les autres. Nous pourrions espérer un soulagement grâce à l'administration actuellement en place, mais, malheureusement, avant d'arriver jusqu'au président il faudrait d'abord remonter la chaîne complète de ses principaux collaborateurs, des affidés de J. Henry Schroder, de Brown Brothers Harriman et autres éléments clefs de la London Connection...

Lopez Portillon, président du Mexique, déclara au cours de son discours de septembre 1982 devant le Congrès national du Mexique que l'explosion du crédit de la précédente décennie avait été un fléau financier comparable à la peste noire qui avait ravagé l'Europe au XIVe siècle : « Comme au Moyen Âge, elle balaie les pays l'un après l'autre. Elle se transmet par des rats et produit du chômage ainsi que de la misère, les faillites industrielles et des enrichissements par voie de spéculation. Le médicament prescrit au malade par les praticiens et l'inactivité forcée et la privation de nourriture. »

Le *Forbes Magazine* du 11 octobre 1982 signalait : « Le monde crie son besoin de liquidités, non parce que la masse monétaire se serait contractée, mais parce qu'une trop grande part de celle-ci est dévolue au remboursement de dettes anciennes plutôt qu'au financement de nouveaux investissements productifs ».

Les politiques de taux d'intérêt élevés et d'argent rare ont été désastreuses pour les États-Unis. Début 1983, une légère détente de la monnaie et du crédit a fait espérer un certain soulagement, mais tant que le système de la Réserve fédérale et ses marionnettistes invisibles continueront de contrôler la masse monétaire il y aura forcément de nouveaux accrocs à l'avenir. Le 11 décembre 1982, pour commenter les problèmes économiques, *The Nation* signalait : « La responsabilité de tout cela se trouve au seuil du système de la Réserve fédérale qui œuvre, comme de coutume, pour le compte du système bancaire international ».

Une preuve que le système de la Réserve fédérale travaille pour le compte de ce système bancaire international se retrouve dans la série de tableaux établie par les membres de la commission sur la banque, la monnaie et le logement de la Chambre des représentants du 94e Congrès, 2e session, en août 1976, sous le titre « Federal Reserve directors: a study of corporate and banking influence »[128]. Nous donnons en guise de document n° 5 les conseils d'administration croisés liés à David Rockefeller. Le tableau n° 6 reproduit quant à lui la page 55 de l'étude susmentionnée, avec les directoires en rapport avec Frank R. Milliken, l'un des administrateurs de classe C[129] de la banque de réserve fédérale de New York. Ce tableau mentionne les principaux protagonistes de notre histoire des conciliabules de l'île Jekyll : la

---

[128]Ne disposant que d'un espace limité, seuls 5 des 70 tables de ce rapport montrant tous les liens rassemblant les protagonistes dominants et influents qui contrôlent le système de la Réserve fédérale ont été choisis pour illustrer les rapports existant entre les cadres et administrateurs des 12 banques de la Réserve fédérale en 1976 et les entreprises évoquées dans le présent ouvrage.

[129]Page 34 du rapport parlementaire de 1976 : « Les trois administrateurs de classe C sont nommés par le conseil des gouverneurs pour représenter l'intérêt public en général ».

Citibank, J. P. Morgan & Company, Kuhn Loeb & Company, ainsi que d'autres entreprises liées aux précédentes. De son côté, le tableau n° 7 reprend la page 53 de ce rapport et décrit les conseils d'administration d'un autre administrateur de classe C de la banque de réserve fédérale de New York : Alan Pifer. Ce dernier, président la Carnegie Corporation de New York, est étroitement lié à la J. Henry Schroder Trust Company, à la J. Henry Schroder Banking Corporation, à Rockfeller Center, à la banque de réserve fédérale de Boston, à l'Equitable Life Assurance Society (J. P. Morgan) ainsi qu'à d'autres groupes. De la sorte, un rapport produit en août 1976 par la commission sur la banque, la monnaie et le logement de la Chambre nous délivre la liste complète de nos protagonistes principaux, œuvrant de nos jours exactement comme ils le faisaient en 1914.

Cette analyse parlementaire forte de 120 pages énumère les fonctions politiques publiques exercées par les banques régionales de la Réserve fédérale, en plus de décrire le mode de désignation de leurs administrateurs et de dévoiler l'importance des pressions dans la sphère publique, avec la domination de la finance et son contrôle ainsi que des liens réciproques entre grandes entreprises et banques de réserve. Ces documents permettent d'identifier les administrateurs des classes A, B et C pour chaque banque de district. Il y avait pour chaque banque affiliée un tableau censé délivrer des informations sur les administrateurs sélectionnés par la banque de district et ceux choisis par le conseil des gouverneurs du système de la Réserve fédérale.

Henry S. Reuss, le représentant démocrate du Wisconsin président ladite commission, écrivait dans la préface de cette étude :

> « La commission a observé de nombreuses années durant l'influence d'intérêts privés sur les responsabilités d'ordre intrinsèquement public du système de la Réserve fédérale. Comme ce rapport le démontre clairement, il est difficile de concevoir un conseil d'administration dont la base de recrutement serait aussi étroite pour une institution publique que pour les 12 banques du système de la Réserve fédérale.
>
> Seuls deux groupes de la société américaine, la banque et la grande entreprise, disposent d'une représentation importante dans ces conseils d'administration et ceux-ci finissent même, bien souvent, par fusionner au moyen de directoires croisés [...] Les petits exploitants agricoles sont absents. Les petites entreprises sont à peine décelables. Aucune femme ne siège dans les conseils d'administration des banques de district et il n'y en a que six au sein des banques affiliées. Nous ne dénombrons que 13 membres

issus de groupes minoritaires pour l'ensemble du système, en y incluant les conseils de district et les banques affiliées.

Ce rapport suscite une question cruciale quant à l'"indépendance" généralement revendiquée par la Réserve fédérale elle-même. Indépendante de quoi et de qui ? C'est la réflexion que nous pouvons nous faire... Certainement pas, en tout cas, des banques ou des grandes entreprises, si nous devons en juger par les liens réciproques innombrables mis en lumière par cette analyse consacrée aux conseils d'administration de district.

La domination des grandes entreprises et des banques sur le système de la Réserve fédérale, évoquée dans ce rapport, peut en partie être rapportée au Federal Reserve Act des origines, lequel a conféré aux banques commerciales membres le pouvoir de désigner les deux tiers des administrateurs de chaque banque de district. Le conseil des gouverneurs à Washington partage cependant la responsabilité de ce déséquilibre : ce conseil sélectionne les membres dits "publics" des conseils d'administration de chaque banque régionale, et ces nominations ont largement reflété les mêmes intérêts privés que pour les membres élus par les banques [...] Sans l'entérinement de réformes radicales, le système de la Réserve fédérale demeurera déficient dans l'exercice de ses responsabilités publiques en guise d'institution de stabilisation économique et de régulation bancaire. La fin de ce système est trop importante pour le bien-être de la nation américaine pour qu'on abandonne une si grande portion de ce mécanisme au bon vouloir d'intérêts privés restreints.

La concentration du pouvoir économique et financier aux États-Unis est allée trop loin. »

La commission observe dans sa section « The Club System » :

« L'approche de ce "club" conduit la Réserve fédérale à recruter continuellement dans les mêmes monopoles, entreprises, universités et holdings lorsqu'il s'agit de choisir ses administrateurs ».

Le rapport parlementaire se terminait de la sorte :

« Nombre d'entreprises mentionnées dans ces tables, comme nous l'avons dit *supra*, entretiennent des relations étroites avec le système de la Réserve fédérale. Les First Bank Systems, la Southeast Banking Corporation, les Federated Department Stores, la Westinghouse Electric Corporation, Proctor & Gamble, Alcoa,

Honeywell, Inc., Kennecott Copper, Owens-Corning Fiberglass… Toutes ces firmes ont deux administrateurs au moins liés aux banques de district ou à des banques affiliées.

Pour résumer, les administrateurs de la Réserve fédérale sont manifestement les représentants d'une élite restreinte dominant une grande partie de la vie économique de ce pays. »

Fin du rapport parlementaire.

Addenda

Le mardi 26 juillet 1983 à 11 05, 27 banques new-yorkaises détenaient des parts de la banque de réserve fédérale de New York. Le listing ci-dessous donne le nombre ainsi que la part d'actions possédées par 10 de ces banques qui, ensemble, totalise 66% du capital en circulation, soit 7 005 700 actions :

	Nombre d'actions	Part
Bankers Trust Company	438 831	6%
Bank of New York	141 482	2%
Chase Manhattan Bank	1 011 862	14%
Chemical Bank	544 962	8%
Citibank	1 090 813	15%
European American Bank & Trust	127 800	2%
J. Henry Schroder Bank & Trust	37 493	0,5%
Manufacturers Hanover	509 852	7%
Morgan Guaranty Trust	655 443	9%
National Bank of North America	105 600	2%

Le nombre particulièrement élevé d'actions détenues en 1983 par rapport à la répartition originelle de 1914 est l'un des fruits de la section 5 de la loi ayant institué la Réserve fédérale. Celle-ci exige qu'une banque membre du système acquière et possède, au sein de la banque de réserve de son district, 6% de son capital et excédent de capital en actions de ladite institution.

La liste des actions détenues en 1983 par cinq des banques susmentionnées montre clairement qu'une poignée de familles seulement, unies par des liens de sang ou des intérêts financiers, contrôlaient toujours les banques new-yorkaises qui, à leur tour, conservaient une majorité de contrôle au sein de la banque de réserve fédérale de New York.

Il est intéressant que trois des banques détenant des parts de la banque de réserve fédérale de New York pour un total de 270 893 actions soient des succursales de banques étrangères. Standard & Poors classe J. Henry Schroder Bank & Trust comme étant une filiale de Schroder Ltd. (Londres). La National Bank of North America n'est qu'une succursale de la National Westminster Bank, l'une des cinq plus grandes banques anglaises. L'European American Bank n'est autre qu'une filiale d'European Bank, Bahamas, Ltd. Il est remarquable d'observer que nous trouvons parmi les administrateurs de l'European American Bank & Trust : Milton F. Rosenthal, PDG de la multinationale Engelhard Minerals & Chemical, travaillant dans les métaux précieux ; Hamilton F. Potter, associé au sein de Sullivan & Cromwell (les juristes de J. Henry Schroder Bank & Trust) ; Edward H. Tuck, associé de Shearman & Sterling (avocats de la Citibank) ; F. H. Ulrich et Hans Liebkutsch, directeurs généraux de la gigantesque Midland Bank de Londres, l'une des cinq plus grandes banques d'Angleterre ; ainsi que Roger Alloo, Paul-Emmanuelle Janssen et Maruice Laure de la Société générale de Banque (Bruxelles, Belgique). [Voir document n° 3]

Ces documents, issus des données disponibles autour du conseil des gouverneurs de la Réserve fédérale, sont produits comme étant une preuve attestant qu'en 1983 la majorité de contrôle au sein de la banque de réserve fédérale de New York – qui détermine les taux et l'étendue des opérations de tout le système de la Réserve fédérale – se trouvait largement entre les mains de banques directement assujetties à la London Connection, c'est-à-dire à la Banque d'Angleterre contrôlée, pour sa part, par Rothschild. [Voir document n° 1]

Appendice

Dans *The Empire of the City*, p. 27 (éditée chez l'auteur en 1946), E. C. Knuth perçoit dans « la Banque d'Angleterre l'associée primordiale de l'administration américaine dans la conduite des affaires financières de la planète ». Il cite en outre l'édition de 1943 de l'*Encyclopaedia Americana*.

Barron mentionne quant à lui lord Swaythling (8 avril 1923) : « Lord Swaythling a dit : "Les échanges ne sauraient être dirigés que depuis Londres. C'est la capitale boursière" » – Clarence W. Barron (fondateur de *Barron's Weekly*), *They Told Barron*, New York, Harpers, 1930, p. 27.

Les échanges, pour le monde de la finance internationale, renvoient aux transactions impliquant de la monnaie et des titres, ou simplement à l' « échange » des valeurs portées par ces titres. Il est indispensable que cet « échange » se fasse là où peuvent être déterminées ces mêmes valeurs, et cet endroit est la « City » de Londres.

La ville de Londres est devenue le tout premier centre boursier mondial grâce aux « *consols* » de la Banque d'Angleterre, ces obligations ne pouvant jamais être remboursées mais donnant droit à une rente correspondant à un retour sur investissement stable. Dans *The Wall Street View* (Silver Burdett Co., 1900, p. 255), Henry Clews explique :

« Le Consolidated Act de 1757 consolidait les dettes de l'État anglais au taux de 3%. Elles étaient conservées sur un compte à la Banque d'Angleterre, le coffre-fort de ses dépôts. » En se « débarrassant » ostensiblement de ses « *consols* » à la Bourse de Londres après la bataille de Waterloo, en simulant la panique, Nathan Meyer Rothschild achetait dans le secret les *consols* vendus dans la panique par d'autres détenteurs, bien en dessous de leur valeur faciale, et il devint de la sorte le principal détenteur de *consols*, s'arrogeant ainsi en 1815 le contrôle de la Banque d'Angleterre.

12% de dividendes

Quoiqu'un gouvernement travailliste ait en 1946 nationalisé la Banque d'Angleterre, cette dernière continue – d'après *The Great Soviet Encyclopaedia* (vol. I, p. 490 c) – de verser une rente de 12% chaque année, exactement comme elle le faisait avant sa nationalisation. Son « gouverneur » est désigné par le gouvernement, dans un contexte analogue à celui des États-Unis où les gouverneurs du système de la Réserve fédérale sont désignés par le président. Cependant, comme l'indique l'*Encyclopaedia Americana* (vol. XIII, p. 272), « dans la pratique les gouverneurs de la Banque d'Angleterre n'ont pas hésité à critiquer publiquement le gouvernement et à faire pression sur lui ».

Taux bancaires

La détermination des taux d'intérêts par la Banque d'Angleterre est désignée sous le nom de « taux d'escompte officielle » ; c'est un outil de contrôle des taux d'intérêts dans le monde entier, même si les taux des autres États peuvent être supérieurs ou inférieurs à ce « taux bancaire ». La Banque d'Angleterre administre la dette de l'État britannique qui fait appel à ses services pour arbitrer des affaires politiques. Elle fit office d'intermédiaire avec les révolutionnaires iraniens dans les négociations de libération d'otages américaines.

Nous ne devrions point nous ébahir de ce qu'en 1983 le gouverneur de la Banque d'Angleterre sir Gordon Richardson fût un acteur éminent de la finance internationale, apparaissant dans d'autres parties du présent ouvrage en vertu de ses relations avec la J. Henry Schroder Company à Londres entre 1962 et 1972, année où il devint gouverneur de la Banque d'Angleterre. Il fut également un administrateur de la J. Henry Schroder Co. à New York et de la Schroder Banking Corp. (même siège social), sans oublier Rolls-Royce et la Lloyd's Bank. Tout en habitant Londres, il conservait un pied-à-terre à New York et figurait dans l'annuaire de Manhattan sous la simple identité de « G. Richardson, 45 Sutton Place S. » (une précédente édition de cet annuaire le domiciliait au 4 Sutton Place). La Sutton Place devint une adresse à la mode pour les personnalités mondialistes à l'instigation de Bessie Marbury, dont nous avons parlé dans notre chapitre XIII à cause de ses liens avec les familles Morgan et Roosevelt.

En 1982, parmi les administrateurs de la Banque d'Angleterre figuraient : Léopold de Rothschild, de N. M. Rothschild & Sons ; sir Robert Clark, président de la Hill Samuel Bank, la banque la plus influente après la maison de Rothschild ; John Clay, de la Hambros Bank ; et David Scholey, de la Warburg Bank en plus d'être coprésident de la S. C Warburg Co.

Dans *The Changing Anatomy of Britain* (New York, Random House, 1982, p. 279), Anthony Sampson écrivait : « Les banques les plus cosmopolites, dotées d'experts et d'administrateurs tels que les Warburg, Montagu, Rothschild et Kleinwort, avaient en outre découvert sur les marchés une nouvelle source de bénéfices gigantesques dans les eurodollars qui virent le jour dans les années 1950 et se démultiplièrent tout au long de la décennie 1960 [...] Les banquiers britanniques contrôlaient eux-mêmes des fonds relativement peu importants, mais ils savaient comment gagner de l'argent avec l'argent des autres. »

Le marché des eurodollars, un énième prolongement de la « production de monnaie », est monopolisé par diverses sociétés que nous allons nommer.

L'empire de l'eurodollar

« Aujourd'hui, en union avec des associés situés sur l'île de Manhattan (la part la plus importante de l'immobilier britannique), l'Empire britannique contrôle la totalité des 1 500 000 000 000 $ du marché financier de l'eurodollar, 300 à 500 000 000 000 $ supplémentaires aux Caïmans ainsi qu'aux Bahamas, et 50 à 100 autres milliards sur le « marché du dollar asiatique » de Hong Kong et Singapour [...] Figurez-vous le marché des eurodollars, représentant 1 500 000 000 000 $, comme étant un marché "de contrebande" en dollars américains, sur lequel la nation n'aurait aucun contrôle ! Sur celui-ci, la gestion et les bénéfices se trouvent majoritairement entre les mains de banques londoniennes. En lien avec le Libor (taux interbancaire à Londres), ce sont elles qui fixent le taux interbancaire londonien, les durées des prêts et les taux d'intérêts s'appliquant à cette masse de dollars américains [...] Des banques américaines à l'instar de la Citibank (New York), dont l'influent financier britannique lord Aldington est administrateur, opèrent ouvertement sur ce marché. Parallèlement, des banques britanniques – dont la banque essentielle du commerce mondial de la drogue, la banque de Hongkong et de Shanghai – se dirigent massivement ver les États-Unis pour y dévorer les banques américaines. En 1978, la Hongshang (c'est-à-dire la banque de Hongkong et Shanghai) a pris le contrôle de la Marine Midland Bank de New York, la 11e banque commerciale la plus importante de l'État de New-York [...] Des Britanniques contrôlent également la production des dollars américains : tandis que Paul Volcker, président du conseil de la Réserve fédérale, contracte le crédit au plus grand dam de son économie domestique, les banques satellisées par les Britanniques (à l'image de l'European American Bank) aux îles Caïmans – une possession de la couronne britannique située à 200 miles nautiques des côtes de la Floride – et aux Bermudes, ainsi qu'une douzaine d'autres relais faisant office de "banques libres", créent des centaines de milliards de dollars américains. Comment cela a-t-il été possible ? Dans l'univers bancaire de la « libre entreprise » de l'Empire britannique, il n'y a aucune proportion de réserves obligatoires ni aucune autre restriction à la création de crédits libellés en dollars. Un crédit sans justificatifs d'1 000 000 $ peut être émis aux États-Unis puis transformé en plusieurs crédits d'un montant total variant entre 20 et 100 000 000 libellés en dollars après avoir passé les mailles du système britannique dépourvu de ratios de réserve[130]. »

La puissance financière, mais aussi l'influence juridique, ont conservé leur siège en Grande-Bretagne. Le 8 juin 1983, *The Washington Post* remarquait qu'à la suite de la révolution américaine les lois établies étaient demeurées en vigueur dans des États-Unis tout récents : plusieurs de ces lois de la « *common law* anglaise » remontaient en 1278, bien avant la découverte de l'Amérique.

Cette puissance financière colossale de la « City » transparaît dans bien des domaines. Dans *Present at the Creation* (New York, W. W. Norton, 1969, p. 779), Dean Acheson raconte : « Nous logions dans la résidence de l'ambassade, une ancienne demeure de J. P. Morgan, au 14 Prince's Gate, en face de Hyde Park ». Combien d'Américains savent que la résidence de l'ambassade des États-Unis à Londres est une bâtisse de J. P. Morgan, ou que Dean Acheson – ancien collaborateur de Morgan – se considère lui-même de cette façon, à la page 505 de son livre : « Mon sentiment personnel était depuis longtemps pro-britannique, et cela se savait » ? Personne n'émit le moindre commentaire sur un secrétaire d'État américain prenant ouvertement le parti du Royaume-Uni.

L'argent « créé » par la Réserve fédérale n'est pas uniquement utilisé pour des motifs financiers : cette monnaie est aussi employée afin de maintenir le contrôle des financiers sur tous les aspects de la vie économique, politique et sociale. Cela sert à financer les gigantesques

---

[130]*Harpers Magazine*, février 1980.

dépenses des candidats aux élections, les budgets obèses des universités, les importants investissements nécessaires au lancement de journaux ou de revues, ainsi que d'un large panel de fondations, de « think-tanks » et autres outils de manipulation des esprits.

La guerre psychologique

Rares sont ceux qui savent que ces 80 dernières années presque toutes les découvertes dans le domaine de la psychologie aux États-Unis ont été permises sous la houlette du Bureau pour la guerre psychologie de l'armée britannique. Au début de la décennie 1980, votre serviteur a fait la connaissance d'un nom nouveau : l'institut Tavistock de Londres, également désigné sous l'étiquette de « Tavistock Institute of Human Relations ». Les « rapports humains » recouvrent ici tous les aspects du comportement humain. Le modeste objectif de l'institut Tavistock est d'obtenir et exercer un contrôle sur l'ensemble des éléments du comportement humain des citoyens américains.

D'innombrables soldats furent définitivement handicapés à cause des tirs intensifs d'obus au cours de la première guerre mondiale. En 1921, le marquis de Tavistock, 11e duc de Bedford, céda un immeuble à un groupe qui planifia la supervision de programmes de réhabilitation de soldats britanniques traumatisés. Cette association prit le nom de son mécène : « institut Tavistock ». Un aréopage d'experts farouchement préparés à la guerre psychologique fut mis sur pied dans le secret le plus absolu. Le nom de l'institut Tavistock n'apparaît qu'à deux reprises en cinquante années dans l'index du *New York Times*. Pourtant, d'après LaRouche et d'autres analystes, ce groupement a chapeauté et entraîné l'ensemble des personnels de l'Office of Strategic Services (OSS), du Strategic Bombing Survey, des Supreme Headquarters of the Allied Expeditionary Forces et autres éléments militaires américains clefs de la seconde guerre mondiale, conflit au cours duquel l'institut Tavistock associa la section des sciences médicales de la fondation Rockefeller à des expérimentations ésotériques en utilisant des drogues altérant les fonctions cérébrales. La culture actuelle autour de la drogue aux États-Unis remonte globalement à cet institut qui supervisa les programmes d'entraînement de la CIA. La « contre-culture par le LSD » a vu le jour quand Sandoz A. G., un laboratoire pharmaceutique suisse détenu par S. G. Warburg & Co., a développé une drogue nouvelle à partir d'acide lysergique, plus connue sous le nom de LSD. James Paul Warburg (fils du Paul Warburg ayant conçu le Federal Reserve Act en 1910) subventionna un produit de l'institut Tavistock aux États-Unis : l'Institute for Policy Studies. Son directeur, Marcus Raskin, prit place au Conseil de sécurité nationale. James Paul Warburg concocta un programme de la CIA afin d'expérimenter le LSD sur des agents de cet organisme, dont certains finirent par se suicider. Ce programme, baptisé « MK-Ultra » et supervisé par le docteur Gottblieb, déboucha sur de retentissants procès intentés contre le gouvernement américain par des familles de victimes.

L'Institute for Policy Studies mit sur pied une branche pour les étudiants – les Students for Democratic Society (SDS) – consacrée à la drogue et à la révolution. Au lieu de subventionner personnellement cette SDS, Warburg y employa les crédits de la CIA, à hauteur de 20 000 000 $ environ, afin d'assurer la promotion des troubles estudiantins dans la décennie 1960.

L'institut Tavistock anglais n'a guère circonscrit ses agissements à des groupuscules d'extrême gauche : il a aussi supervisé les programmes de groupes de réflexion prétendument « conservateurs », à l'instar du Herbert Hoover Institute de l'université de Stanford, de la fondation Heritage, de Wharton, de Hudson, du MIT et de Rand. Les programmes de « formation à la sensibilité » et de « rencontres sexuelles » des milieux californiens les plus radicaux, à l'image de l'Esalen Institute et de ses nombreux semblables, ont tous été conçus et développés par des psychologues de l'institut Tavistock.

L'un des rares billets évoquant l'institut Tavistock est paru le 26 octobre 1963 dans *Business Week*. Il était accompagné de la photographie de son siège dans le quartier prisé par les sociétés pharmaceutiques à Londres. Cet article évoque « la tendance freudienne » de cet institut et fait remarquer qu'il est largement financé par les valeurs vedettes de la Bourse de Londres, comme Unilever, BP et Baldwin Steel. D'après *Business Week*, les campagnes d'expériences psychologiques et de formation aux relations sociales de cet institut ont pris bien sur le sol américain par l'intermédiaire des universités du Michigan et de Californie, lesquelles sont les foyers du radicalisme et des réseaux de drogues.

C'est ce marquis de Tavistock, 12e duc de Bedford, que Rudolf Hess alla rencontrer, après avoir pris l'avion pour l'Angleterre, afin d'avoir un contact pour mettre un terme à la seconde guerre mondiale. Il a été dit que Tavistock pesait 40 000 000 $ en 1942. En 1945, son épouse se tuait par overdose médicamenteuse.

Biographies

Nelson Aldrich (1841-1915)

Sénateur de Rhode Island ; chef de la Commission monétaire nationale ; sa fille Abby Aldrich a épouse John D. Rockefeller, J^r ; il devint le grand-père de son quasi-homonyme Nelson Aldrich Rockefeller, mais aussi de l'actuel David Rockefeller et de Laurence Rockefeller.

William Jennings Bryan (1860-1925)

Secrétaire d'État de Woodrow Wilson, candidat malheureux du Parti démocrate aux trois élections présidentielles de 1896, 1900 et 1908, et chef du Parti démocrate.

Alfred Owen Crozier (1863-1939)

Éminent avocat de Grand Rapids, Cincinnati et New York, Crozier a produit huit ouvrages sur des problèmes juridiques et monétaires, se faisant remarquer par son opposition au remplacement de la monnaie constitutionnelle par de l'argent de corporation imprimé par des sociétés privées pour leurs bénéfices propres.

Clarence Dillon (1882-1979)

Né à San Antonio (Texas), fils de Samuel Dillon et Bertha Lapowitz. Diplômé de Harvard en 1905. Marié à Anne Douglass de Molwaukee. Son fils, C. Douglas Dillon (plus tard secrétaire au Trésor, de 1961 à 1965) est né à Genève en Suisse en 1909 tandis qu'ils étaient à l'étranger. Dillon fit en 1912 la connaissance de William A. Read, fondateur du cabinet de courtage d'obligations William A. Read & Company, par l'intermédiaire de son ancien camarade de Harvard William A. Phillips et Dillon intégra les bureaux de Read à Chicago l'année même. Il déménagea à New York en 1914. Read mourut en 1916, et Dillon racheta une participation majoritaire au sein de sa firme. Au cours de la première guerre mondiale, Bernard Baruch – président du War Industries Board (connu pour être le tsar de l'industrie américaine) – demanda à Dillon de devenir conseiller du président de ce War Industries Board. En 1920, la dénomination William A. Read & Company a été troquée contre celle de Dillon, Read & Company. Dillon était administrateur de l'American Foreign Securities Corporation qu'il avait créé en 1915 pour financer les achats de munitions aux États-Unis pour le compte du gouvernement français. Son bras droit au sein de Dillon, Read & Company, James Forrestal, devint secrétaire à la Marine, puis secrétaire à la Défense, et il s'éteignit dans des circonstances mystérieuses au sein d'un hôpital fédéral. En 1957, le *Fortune Magazine* classait Dillon parmi les hommes les plus riches des États-Unis, avec une fortune estimée entre 150 et 200 000 000 $.

Alan Greenspan (1926-)

Désigné par le président Reagan pour succéder à Paul Volcker à la présidence du conseil des gouverneurs de la Réserve fédérale en 1987. Greenspan avait succédé à Herbert Stein en tant que président du Conseil présidentiels des experts économiques en 1974. C'était le protégé de l'ancien président du conseil des gouverneurs Arthur Burns d'Autriche (Bernstein). Burns était un monétariste représentant l'école de commerce de Vienne (Rothschild) qui a manifesté son influence en Angleterre par le biais de la Royal Colonial Society, une couverture pour les Rothschild et d'autres financiers anglais qui ont dissimulé les bénéfices tirés du commerce mondial de la drogue dans la Banque de Hongkong et Shanghai. L'économiste des membres de la Royal Colonial Society était Alfred Marshall, l'inventeur de la théorie monétariste, qui, en tant que meneur du groupe d'Oxford, est devenu le patron de Wesley Clair Mitchell, qui a fondé le Bureau national pour la recherche économique pour les Rockefeller aux États-Unis. Mitchell, à son tour, est devenu le patron d'Arthur Burns et de Milton Friedman, dont les théories sont maintenant les techniques politiques de Greenspan au sein du conseil de la Réserve fédérale. Greenspan est également le protégé d'Ayn Rand, un cinglé égoïste qui gérait ses affaires sexuelles avec des ordres gutturaux. Rand fut en outre le patron du propagandiste de la CIA William Buckeley et de la *Nation Review*. Greenspan était administrateur dans de grandes sociétés de Wall Street telles que la J. P. Morgan Co., le Morgan Guaranty Trust (la banque américaine des Soviétiques après la révolution bolchevique de 1917), la Brookings Institution, la Bowery Savings Bank, le Drefus Fund, General Foods et Time, Inc. La réalisation la plus impressionnante de Greenspan se fit jour lorsqu'il était président de la Commission nationale sur la Sécurité sociale de 1981 à 1983. Il a joué avec les chiffres pour convaincre l'opinion publique que la Sécurité sociale était en faillite, alors qu'en fait elle enregistrait un excédent énorme. Ces chiffres ont ensuite été instrumentalisés pour faire peser sur les travailleurs américains une énorme augmentation des retenues à la source concernant la Sécurité sociale, au nom du principe de David Ricardo, la loi de fer des salaires, selon lequel les travailleurs ne pouvaient recevoir qu'un salaire de subsistance, tous les fonds l'excédent devant leur être extorqués de force par des augmentations d'impôts. En tant qu'associé au sein de la J. P. Morgan Co. depuis 1977, Greenspan représentait la ligne de contrôle ininterrompue du système de la Réserve fédérale par les sociétés représentées lors de la réunion secrète de l'île Jekyll en 1910, où Henry P. Davison, bras droit de J. P. Morgan, fut un personnage clef dans la rédaction du Federal Reserve Act. Quelques jours après avoir pris ses fonctions de président du conseil de la Réserve fédérale, Greenspan a aussitôt augmenté le taux d'intérêt le 4 septembre 1987, la première augmentation de ce type après trois années de prospérité générale, et il a précipité le krach boursier du Black Monday en octobre 1987, quand le score du Dow Jones a plongé de 508 points. Sous la direction de Greenspan, le conseil de la Réserve fédérale n'a cessé de pousser les États-Unis de plus en plus profondément dans la récession, sans un mot de critique de la part des membres complaisants du Congrès.

Colonel Edward Mandell House (1858-1938)

Fils d'un agent des Rothschild au Texas. Il parvint à faire élire cinq gouverneurs consécutifs au Texas ; il est devenu le conseiller de Woodrow Wilson en 1912. Il a coopéré avec Paul Warburg pour obtenir le Federal Reserve Act adopté par le Congrès en 1913.

Robert Marion LaFollette (1855-1925)

Il siégea au Sénat pour le Wisconsin de 1905 à 1925. Il conduisit les réformateurs agrariens à s'opposer aux banquiers de l'est et à leurs projets en faveur du Federal Reserve Act. Il s'est présenté aux élections présidentielles de 1924 sous la couleur progressiste-socialiste.

Charles Augustus Lindbergh, S^r (1860-1924)

Représentant pour le Minnesota (1907-1917) qui mena la lutte contre la promulgation du Federal Reserve Act en 1913. Il siégea jusqu'en 1917, date à laquelle il a démissionné pour se porter candidat au poste de gouverneur du Minnesota. Il mena une bonne campagne malgré les attaques défavorables de journaux dominés par *The New York Times*. Sa campagne fut violemment affectée quand des agents fédéraux ont brûlé ses livres – dont *Why Is Your Country At Wat?* – ainsi que les papiers et documents du bureau de son domicile de Little Falls dans le Minnesota.

Louis T. McFadden (1876-1936)

Membre du Congrès et président de la commission sur la banque et la monnaie de la Chambre des représentants, de 1927 à 1933 ; il s'est courageusement opposé aux marionnettistes du système de la Réserve fédérale dans les décennies 1920 et 1930. Il proposa des résolutions en impeachment contre le conseil des gouverneurs de la Réserve fédérale et quelques hauts-fonctionnaires liés. Après trois attentats manqués contre lui, il mourut dans des circonstances mystérieuses.

John Pierpont Morgan (1837-1913)

Considéré comme le financier américain prédominant à la jonction des deux siècles. Le *Who's Who* de 1912 affirmait qu'il « contrôle plus de 50 000 miles de chemins de fer aux États-Unis ». Il mit sur pied l'US Steel Corporation. Il devint un représentant de la maison de Rothschild par l'intermédiaire de son père, Junius S. Morgan, qui était devenu l'associé à Londres de George Peabody & Company, par la suite *Junius S. Morgan Company*, un agent des Rothschild. John Pierpont Morgan, J^r a succédé à son père à la tête de l'empire Morgan.

David Mullins (1946-2018)

Nommé gouverneur du conseil de la Réserve fédérale le 21 mai 1990, le mandat de David Mullins s'est achevé le 31 janvier 1996. Il fut ensuite nommé vice-président du conseil de la Réserve fédérale, et servit en tant que secrétaire-adjoint au Trésor pour les Finances intérieures de 1988 à 1990, recevant le prix le plus prisé de ce département – le prix Alexander-Hamilton – pour ses services dans des programmes concernant les carburants de synthèse, les finances fédérales et le Conseil d'aide aux prêts agricoles, ou encore sa conception d'un plan présidentiel pour le sauvetage des établissements d'épargne et de crédit. C'est un cousin éloigné de l'auteur de cet ouvrage, descendant de John Mullins, le premier colon de ce nom attesté dans la partie ouest de la Virginie, héros de la bataille de King's Moutain et bénéficiaire d'une concession de 200 acres de terrain pour son service au cours de la révolution américaine.

Wright Patman (1893-1976)

Membre du Congrès et président de la commission sur la banque et la monnaie de la Chambre des représentants de 1963 à 1974. Il a mené la lutte au Congrès visant à arrêter les marionnettistes du système de la Réserve fédérale, de 1937 jusqu'à sa mort survenue en 1976.

Arsene Pujo

Il siégea au Congrès de 1903 à 1913. Démocrate de Louisiane. Président de la commission sur la banque et la monnaie de la Chambre des représentants. Président de la sous-commission des « auditions Pujo » en 1912.

Sir Gordon Richardson (1915-2010)

Directeur de la Banque d'Angleterre à partir de 1973. Président de J. Henry Schroder Wagg à Londres (1962-1972) ; administrateur de la J. Henry Schroder Banking Corporation à New York ; de la Lloyd's Bank à Londres ; et de Rolls-Royce.

Jacob Schiff (1847-1920)

Né dans la maison des Rothschild à Francfort, en Allemagne. Il émigra aux États-Unis et épousa Thérèse Loeb, la fille de Solomon Loeb, fondateur de Kuhn, Loeb & Co. Schiff est devenu associé principal au sein de Kuhn, Loeb & Co. et, en tant que représentant des intérêts Rothschild, il prit le contrôle de la majeure partie des voies ferroviaires des États-Unis.

Baron Kurt von Schröder (1889-1966)

Banquier attitré d'Adolf Hitler, il avança des fonds en vue de l'avènement de Hitler au pouvoir en Allemagne en 1933 ; représentant allemand des branches londonienne et new-yorkaise de la J. Henry Schroder Banking Corporation ; chef d'un groupe de vétérans SS ; administrateur de toutes les filiales allemandes d'ITT ; membre du cercle d'amis de Himmler ; conseiller au sein du conseil d'administration de la Deutsche Reichsbank (banque centrale allemande).

Anthony Morton Solomon (1919-2008)

Formé à Harvard, économiste du Bureau d'administration des prix en 1941-1942 ; mission financière en Iran de 1942 à 1946 ; Agence pour le développement international de l'Amérique du Sud de 1965 à 1969 ; président pour l'international de l'Investment Corporation for Yugoslavia de 1969 à 1972 ; conseiller du président de la commission de la voirie et des transports de la Chambre des représentants en 1972-1973 ; sous-secrétaire aux Affaires monétaires au sein du Trésor américain de 1977 à 1980 ; président de la banque de réserve fédérale de New York à partir de 1980.

Samuel Untermyer (1858-1940)

Associé du cabinet d'avocats Guggenheimer & Untermyer de New York, qui a dirigé les « auditions Pujo » de la commission sur la banque et la monnaie de la Chambre des représentants en 1912. Juriste des Rogers et Rockefeller dans de nombreuses affaires contre F. Augustus Heinze, Thomas W. Lawson *et alii*. Il factura sur un seul dossier des honoraires de 775 000 $ pour avoir mené à bien la fusion ayant accouché de l'Utah Copper Company. Décrit dans *The New York Times* du 26 mai 1924 comme exhortant à la reconnaissance immédiate de la Russie soviétique lors de la rencontre du hall Carnegie. Le prestige et le pouvoir d'Untermyer sont mis en lumière par le fait que cette notice nécrologique publiée en une du *New York Times* était forte de six colonnes. Son entrée dans le *Who's Who* a été la plus longue de toutes pendant treize années.

Frank Vanderlip (1864-1937)

Secrétaire-adjoint au Trésor de 1897 à 1901 ; il gagna du prestige en finançant la guerre hispano-américaine par la mise en circulation de 200 000 000 $ en obligations au cours de son mandat pour ce qui était alors dénommé « la guerre de la National City Bank », c'est-à-dire en tant que président de la National City Bank de 1909 à 1919. Membre du groupe initiateur de l'île Jekyll qui conçut le Federal Reserve Act en novembre 1910. Aucune allusion à ce fait majeur ne se retrouve dans la longue notice nécrologique publiée par *The New York Times* le 30 juin 1937.

George Sylvester Viereck (1884-1962)

Auteur de la remarquable étude *The Strangest Friendship in History, Woodrow Wilson and Col. House*, Liveright, 1932. Un éminent poète du début de la décennie 1900, relayé en une de *The New York Times Book Review*, et connu pour être le principal citoyen germano-américain des États-Unis.

Paul Volcker (1927-2019)

Président du conseil des gouverneurs de la Réserve fédérale à partir de 1979, nommé par le président Carter, confirmé par le président Reagan pour un autre mandat de quatre années commençant le 6 août 1983. Formé à Princeton, à Harvard et à la London School of Economics ; employé par la banque de réserve fédérale de New York entre 1952 et 1957 ; Chase Manhattan Bank, de 1957 à 1961 ; département au Trésor, 1961-1974 ; président de la banque de réserve fédérale de New York, 1975-1979.

Paul Warburg (1868-1932)

Considéré par des observateurs compétents comme étant le véritable auteur du projet de notre banque centrale (le système de la Réserve fédérale). Il émigra aux États-Unis depuis l'Allemagne en 1904 ; associé des banquiers Kuhn, Loeb & Company à New York ; naturalisé en 1911. Membre du premier conseil des gouverneurs de la Réserve fédérale, 1914-1918 ; président du Comité consultatif fédéral, 1918-1928. Frère de Max Warburg, qui fut à la tête des services secrets allemands au cours de la première guerre mondiale et qui représenta l'Allemagne à la Conférence de la paix en 1918-1919, tandis que Paul était président de la Fed.

Sir William Wiseman (1885-1962)

Associé au sein de Kuhn, Loeb & Company ; chef des services secrets britanniques pendant la première guerre mondiale. Il a travaillé en étroite collaboration avec le colonel House dominant les États-Unis et l'Angleterre.

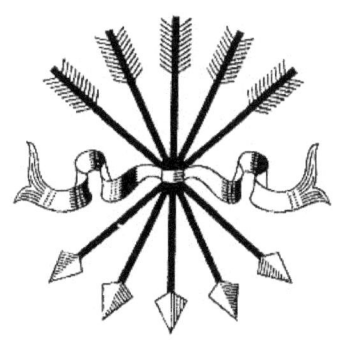

Postface d'Aline de Diéguez

> "Que peuvent les lois, là où seul l'argent est roi ?"
> — Pétrone

L'influence d'Ezra Pound dans la première mise à nu du Système de la Réserve Fédérale est capitale. L'obsession de lutter contre le système usuraire mis en place aux USA en 1913 et inventé lors du fameux séjour des « barons voleurs » dans l'île Jekyll en 1910, a traversé toute sa vie, même s'il s'est, hélas, dramatiquement fourvoyé dans les engagements politiques qui étaient censés apporter une solution au vrai problème qu'il dénonçait.

Il n'en demeure pas moins vrai que le système que le poète n'a cessé de combattre sa vie durant est en train d'agoniser. La gloutonnerie des financiers s'est si bien donnée libre cours durant près d'un siècle, qu'elle a conduit l'économie mondiale au bord d'un gouffre.

L'île Jekyll

De nombreux économistes, monétaristes et autres savants spécialistes de la chose financière poussent l'audace jusqu'à évoquer, à propos des résultats de la réunion de 1910 dans l'île Jekyll, de « l'escroquerie du millénaire » mais n'osent poursuivre le raisonnement logique jusqu'à son terme afin de conclure que s'il y a escroquerie, c'est qu'il y avait des escrocs. Derrière le système, cherchons donc les hommes.

La biographie des auteurs de la conspiration de l'île Jekyll, présentée aujourd'hui avec la déférence craintive que les historiens vouent à tout ce qui touche à la naissance et à l'évolution de l'empire américain et avec la révérence qu'inspirent les puissances d'argent, s'éclaire à la lumière, notamment, de destins contemporains semblables – je veux parler de la foudroyante prospérité des oligarques russes après la dislocation de l'Union soviétique.

Or, quand une fortune fabuleuse est édifiée en quelques lustres, dans une époque troublée, Mister Hyde n'est jamais loin. La guerre civile américaine, appelée aussi *guerre de Sécession*, a été un terreau fertile pour les spéculateurs, les trafiquants et les filous de tout poil. Plus près de nous, nous avons vu comment ont procédé les Roman Abramovitch, les Mikhaïl Khodorkovski, les Alexeï Morchadov, les Vladimir Goussinski ou les Boris Berezovski. Nous avons suivi leurs exploits quasi au jour le jour, durant la période instable du passage en ex-Union soviétique d'une économie administrée et centralisée à une économie dite « libérale » et vu, de nos yeux vu, comment s'édifient en quelques mois, sinon même en quelques semaines, des empires financiers pharaoniques.

C'est dans un petit îlot bucolique – l'île Jekyll – situé à quelques encablures de la côte de Géorgie que se tint, en novembre 1910, la réunion secrète qui donna naissance, trois ans plus tard, la veille de Noël 1913, à la création du monstre de l'île Jekyll : la *Federal Reserve Bank* – connue sous le sigle de FED – ainsi qu'à son bras armé, le dollar.

Jekyll ? Vous avez dit Jekyll ? Mais c'est bien sûr ! Le nom évoque irrésistiblement le roman de Robert Louis Stevenson, *L'étrange cas du Dr Jekyll et de Mister Hyde,* qui avait paru une vingtaine d'années auparavant en Angleterre – en 1885. Il avait connu un immense succès tant en raison de ses qualités littéraires que de sa pénétration psychologique et du thème traité. Le retentissement du roman dans les pays anglo-saxons protestants devait beaucoup à son sujet : la lutte du Bien et du Mal dans la conscience de chaque homme. Ces thèmes nous sont aujourd'hui familiers ; ils sont même d'une brûlante actualité depuis que l'actuel président des États-Unis, G.W. Bush, en a fait le carburant de son messianisme démocratico-pétrolier.

Or, l'îlot qui servit de cadre à la naissance de ce qu'on peut appeler la Banque des Banques, au sens superlatif, comme on parle du Roi des Rois, s'appelait Ile de la Somme depuis sa découverte en 1562 et devint précisément Jekyll en 1886, soit un an après la parution du roman de Stevenson. Ce sont ses nouveaux propriétaires qui la rebaptisèrent.

À l'origine, elle devait servir de lieu de villégiature à un groupe de familles si riches – elles représentaient à elles seules, à l'époque, plus d'un sixième de la richesse du monde – que ces familles jugèrent prudent de s'isoler hermétiquement dans un ghetto entouré par l'Océan. Le *Jekyll Island Club* comptait, parmi ses membres, les Rockefeller, les Morgan, les Crane, les Gould.

Le changement de nom de cet îlot par ses nouveaux propriétaires, et surtout le choix de ce nom-là, ne peuvent pas être considérés comme des actes innocents et anodins. Manière détournée d'annoncer la couleur ? Message inconscient ? Signal codé à l'intention des initiés ? *À chacun sa vérité,* pour reprendre le titre d'une célèbre pièce de théâtre de Luigi Pirandello.

Incontestablement, nous avons déjà un pied dans la réalité et l'autre dans le roman, c'est-à-dire dans les souterrains de l'action. C'est pourquoi il m'a semblé intéressant de commencer par analyser l'*aura* littéraire et psychologique des événements qui nimbent la conspiration de 1910. On découvre alors que le squelette du système monétaire s'habille de chair et de fantasmes, lesquels enrichissent notre compréhension de la machine machiavélique qu'une poignée d'hommes a conçue et imposée si solidement que leurs descendants sont considérés aujourd'hui comme les véritables maîtres du monde.

Sur les traces du bon Docteur Jekyll

Qui était ce Dr Jekyll dont l'histoire a si fortement impressionné les richissimes banquiers qu'ils donnèrent son nom à leur luxueux ghetto ?

Le thème traité par Stevenson dans son roman est une variante du mythe faustien de l'homme qui conclut un pacte avec le diable. À l'heure où la diabolisation des États qui s'opposent à l'extension de l'empire américain et à son pillage des ressources planétaires, notamment énergétiques, devient l'outil central de la manipulation des cerveaux, on voit que les thèmes bibliques élémentaires du combat du Bien contre le Mal, sont un des invariants les plus tenaces et les plus profondément enracinés dans les cervelles des peuples dont l'imaginaire religieux et l'arrière-monde moral reposent sur les textes vétéro-testamentaires – les israélites et les protestants – lesquels constituent le noyau influent de la politique intérieure et extérieure de l'empire américain.

Un vrai Dr Faust a réellement existé à la fin du XVème siècle en Allemagne. On pense qu'il est né vers 1480. L'humaniste Rufus l'a rencontré à Erfurt et le théologien Mélanchton, son compatriote, l'a connu à Wittenberg. C'était un personnage trouble, nécromancien, magicien, cartomancien, voyant, escroc, qui eut une vie errante et agitée. Il se vantait de pouvoir, grâce à son pacte avec Satan, reproduire les miracles attribués à Jésus-Christ dans les Évangiles. Dans une époque théologique troublée par la naissance du schisme protestant – les quatre-vingt-quinze (95) propositions de Luther ont été clouées sur la porte de l'Église de Wittenberg en 1517 – le Dr Faust est devenu une sorte de mythe illustrant la présence agissante du diable dans la vie de l'homme voué au péché.

Or Stevenson était précisément un esprit religieux et un puritain protestant. À ses yeux, l'homme fait un mauvais usage de sa science parce que la raison profane est d'essence diabolique. Il connaissait naturellement l'histoire de la naissance du protestantisme à Wittenberg et les péripéties qui l'entouraient.

Son personnage principal, le « bon » Dr Jekyll est, à sa manière, une réincarnation du Dr Faust. Il est obsédé par la découverte qu'en chaque homme deux êtres cohabitent et se combattent férocement : l'un bon, l'autre mauvais. Apparemment las d'être « bon », animé du désir pervers de laisser libre cours à ses penchants les plus fangeux et tenté par la pomme maléfique de la science profane d'inspiration satanique que dénonce la Genèse, il cherche et trouve une substance chimique qui lui permet de se dédoubler physiquement et donc de faire vivre séparément chacune de ses deux identités.

L'absorption de la drogue qu'il a fabriquée permet donc à l'honorable et élégant médecin, célèbre pour sa générosité envers les pauvres et sa bénévolence accueillante à l'égard de ses amis, de mettre au jour le jumeau hideux et monstrueux qui se cache en lui, Mister Hyde, comme son nom l'indique, moyennant une petite coquetterie orthographique – *hide* signifiant caché – qui ne trompe personne.

Cette créature aussi repoussante moralement que physiquement, erre la nuit dans les quartiers sordides de Londres, attaque les enfants et assassine les vieillards. Ce procédé littéraire, qui sera également celui d'Oscar Wilde dans son *Portrait de Dorian Gray*, traduirait la naïveté psychologique de laisser croire que les turpitudes et les crimes s'accompagnent de laideurs et de difformités physiques – et donc que les criminels auraient « *la tête de l'emploi* » – s'il n'était le ressort de l'action.

Car la finesse de Stevenson se révèle dans l'analyse de l'évolution de la psychologie du Docteur Jekyll : au début, sa mutation en criminel et en jouisseur se traduisait par une immense souffrance physique. Il lui fallait avaler une grosse rasade de sa potion et endurer mille morts avant que son corps et son âme se transforment. Mais peu à peu, il y prend goût et le personnage maléfique devient l'aspect prévalant de son être, si bien que le liquide n'est plus nécessaire pour faire surgir Mister Hyde. Il lui suffit de l'évoquer en pensée pour que la métamorphose se produise instantanément et facilement. Finalement, même le breuvage n'est plus parvenu à le faire disparaître. Mister Hyde avait tué le Dr Jekyll et le « Mal » avait triomphé du « Bien ».

La conclusion « *morale* » qu'on peut tirer du roman de Stevenson est donc que la pente naturelle de l'homme est « le Mal », que celui-ci devient facilement la norme et fait oublier qu'un état d'honnêteté et de vérité ont pu exister un jour.

La manière dont le monde a reçu les manipulations monétaires des conspirateurs de l'île Jekyll a suivi une route rigoureusement parallèle à celle du héros du roman de Stevenson.

Préhistoire de la FED

L'action des « barons voleurs » – ainsi que les dénommèrent les historiens américains – concrétisée par la décision de 1913 qui en sera le point d'orgue, n'est pas un acte isolé. C'est le dernier et le plus décisif des coups de boutoir des financiers dans la guerre féroce, tant en Europe qu'en Amérique, entre le pouvoir politique et le pouvoir des banquiers, et notamment celui des Warburg et des Rothschild d'Angleterre. Cette guerre durait depuis la Déclaration d'indépendance des colonies anglaises. Elle se termina par une victoire par KO de la finance internationale sur le pouvoir politique de l'État naissant et ouvrit la voie à une domination exponentielle des financiers sur le monde entier.

La bataille avait d'ailleurs commencé avant même la déclaration d'indépendance, en 1776, lorsque les banquiers de la City de Londres réussirent à faire voter par le gouvernement anglais une loi qui interdisait aux treize colonies d'Amérique de créer une monnaie locale, le *Colonial Script*, et de n'utiliser, pour leurs échanges, que la monnaie or et argent des banquiers. Comme cette monnaie était obtenue moyennant un intérêt, elle devenait automatiquement une dette des colonies.

Les monétaristes l'appellent une monnaie-dette et cette monnaie est un racket permanent des banques sur l'État soumis à ce régime.

Au moment de la déclaration d'indépendance du nouvel État, méfiants, les Pères fondateurs inscrivirent dans la Constitution américaine signée à Philadelphie en 1787, dans son article 1, section 8, § 5, que *"c'est au Congrès qu'appartiendra le droit de frapper l'argent et d'en régler la valeur"*.

Thomas Jefferson était si persuadé du rôle pervers des banquiers internationaux qu'il a pu écrire : "Je considère que les institutions bancaires sont plus dangereuses qu'une armée. Si jamais le peuple américain autorise les banques privées à contrôler leur masse monétaire, les banques et les corporations qui se développeront autour d'elles vont dépouiller les gens de leurs biens jusqu'au jour où leurs enfants se réveilleront sans domicile sur le continent que leur Pères avaient conquis."

Et voilà comment Jefferson a prophétisé, il y a plus de deux siècles, la crise actuelle des « *subprime* », qui jette de plus en plus de citoyens américains à la rue.

Mais les banquiers ne s'avouèrent pas vaincus. Ils trouvèrent des soutiens auprès du nouveau gouvernement et notamment auprès du Secrétaire au Trésor, Alexander Hamilton et du Président George Washington lui-même. Ils obtinrent en 1791 le droit de créer une banque, abusivement appelée « Banque des États-Unis » de manière à faire croire qu'il s'agissait d'une banque de l'État central alors que c'était une simple banque privé appartenant à ses actionnaires.

Cette banque privée obtint, pour vingt ans, le privilège d'émettre la monnaie-dette du nouvel État.

Lorsque au bout de vingt ans, le Président Jackson voulut mettre fin à ce droit exorbitant, sortir du cycle de la monnaie-dette et revenir au droit inscrit dans l'art. 1 de la Constitution, les banquiers anglais, menés par Nathan Rothschild, suscitèrent en 1812, sous divers prétextes commerciaux – taxe sur le thé – et maritimes – contrôle des navires – une guerre de l'Angleterre contre ses anciennes colonies et ils mirent en action toute leur puissance financière afin de ramener le nouvel État au rang de colonie. *"Vous êtes un repaire de voleurs, de vipères,* leur avait crié le Président Jackson. *J'ai l'intention de vous déloger, et par le Dieu Éternel, je le ferai !"*

Mais il échoua à les déloger et les banquiers eurent le dernier mot.

En 1816, les privilèges de la Banque des États-Unis étaient rétablis et les banquiers menés par la famille Rothschild avaient définitivement terrassé les hommes politiques qui, comme Jefferson et plus tard, Lincoln, tentèrent de s'opposer à leur racket.

C'est donc à juste titre que James Madison (1751-1836), le quatrième Président des États-Unis a pu écrire : "L'histoire révèle que les banquiers utilisent toutes les formes d'abus, d'intrigues, de supercheries et tous les moyens violents possibles afin de maintenir leur contrôle sur les gouvernements par le contrôle de l'émission de la monnaie."

Car il s'agit bien d'un racket. La guerre que mena – et perdit – Abraham Lincoln contre les banquiers en est une nouvelle illustration éclatante.

Durant la guerre de Sécession (1861-1865), la banque Rothschild de Londres finança les Fédérés du Nord, pendant que la banque Rothschild de Paris finançait les Confédérés du Sud en application d'un scénario mis au point en Europe durant les guerres napoléoniennes. Les deux groupes, profitant de la situation, exigeaient des intérêts usuraires de 25 à 36%.

Le président Lincoln, qui avait percé à jour le jeu des Rothschild refusa de se soumettre au diktat des financiers européens et, en 1862, il obtint le vote du *Legal Tender Act* par lequel le Congrès l'autorisait à revenir à l'art. 1 de la Constitution de 1787 et à faire imprimer une monnaie libérée du paiement d'un intérêt à des tiers – les fameux dollars *"Green Back",* appelés ainsi parce qu'ils étaient imprimés avec de l'encre verte. Grâce à cette décision il a pu, sans augmenter la dette de l'État, payer les troupes de l'Union.

"Le pouvoir des financiers tyrannise la nation en temps de paix – écrivait-il – et conspire contre elle dans les temps d'adversité. Il est plus despotique qu'une monarchie, plus insolent qu'une dictature, plus égoïste qu'une bureaucratie. Il dénonce, comme ennemis publics, tous ceux qui s'interrogent sur ses méthodes ou mettent ses crimes en lumière. J'ai deux grands ennemis : l'armée du sud en face et les banquiers en arrière. Et des deux, ce sont les banquiers qui sont mes pires ennemis."

Il aurait ajouté ces paroles prémonitoires : "Je vois dans un proche avenir se préparer une crise qui me fait trembler pour la sécurité de mon pays. [...] Le pouvoir de l'argent essaiera de prolonger son règne jusqu'à ce que toute la richesse soit concentrée entre quelques mains." (Lettre de Lincoln au Colonel William F. Elkins, 21 novembre 1864).

Lincoln voyait clairement combien il était néfaste pour une nation souveraine que des puissances autres que l'État central aient le pouvoir de créer la monnaie. Il a été tué à Washington le 14 avril 1965 par John Wilkes Booth qui lui tira une balle dans la tête alors qu'il assistait à une représentation théâtrale dans la loge du Ford's Theater.

Les causes réelles de sa mort n'ont pas été élucidées, bien que la version officielle prétende toujours que son assassin vengeait la défaite des Sudistes. De nombreuses recherches, abondamment documentées, orientent la recherche de la vérité vers un complot beaucoup plus complexe et révèlent, notamment, que Booth reçut à ce moment-là des sommes d'argent très importantes de la part d'hommes d'affaires connus et qu'il bénéficia de nombreuses et efficaces complicités, tant pour accomplir son crime que pour quitter les lieux.

Toujours est-il que le successeur de Lincoln, Andrew Johnson, semble, lui, n'avoir eu aucun doute quant à la cause de la mort de son prédécesseur : il a immédiatement et sans donner d'explication, suspendu l'impression des *greenbacks* et les États-Unis sont revenus à la monnaie-dette des banquiers.

Le 12 avril 1866, le Congrès officialisait sa décision par le vote du *Contraction Act* qui stipulait que les billets verts de Lincoln seraient progressivement retirés de la circulation monétaire.

Il est une autre personnalité qui, elle non plus, n'avait aucun doute sur les commanditaires de l'assassinat perpétré par Booth, c'est Otto von Bismarck, Chancelier de Prusse depuis 1862, qui écrivait : *"La mort de Lincoln fut un désastre pour la chrétienté. Il n'y avait pas dans tous les États-Unis d'homme qui méritât de seulement porter ses bottes. Je crains que les banquiers étrangers ne dominent entièrement l'abondante richesse de l'Amérique et ne l'utilisent systématiquement dans le but de corrompre la civilisation moderne. Ils n'hésiteront pas à précipiter les États chrétiens dans les guerres et le chaos, afin de devenir les héritiers de la terre entière."*

* * *

Il est impossible de ne pas évoquer, à la suite de celle du Président Lincoln, la tentative du Président John Fitzgerald Kennedy de dépouiller la FED de sa puissance, tellement elle lui est parallèle. Elle eut lieu un siècle exactement après celle de Lincoln. Les coïncidences biographiques, politiques et même numérologiques qui rapprochent les destins de ces deux hommes politiques sont, il faut le reconnaître, tout à fait extraordinaires et ont fait saliver de nombreux Sherlock Holmes amateurs. Leurs morts violentes semblent les avoir liés pour l'éternité dans un parcours historique en miroir.

En effet, le 4 juin 1963, le Président Kennedy signait l'*Executive Order* n° 11110 par lequel le gouvernement retrouvait un pouvoir inscrit dans la Constitution, celui de créer sa monnaie sans passer par la Réserve Fédérale. Cette nouvelle monnaie, gagée sur les réserves d'or et d'argent du Trésor, rappelait les *Greenbacks* et le coup de force du Président Lincoln.

Le Président Kennedy fit imprimer 4,3 milliards de billets de 1, 2, 5, 10, 20 et 100 dollars. En 1994 il restait l'équivalent de ces 284.125.895 dollars en circulation aux États-Unis, détenus probablement par des collectionneurs *(source : The 1995 World Almanac)*.

Les conséquences du Décret Présidentiel n° 11110 étaient

énormes. En effet, d'un trait de plume John Fitzgerald Kennedy était en passe de mettre hors-jeu tout le pouvoir que les banques privées de la FED s'étaient arrogé depuis 1816 et qu'elles détenaient officiellement depuis 1913. Car si, dans un premier temps, les deux monnaies auraient circulé parallèlement, la monnaie d'État, gagée sur les réserves d'argent, aurait fini par terrasser la monnaie créée *ex-nihilo* par les banquiers. Cette nouvelle monnaie aurait considérablement diminué l'endettement de l'État, puisqu'elle éliminait le paiement des intérêts.

Les vingt-six volumes du rapport Warren n'ont pas réussi à apporter une explication crédible à l'assassinat du Président Kennedy à Dallas le 26 novembre 1963, cinq mois après sa réforme monétaire. Il n'est nul besoin d'être un « *complotiste* » primaire ou secondaire pour n'accorder qu'un crédit poli à la thèse officielle, non pas seulement à cause de l'analyse des conditions de l'exécution, mais parce que le fait que tous les témoins oculaires de l'événement soient morts dans les deux ans ; que la disparition ou l'élimination de 400 personnes en relations même lointaines avec cet événement – y compris le personnel médical de l'hôpital Parkow où Kennedy a été admis, du portier au personnel médical, ainsi que des proches du tireur accusé, Lee Harvey Oswald – que tous ces événements soient le fruit du hasard relève d'un pourcentage de probabilités si infinitésimal qu'il est proche du zéro absolu. Le calcul des probabilités devient un juge plus efficace que n'importe quelle vérité officielle.

De puissants comploteurs ont donc sévi, y compris longtemps encore après le crime initial. Parmi les innombrables pistes avancées par les uns et par les autres, la piste monétaire était évidemment tentante. Elle fut relativement peu explorée au début de l'enquête. Cependant beaucoup la tiennent pour d'autant plus avérée qu'ils rapportent une phrase du père du Président, Joseph Kennedy, lorsqu'il apprit la décision de réforme monétaire de son fils : *"Si tu le fais, ils te tueront"*.

Le message semble, une nouvelle fois avoir été reçu cinq sur cinq par le Vice-Président Lyndon B. Johnson, devenu Président par la grâce de cet assassinat. Comme son homonyme Andrew Johnson un siècle auparavant, et avec une célérité particulièrement remarquable, il suspendit la décision monétaire prise le 4 juin 1963 par le Président assassiné alors que le cadavre de ce dernier n'était pas encore froid.

"Le décret présidentiel 11110 a été abrogé par le Président Lyndon Baines Johnson, trente-sixième président des États-Unis – de 1963 à 1969 – alors qu'il se trouvait dans l'avion présidentiel Air Force One, entre Dallas et Washington, le jour même de l'assassinat du Président

Kennedy" écrivait un chroniqueur. Cette affirmation n'est pas exacte : le décret présidentiel n'a jamais été officiellement abrogé, mais son application fut suspendue. Fut abrogée l'autorisation d'imprimer de nouveaux billets et de frapper de nouvelles pièces, si bien que l'Executive Order n° 11110 demeure officiellement en vigueur... dans la stratosphère.

Cet assassinat était peut-être un avertissement aux futurs Présidents qui auraient voulu emboîter le pas à Abraham Lincoln et à John Fitzgerald Kennedy et priver les banquiers de leur rente en éliminant le système de la monnaie-dette. John Fitzgerald Kennedy aurait payé de sa vie cette provocation à la puissance de la finance internationale. Mais nous sommes là dans le domaine des innombrables coïncidences troublantes qui ont jalonné la vie de ce Président, même si la célérité de la décision du Président Johnson donne du crédit à cette supposition. Eustace Mullins rappelle que le Président Abraham Garfield avait lui aussi été assassiné le 2 juillet 1881 après avoir fait une déclaration sur les problèmes de la monnaie. Que de coïncidences !

Depuis le Président Kennedy, aucun successeur ne s'est avisé d'apporter la moindre réforme au fonctionnement de la FED.

De plus, des Israéliens s'étant félicité de ce que l'élimination de J.F. Kennedy ait laissé le champ libre à l'accession d'Israël au statut de puissance nucléaire, cette conséquence s'est métamorphosée en cause pour certains.

En effet, le journal israélien *Ha'aretz* du 5 février 1999 écrivait, dans sa critique de l'ouvrage d'Avner Cohen, Israël et la bombe : "L'assassinat du Président américain John F. Kennedy mit un terme brutal à la forte pression de l'administration des États-Unis sur le gouvernement d'Israël afin de l'amener à interrompre son programme nucléaire..." L'auteur ajoute que "si Kennedy était resté vivant, il est douteux qu'Israël aurait aujourd'hui une défense nucléaire." Le Président Kennedy avait, en effet, fermement annoncé au Premier Ministre israélien David Ben Gourion qu'en aucun cas il n'accepterait qu'Israël devînt une puissance nucléaire.

Peut-être faudra-t-il encore vingt-six autres volumes d'enquête pour éclaircir cette énigme.

* * *

Les crises monétaires successives de 1869, 1873, 1893, 1901, 1907 :

La première « Tempête sur Wall Street », le premier « Vendredi noir », date du 24 septembre 1869. Elle était liée à la ruée vers l'or et aux manœuvres de deux escrocs, Jay Gould et Jim Fisk, qui soudoyèrent des fonctionnaires du Trésor afin d'accaparer tout le marché de l'or, dont les transactions s'opéraient encore en *Greenbacks*.

Une nouvelle panique secoue Wall Street le 20 septembre 1873. La faillite d'une société de courtage qui assurait le financement de la compagnie de chemins de fer *Northern Pacific Railway* provoque une vente massive des titres de la compagnie.

Le 27 juin 1893 a eu lieu le premier krach boursier à Wall Street. Faillites, incertitudes monétaires, diminution des réserves d'or ont provoqué une panique sur les titres et une classique ruée sur les achats d'or. Le sauveur sera, déjà, J. Pierpont Morgan, que nous retrouverons à la manœuvre en 1910 et en 1913. Après sa victoire sur Jay Gould et Jim Fisk dans la *« bataille du rail »* de 1873, Morgan se présente en sauveur du Trésor américain, après un marché conclu avec le Président Cleveland le 8 février 1895.

Nouvelle panique à Wall Street le 9 mai 1901 à propos d'une spéculation féroce sur la même *Northern Pacific* appartenant toujours au même J. Pierpont Morgan qui ruina d'un même élan les investisseurs honnêtes et les spéculateurs.

Le 13 mars 1907 voit une nouvelle chute vertigineuse des cours et, comme par hasard, la même *Northern Pacific* se retrouve au cœur de la crise. En même temps, J.P. Morgan annonce la faillite de *Knickerbocker Trust Co.* et de T*rust Company of America* qui mettent en péril tout le réseau bancaire – une petite répétition de la situation que nous connaissons aujourd'hui.

C'est dans ces grands moments-là qu'on reconnaît le prédateur de haut vol. Après avoir été le poison, notre banquier, John Pierpont Morgan, dont le nom se retrouve dans toutes les crises depuis 1869, se présente en remède et en sauveur de la nation. Un parfait *pharmakon monétaire*, en somme.

Ce n'est pas sans raison qu'il proclamait : *"Un homme a toujours deux raisons de faire ce qu'il fait. La bonne et la vraie."* Au cours d'une scène cocasse digne d'un scénario hollywoodien, ce personnage aussi truculent que redoutable a convoqué dans son bureau les présidents des sociétés financières, les a séquestrés toute la nuit et ne les a libérés que le lendemain matin à 5 h après les avoir contraints à verser vingt-cinq millions de dollars afin de « *sauver les banques* » qu'il avait contribué à mettre en péril.

Du coup, qualifiés précédemment de « malfrats richissimes » par le Président Théodore Roosevelt – celui qui avait envoyé la « Grande flotte blanche » faire le tour du monde afin de démontrer la puissance des États-Unis – J.P. Morgan et ses acolytes se sont métamorphosés en un clin d'œil en « conservateurs solides qui agissent avec sagesse pour le bien public ». Et c'est ainsi que la « bonne raison » de faire – celle qu'il est honorable d'afficher – est devenue la « vraie raison » d'agir, c'est-à-dire la raison officielle, la raison *ad usum delphini*.

Comme John Pierpont Morgan est l'un des acteurs majeurs de la création de la machine de la FED, il n'est pas inutile de rappeler que ce magnat des finances : se trouvait à la tête trois puissants groupes bancaires, *J.P. Morgan & Co.*, *First National*, et *National City Bank* ; qu'il contrôlait aussi quatre des cinq plus importantes compagnies ferroviaires ; qu'il était propriétaire du méga trust de l'acier *US Steel* ; qu'il avait créé la *General Electric* en fusionnant les sociétés *Edison* et *Thompson* ; qu'il avait mis la main sur la flotte *Leyland*, ainsi que sur de nombreuses lignes qui assuraient la navigation sur le Mississipi ; qu'il avait créé une nouvelle ligne de bateaux, la White Star et que, parmi les paquebots construits dans les chantiers navals dont il était le propriétaire, figure... le Titanic. On comprend peut-être mieux les raisons pour lesquelles ce paquebot luxueux dans sa partie visible, mais fragile dans sa partie immergée en raison de l'absence de double coque, a sombré aussi rapidement.

John Pierpont Morgan, le loup-cervier cynique qui n'hésitait pas à proclamer : "Je n'ai nul besoin d'un avocat qui me dise ce que je n'ai pas le droit de faire. Je le paie pour me dire comment faire ce que je veux faire", avait pourtant lui aussi son jardin secret qu'il est juste de mentionner. Passionné d'horlogerie, il consacra une partie importante de sa fortune à enrichir une magnifique collection d'horloges et de montres anciennes, que son fils Jack légua en 1916 au Metropolitan Museum, dans lequel une aile est consacrée à leur exposition. À la deuxième génération, les louveteaux héritiers deviennent philanthropes.

* * *

À l'origine, le cartel de banques appelé la Réserve fédérale américaine était donc composé de dix principaux groupes d'actionnaires privés :

➢ Rothschild Banks of London and Berlin

- Lazard Brothers Bank of Paris
- Israel Moses Sieff Banks of Italy
- Warburg Bank of Hamburg and Amsterdam
- Lehman Brothers Bank of New York
- Kuhn Loeb Bank of New York
- Chase Manhattan Bank of New York
- Goldman Sachs Bank of New York

À l'intérieur de ces groupes, environ trois cents personnes en chair et en os sont actionnaires – donc propriétaires – de ces banques. Elles se connaissent toutes car elles sont soit des membres directs de la famille de quelques-uns des plus gros actionnaires, soit leur sont apparentées par alliance.

Comme le révèle le graphique page les mêmes noms avec des prénoms différents reviennent régulièrement. Il existe une connexion directe entre la Banque d'Angleterre et la FED par l'intermédiaire de leurs deux principaux représentants à New York, les familles Rothschild et *JP Morgan Co*. Il en résulte que ce sont finalement les établissements bancaires de Londres qui contrôlent les Banques de la Réserve Fédérale et constituent ce que le poète Ezra Pound appelait la London Connexion.

On comprend mieux, dans ces conditions, pourquoi l'Angleterre n'entrera jamais dans la zone euro. Qui peut croire que les financiers de la City accepteront d'abandonner leur monnaie et tous les avantages liés à la Bourse de Londres, d'autant plus que leurs intérêts privés se trouvent structurellement liés au mécanisme de la FED, leur créature ? À moins qu'à l'occasion du séisme monétaire mondial qui se profile à l'horizon, ils ne réussissent à mettre la main sur la BCE, la Banque Centrale européenne, et à faire miroiter à la couvée apeurée des vassaux européens « *l'immense avantage* » qui résulterait pour eux de la création d'une monnaie « atlantique » - qu'on appellerait, par exemple, l'eurodollar ou l'atlante. Grâce au taux de change que Wall Street imposerait, il est plus que prévisible qu'une grande partie les dettes accumulées par les États-Unis serait automatiquement effacée. Mais pendant tout ce temps, les financiers auront acquis des richesses faramineuses sous la forme de biens réels. Et c'est ainsi que Jahvé est grand et qu'il est aisé de s'enrichir grâce au travail des citoyens du monde.

La dénomination *Federal Reserve* elle-même est déjà une

escroquerie, car ce cartel de banques privées n'a rien de « fédéral », au sens qu'il serait l'expression de l'État central américain et donc la propriété collective, publique et inaliénable du peuple étasunien.

En fait de « fédération » la Réserve Fédérale américaine fédère – c'est-à-dire réunit dans un même « système » – douze banques commerciales privées ayant chacune un rayon d'action géographique défini :

Nous avons ainsi, dans l'ordre d'importance du chiffre d'affaires réalisé par chacune de ces banques :

➢ La *Federal Reserve Bank* de New-York

➢ La *Federal Reserve Bank* de San Francisco (qui couvre les 7 états de l'Ouest + Hawaï et l'Alaska)

➢ La *Federal Reserve Bank* de Chicago

➢ La *Federal Reserve Bank* de Richmond

➢ La *Federal Reserve Bank* d'Atlanta

➢ La *Federal Reserve Bank* de Boston

➢ La *Federal Reserve Bank* de Dallas

➢ La *Federal Reserve Bank* de Cleveland

➢ La *Federal Reserve Bank* de Philadelphie

➢ La *Federal Reserve Bank* de Kansas City

➢ La *Federal Reserve Bank* de Saint-Louis

➢ La *Federal Reserve Bank* de Minneapolis

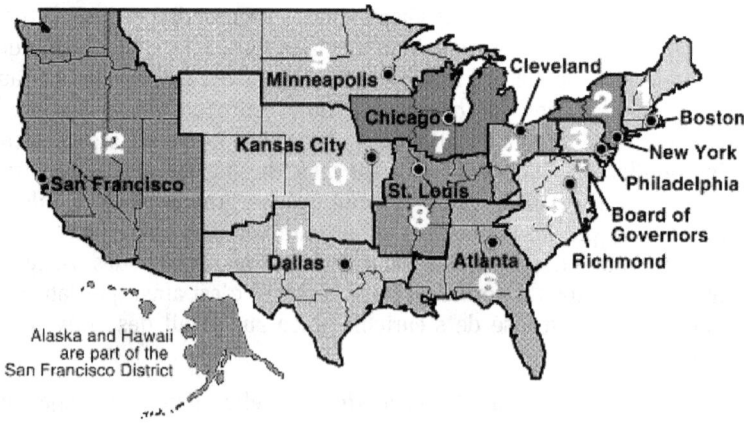

Le véritable pouvoir est exercé par le Conseil des Gouverneurs choisi par les directeurs des douze banques de la Réserve Fédérale et qui, dans le plan de Warburg ne devaient pas être connus du public. Cela signifie que le contrôle du Congrès sur la FED est, en réalité, cosmétique.

Comme la *Federal Reserve Bank of New-York* représente 40% de l'ensemble des actifs des 12 banques régionales, qu'elle a réussi à convaincre ou à contraindre une cinquantaine d'États, ainsi que quelques organismes internationaux et de richissimes particuliers de lui confier la garde de leur or, le dépôt est évalué à 10 000 tonnes environ à la fin de 2006.

Des mouvements étranges de semi-remorques remplis de lingots dans les sous-sol du World Trade Center ont été signalés avant la destruction des tours. Un semi-remorque plein de lingots et qui n'aurait pas eu le temps d'être évacué, aurait été retrouvé coincé dans un tunnel de sortie. De manière surprenante, des faits aussi singuliers ne semblent pas avoir éveillé la curiosité des enquêteurs officiels et des innombrables Sherlock Holmes privés qui se sont intéressés aux anomalies des effondrements des *Twin Towers*.

Alors que depuis la décision du 15 août 1971 prise du temps de la Présidence Nixon, les banquiers états-uniens, soutenus par leur gouvernement, ont réussi à faire perdre à l'or son statut de métal de réserve et à contraindre les banques centrales étrangères à échanger leur or contre du papier imprimé en couleur appelé « dollar » censé jouer le même rôle, on voit que les banquiers, eux, n'ont pas hésité à collecter et à accumuler des lingots dont 2% seulement appartiennent aux USA. Qui peut croire qu'ils les rendront à leurs légitimes propriétaires en cas d'effondrement de leur fausse monnaie ? Il y a quelques semaines, la Banque Centrale Helvétique a subi l'assaut de vigoureuses « incitations » afin qu'elle vende une partie de ses réserves d'or. Elle a obtempéré.

Quant au mot « réserve », il signifie tout simplement que chaque fois que l'État ou une autre banque privée « achète » des dollars, ceux-ci sont comptabilisés sur un compte dit « de réserve ». Sous cette langue de bois se cachent tout simplement les colonnes des dettes sur lesquelles les banquiers calculent leur pourcentage. Plus les États s'endettent, plus les banquiers s'enrichissent.

Le principe de l'escroquerie mise en place est d'une simplicité biblique. Mais son mécanisme est assez machiavélique pour que le commun des mortels n'en ait pas conscience. On comprend qu'il ait fallu neuf journées à des professionnels de la finance pour mettre au point tous ses rouages.

Pour faire simple et utiliser une métaphore, je dirai que c'est une fusée à trois étages.

A – <u>Premier étage</u> : Alors que le rôle normal d'une banque centrale est d'être un service public qui imprime et met gratuitement à la disposition de l'administration de son pays la monnaie papier et la monnaie fiduciaire ou électronique nécessaires au bon fonctionnement de l'État et de l'économie, dans le système privé imaginé durant le séjour de l'île Jekyll, le cartel des banquiers qui composent la FED s'est substitué à un droit régalien et s'est arrogé le pouvoir de battre monnaie et de la vendre à l'État.

L'intérêt payé aux banquiers est le montant de la redevance que la nation verse aux banquiers qui impriment les billets. Ces banquiers, réunis dans le *"Board of Governors of the Federal Reserve System"* fixent le taux auquel ils vendent les billets. Plus le taux est élevé, plus ils s'enrichissent.

Les noms donnés à ce type d'opération varient : tantôt on l'appelle une monnaie-dette, tantôt un emprunt. Mais comme cet emprunt est assorti d'un intérêt, et même d'un intérêt composé, il en résulte que ce sont les citoyens qui enrichissent les banquiers à leur verser annuellement un tribut sous la forme d'une proportion de leurs impôts, appelée intérêt de la dette, en réalité, prix d'achat par le peuple de l'argent qu'impriment gratuitement ses banquiers. Le profit annuel est phénoménal et se chiffre en centaines de milliards.

C'est ce système-là qui révoltait Ezra Pound et qu'il appelait la « financiarisation usuraire de l'économie américaine ».

B - Mais le <u>deuxième étage</u> de l'escroquerie est encore plus extraordinaire. Le numéraire que les banquiers « prêtent » n'existe nulle part : il s'agit d'une simple ligne d'écriture quand la monnaie est dite scripturale et de quelques piles de papier imprimé quand il s'agit de monnaie fiduciaire. La FED vend un bien qu'elle ne possède pas, puisque aucun argent réel n'a été prêté. Le dollar est donc un simple titre de paiement des banquiers privés de la Réserve Fédérale.

Le plus pervers et le plus paradoxal de cette situation, est que, depuis que ce titre de paiement n'est plus relié à la valeur des réserves d'or – depuis le 15 août 1971 –, son statut de monnaie n'est nullement fourni par des garanties qu'offrirait l'émetteur – les banques privées qui composent la Fed – mais uniquement par le prestige de l'emprunteur – le gouvernement américain.

Les banquiers ont donc besoin du prestige de l'État pour asseoir la crédibilité de leur monnaie. C'est pourquoi, étant en compte à demi avec lui, ils ferment les yeux sur l'augmentation exponentielle de son endettement et soutiennent le gouvernement en lui apportant les liasses nécessaires au financement des guerres et à l'entretien du millier de garnisons appelées « bases », éparpillées sur tout le globe terrestre et notamment en Europe, qui se trouve être, *de facto,* un continent encore occupé par des troupes étrangères soixante ans après la fin de la dernière guerre.

Quant à l'État, ayant réussi à imposer, avec la complicité active de l'Arabie Saoudite, le dollar comme monnaie de réserve et comme monnaie obligatoire pour l'achat et la vente de pétrole, il ne s'inquiète pas vraiment du montant du déficit financé par la planche à billets. On avance le chiffre de 44 000 milliards, mais c'est peut-être davantage. Grâce au privilège accordé au dollar « le reste du monde » s'appauvrit, puisqu'il voit régulièrement diminuer la valeur des dollars qu'il possède comme monnaie de réserve et, dans le même temps, il subventionne l'économie américaine.

C'est donc la puissance politique et militaire de l'État américain qui constitue le gage de la crédibilité de la monnaie des banquiers de la FED.

Conclusion : le dollar, monnaie privée des banquiers, est une monnaie politique gagée sur le zéphyr de la confiance que le monde accorde à l'emprunteur.

C – L'apparent rééquilibrage des rapports de force entre les deux partenaires - l'État américain et les banquiers dans un marché qui semble gagnant-gagnant - ne doit pas cacher que le troisième étage de la fusée de l'escroquerie monétaire mondiale est celui qui permet aux financiers de rafler seuls la mise.

Si, à l'origine, le titre de paiement émis par les banquiers est une simple variante d'une fausse monnaie ou d'un argent sale, le paiement des intérêts qui alimente automatiquement, en retour, le flot ininterrompu des bénéfices que produit l'argent gratuitement fabriqué devient miraculeusement virginal après son détour dans l'économie réelle. Il est du bon et bon argent, de l'argent réel, l'argent des impôts, donc le fruit du travail des citoyens. En conséquence, ce sont les citoyens qui entretiennent les banquiers.

Les alchimistes du Moyen-Âge avaient besoin de plomb pour produire de l'or, les alchimistes de la FED sont beaucoup plus forts. Pour produire de la richesse, il leur suffit de pianoter sur le clavier de leurs ordinateurs.

Un enrichissement phénoménal des banquiers à partir de rien, à partir du néant, en résulte.

Il faut reconnaître qu'il s'agit d'un montage particulièrement astucieux et qui méritait bien l'acharnement des chasseurs de canards de l'île Jekyll afin d'en peaufiner le mécanisme. Il a d'ailleurs donné entière satisfaction aux heureux prestidigitateurs qui depuis près d'un siècle plument joyeusement les palmipèdes que sont les citoyens américains, ainsi que les citoyens du monde entier. Ils plument aussi les pays pauvres grâce à l'exportation de ce mécanisme et à son application au FMI (Fonds Monétaire International), à la Banque mondiale ainsi qu'à tous les mécanismes bancaires censés « aider » les pays émergents, alors qu'en réalité, ils les ruinent.

D'ailleurs ce mécanisme est si mirobolant qu'il a été imité non seulement par les autres banques centrales, mais par les banques privées du monde entier. C'est le système bancaire tout entier qui fonctionne comme une gigantesque pompe à finances aspirante, parasitaire de l'économie réelle, structurellement génératrice d'inflation et d'appauvrissement des sociétés civiles, mais pourvoyeuse de vertigineuses richesses au profit des banquiers. De plus, il contraint les sociétés à une éreintante course à la croissance afin de pouvoir au moins compenser le montant du tribut payé aux financiers.

On comprend mieux d'où viennent les sommes faramineuses qui sont échangées dans le casino monétaire dont la « légère » perte de cinq milliards d'euros de la Société Générale ne donne qu'une faible idée.

Les cent, les mille, les dix mille mains des banquiers auront-elles la force de triompher, une fois de plus, du principe de réalité ?

* * *

Nouvel avatar du casino financier : aujourd'hui, la crise des subprimes et des monolines...

On parle ici et là de « finance de marché », d' « ingénierie financière de Wall Street » de « non-coïncidence de l'intérêt des parties », de « dysfonctionnements structurels de la finance dérégulée » et du « rôle des monnaies », comme si les opérations financières étaient mues par un petit moteur intérieur, se déroulaient dans la stratosphère et n'étaient pas connectées à la politique des États.

Derrière le théâtre d'ombres du vocabulaire abscons de

spécialistes, des mains bien réelles s'activent dans la coulisse, les mains avides des hécatonchires de la finance internationale. Derrière les chiffres, les graphiques et les abstractions, une poignée d'hommes en chair en os agissent. Leurs cerveaux échafaudent les plans par lesquels ils défendent avec ténacité, et de génération en génération, des intérêts privés au détriment des intérêts des nations.

La crise financière actuelle n'est incompréhensible que pour ceux qui ne veulent pas savoir. C'est pourquoi il est aisé de montrer que si le meccano s'est déréglé une fois de plus, c'est qu'il est programmé de telle sorte que des crises périodiques sont inscrites dans le patrimoine génétique de son code de fonctionnement, parce que ces crises sont hautement profitables à ses concepteurs.

Des apprentis-sorciers de tout poil ont inventé récemment un nouveau monopoly financier et se sont livrés à des montages financiers plus astucieux les uns que les autres. Après avoir perdu quelques plumes à la fin des années 1990 dans l'effondrement de la bulle spéculative sur les valeurs technologiques liées à l'informatique et aux télécommunications, de nouvelles opportunités se sont ouvertes à leur imagination financière.

Il y eut, déjà, dans les années 1990, l'excitante bulle internet. C'était le temps heureux où les *start up* fleurissaient comme les jolis champignons appelés petits rosés dans les pâturages après la pluie. L'ouverture à la concurrence du marché des télécommunications et la création de *stocks-options* avaient permis à la rapacité des spéculateurs de s'en donner à cœur joie. La fameuse « loi de l'offre et de la demande » s'était alors manifestée dans toute sa fougue et le prix des actions de toutes ces entreprises, notamment des plus récentes, qualifiées bucoliquement de *"jeunes pousses"*, avaient atteint des sommets vertigineux. La spéculation sur les logements privés et commerciaux avait battu son plein. Une enivrante euphorie avait gagné tous les acteurs à la perspective d'un enrichissement immédiat accompagné de l'illusion que la progression serait sans fin. Et une énorme bulle spéculative grossissait, grossissait avec une montée du prix des actions déconnectées de la valeur réelle des entreprises.

Des manipulations comptables visant à doper la valeur du cours de bourse afin de réaliser une plus-value immédiate et maximale sur la vente des stocks- options – ces gros paquets d'actions généreusement distribués aux dirigeants et aux principaux cadres de l'entreprise – vinrent s'ajouter au gonflement naturel de la bulle.

Elles rappellent la récente opération juteuse réalisée par la centaine de dirigeants d'*EADS*, tant français qu'allemands, qui spéculèrent à la baisse en vendant leurs actions avant la chute prévisible du cours liée à leur gestion calamiteuse, l'égoïsme privé primant dans leur esprit sur le souci du bien public et la santé de l'entreprise. Comme le disait si justement Adam Smith, l'homme *"tâchera toujours d'employer son capital dans le genre d'activité dont le produit lui permettra d'espérer gagner le plus d'argent"*. Mais les conséquences de la rapacité des dirigeants loin d'avoir eu un effet d'équilibre harmonisateur tel qu'annoncé par la théorie ont été, au contraire, désastreuses pour l'entreprise et pour la société.

Les bulles sont faites pour éclater et la bulle spéculative des années 1990 n'a pas échappé à son destin. Elle était due à une classique crise de surproduction de matériels impossibles à écouler, à une survalorisation des sociétés ajoutées à des carnets de commande en berne. L'atterrissage dans le monde réel fut douloureux. Des faillites en cascade s'ensuivirent, accompagnées d'une chute des loyers de bureaux et des logements des particuliers. Des licenciements et le chômage des employés des entreprises en faillite ont accéléré la spirale du désinvestissement et de la dégringolade des valeurs boursières. Une vilaine gueule de bois n'a pas tardé à succéder à l'ivresse des résultats mirobolants.

Actionnaires et spéculateurs professionnels ont alors, d'un seul mouvement, abandonné la spéculation boursière sur les valeurs technologiques et, aidés et encouragés par la baisse des taux d'intérêt décrétée par M. Alan Greenspan, alors responsable de la FED, ils se sont rués sur l'immobilier considéré comme le seul placement sûr et rémunérateur.

Cette ruée sur l'immobilier, amorcée au début des années 2000, n'a pas manqué de réveiller et de mettre en branle, une fois de plus, la célèbre « loi de l'offre et de la demande », laquelle a immédiatement provoqué une faramineuse augmentation du prix des maisons par tous les heureux propriétaires.

C'est ainsi qu'inexorablement une nouvelle « bulle » s'est mise à gonfler et une nouvelle fatalité s'est mise en marche, encouragée par les banquiers.

Les subprimes

Grâce au crédit tombé à 1% décidé par la FED, en 2003, les aventuriers de la bourse se mirent en branle et leurs affaires devinrent florissantes. Tous les biens immobiliers proposés à la vente se sont arrachés comme des petits pains. Les clients fortunés et ceux qui disposaient de revenus stables et suffisants ont été pourvus en premier et pouvaient jouir d'un bien dont la valeur augmentait presque à vue d'œil.

Restaient les pauvres. Ils sont les plus nombreux, même au paradis du libéralisme, mais présentent l'inconvénient d'être manifestement insolvables et de plus, déjà endettés par une acquisition à crédit d'une voiture ou d'un équipement pour la maison.

Mais s'ils ne sont pas Dieu tout-puissant en personne, les banquiers sont néanmoins des magiciens : ils peuvent proposer à tous les Dupont-Smith d'outre-Atlantique un *Mortgage Securities*, c'est-à-dire un « crédit non refusable » sur trente ans à des conditions très avantageuses pendant les trois premières années durant lesquelles ils ne paieront que les intérêts très faibles, étant bien entendu qu'ensuite le taux variable serait indexé sur le loyer de l'argent. Cela sous-entend que même les familles aux revenus insuffisants avaient obtenu une manière de droit à devenir propriétaire.

Tous les Smith sans le sou ou avec des revenus modestes qui se sont rués sur l'aubaine étaient d'autant plus persuadés d'avoir fait l'affaire de leur vie que le prix des maisons n'ayant cessé de grimper, leur capital potentiel se trouvait naturellement réévalué et leur permettait même d'adosser à cette valorisation virtuelle un nouveau crédit à la consommation.

L'inflation en est résultée qui a amené la FED à augmenter fortement ses taux qui, entre 2003 et 2006, sont passés de 1% à 5,25%.

C'est précisément à ce moment-là que la majorité des souscripteurs pauvres est entrée dans la phase de remboursement du capital à taux variable, ainsi que le stipulait le contrat. Ils se retrouvaient avec des mensualités au moins doublées, si ce n'est triplées dans certains cas, qu'ils étaient incapables d'honorer. C'était donc la faillite personnelle pour des centaines de milliers de familles, l'expulsion et la mise en vente des maisons.

La fameuse "*loi de l'offre et de la demande*" est sortie du bois et d'un vilain coup de massue a fait baisser le prix des maisons qui ne trouvaient plus preneur. Cette situation était, certes, très malheureuse pour chacune des victimes, mais comment des catastrophes individuelles sont-elles parvenues à provoquer un tremblement de terre monétaire mondial ?

C'est là qu'il convient d'observer l'autre extrémité du mécanisme du crédit.

Imaginons que notre banquier – appelons-le Mr Martins – soit un marchand de fruits et légumes et vendrait des paquets de poires en lots bien ficelés. Il aurait d'abord pris soin d'envelopper chaque fruit dans un joli papier d'aluminium hermétiquement clos. Comme il possède dans sa cave quelques caisses de poires presque blettes et d'autres complètement pourries, il en profiterait pour les mélanger avec des fruits sains et les écoulerait tranquillement dans ses lots, en conformité avec la théorie libérale qui stipule que "l'homme cherche toujours son intérêt personnel".

Découvrant la supercherie, certains clients se rebelleraient et porteraient plainte pour escroquerie, d'autres réemballeraient soigneusement les fruits pourris et les proposeraient de nouveau à la vente. Un cycle des escrocs – appelons-les par leur nom – serait amorcé.

C'est ce mécanisme appliqué aux emprunts que tous les Mr. Martins du système bancaire, ainsi que toute la chaîne des décideurs, ont pu tranquillement mettre en place avec les crédits des pauvres, à cette différence près que non seulement personne ne les a traités de délinquants et de voyous, mais que ce qui est interdit aux marchands de fruits fut même encouragé pour les produits financiers.

Tous les Mr Martins de la planète avaient conscience, en financiers- boursicoteurs avisés, du risque de non-remboursement à long terme que représentaient ces opérations. Mais outre qu'ils espéraient pouvoir expédier la patate chaude à quelqu'un d'autre, l'appât du gain aidant, ils inventèrent et imposèrent un système astucieux qui leur permettait de faire commerce avec les dettes des pauvres, c'est-à-dire avec les prêts à risque qu'ils avaient eux-mêmes consentis et de réaliser de juteux bénéfices.

Cela signifie que, par un tour de passe-passe, une dette devint un crédit négociable et porteur d'un intérêt alléchant. Mais malins comme tout, et afin de donner meilleure mine à leur offre, ils procédèrent à ce qu'ils appelaient un "*saucissonnage*", c'est-à-dire qu'ils mélangèrent des titres-dettes au remboursement aléatoire avec de vrais titres correspondant à des valeurs réelles ou à des bons du trésor garantis. Ils firent donc des lots contenant des poires saines et des poires pourries. Ils appelèrent titrisation cette opération. Puis ils mirent tranquillement ces " titres " adossés à un intérêt très élevé, donc alléchant, sur le marché.

C'est ainsi que le passif des ménages américains, y compris des pauvres insolvables, figurait dans la colonne des actifs des banques soigneusement camouflé dans les fonds communs de placement. La rentabilité élevée de ces valeurs appelées "subprime" aiguisa les appétits et les banques les plus célèbres succombèrent à la tentation d'une forte et rapide rentabilité. Comme ces achats de dettes se faisaient également à crédit, il était également loisible aux banquiers de titriser les dettes qui permettaient d'acheter des dettes.

Un effet boule de neige s'ensuivit, d'autant plus dangereux que plus personne n'était capable de discerner, dans les "paquets" achetés par les banques, les valeurs sûres et les dettes pourries.

Après avoir édifié une sorte de monde surréel dans lequel les dettes se métamorphosent en crédit par la magie d'un carburant appelé "*confiance*", la montgolfière monétaire s'est dégonflée brutalement et les passagers de la nacelle sont retombés durement sur la terre ferme où ils ont retrouvé le « *principe de réalité* » qui leur demande de solder les comptes avec un argent réel.

On voit donc une fois de plus que, contrairement à la théorie libérale attribuée à Adam Smith, lorsqu'il ne "cherche que son intérêt personnel", l'homme ne travaille pas du tout pour l'intérêt et l'harmonie de la société.

L'optimisme béat en l'efficacité régulatrice de la "main invisible du marché" prend des allures de dérision qui nous rappelle Voltaire et son *Candide*. À moins que, par ironie, on appelle "intérêt de la société" la série de catastrophes financières en chaîne issues de la rapacité et du désir égoïste de s'enrichir qui constitue un des moteurs de l'action des hommes et qui, comme les coups de marteau sur le crâne, finiraient par faire rentrer dans leur cervelle l'honnêteté et la sagesse.

Les monolines

La « crise des subprimes » n'est que le premier étage de l'effondrement du système monétaire. Car les financiers n'avaient pas seulement « structuré », c'est-à-dire collationné en gros paquets et vendu en rondelles sous forme de « titres » - le fameux saucissonnage - les dettes immobilières des particuliers et notamment des pauvres, ils avaient soumis au même type de « structure » - c'est-à-dire de paquets mélangés - les crédits revolving adossés aux cartes bancaires, les prêts aux entreprises, les prêts aux promoteurs immobiliers, aux étudiants, aux ménages, etc., ainsi que les prêts consentis pour le rachat d'entreprises.

Aujourd'hui, chaque maillon de la chaîne exerce une pression au remboursement sur le maillon dont il détient les créances. Comme ce maillon faible vivait d'emprunts, qu'il est sans fonds propres, qu'aucune banque n'accepte de renouveler le crédit, il demeure incapable de rembourser quoi que ce soit, si bien que le risque est considérable de voir se déclencher une « spirale d'insolvabilité » dévastatrice pour le système bancaire mondialisé tout entier.

Ne restent plus que les prières et les invocations afin que la « main invisible du marché » vienne miraculeusement mettre de l'ordre dans la gabegie, et surtout qu'elle injecte de l'argent frais qu'elle cueillerait dans les étoiles afin de lubrifier un meccano financier que la folie et la gloutonnerie de ses concepteurs et de ses utilisateurs est en passe de faire exploser.

Car le deuxième étage de la fusée de la catastrophe monétaire est également atteint. En effet, après la « crise des subprimes », arrive la « crise des monolines ».

Que sont les « monolines » ?

La « main invisible » du meccano financier censée réguler et garantir tout le système était constituée par des entreprises appelées monolines ou rehausseurs de crédit. Il s'agit, à l'origine, de mécanismes bancaires complexes dont la solidité et la fiabilité sont garanties par une note d'excellence attribuée par trois sociétés spécialisées. À l'origine les monolines ne garantissaient que des investissements dits " *de père de famille*" et elles étaient censées jouer le rôle d'assureur en dernier ressort des seuls emprunts sûrs émis par les municipalités ou l'État, mais à rentabilité modeste, d'où leur nom.

Or, alléchées par la rentabilité juteuse offerte par les emprunts hypothécaires, et entraînées par l'euphorie d'un marché haussier, les monolines se sont mises à assurer des produits à risque pour des sommes vertigineuses - pour 45 000 milliards de dollars, ce qui correspond au double de la capitalisation de toutes les places boursières américaines et au triple du produit intérieur brut des États-Unis. Ces chiffres qui donnent le vertige, signifient que l'assureur est désormais incapable d'assurer quoi que ce soit et qu'il est lui-même en faillite.

Or, la défaillance de l'assureur affecte le fonctionnement des banques, puisqu'elle les oblige à geler d'importantes provisions dans les bilans. Par un effet de domino, cette défaillance des monolines aboutit à restreindre le crédit aux entreprises et aux particuliers, ce qui revient à freiner la production et la consommation et amorce une spirale de récession de l'économie américaine avec des risques de propagation mondiale.

L'exemple des monolines Fannie Mae et de Freddie Mac

Deux des plus célèbres monolines portant les jolis noms de, Fannie Mae et Freddie Mac - en réalité *Federal Home Loan Mortgage Corporation* et *Federal National Mortgage Association* - dont les titres ont perdu entre 80 et 92% de leur valeur boursière en raison des crédits pourris qui figurent dans leurs portefeuilles, viennent d'être purement et simplement nationalisées par le gouvernement américain, comme un vulgaire Crédit Lyonnais par le gouvernement de Pierre Mauroy sous la présidence de François Mitterrand, afin qu'elles puissent continuer à remplir leur mission.

Garantissant les crédits des autres établissements de crédit, elles disposaient, depuis 1938, sous la présidence de Franklin Roosevelt, pour Fanny Mae et depuis 1970 pour Freddie Mac, de la garantie du gouvernement américain, privilège qui leur permettait d'emprunter sur le marché à des taux très faibles.

Jouissant d'un statut privé à but lucratif, depuis 1968 pour Fannie Mae et, au moment de sa création en 1970 pour Freddie Mac, le rôle de ces deux monolines consistait à racheter aux banques et autres entreprises de prêt, les crédits immobiliers qu'ils avaient souscrits, puis de transformer ces dettes en obligations – la fameuse titrisation – et enfin de les vendre sous forme de titres à la bourse.

La crise des subprimes a si bien gonflé leur portefeuille que leurs engagements cumulés ont atteint la somme colossale de 5.300 milliards de dollars, ce qui représente un tiers de la capitalisation de la Bourse de New York, plus d'un tiers du PIB (Produit intérieur brut) américain et 45% de l'encours global de prêts immobiliers accordés aux ménages américains. Sachant que la proportion d'emprunteurs défaillants est considérable et afin de sauver un pilier de son système financier, le pays du libéralisme triomphant a été contraint, la mine défaite, de recourir à une nationalisation et de mettre à la charge des citoyens américains le remboursement d'une dette des banquiers représentant environ douze fois le montant du sauvetage du Crédit Lyonnais.

Il se peut que l'exceptionnelle habileté des spéculateurs de la « *finance déstructurée* » à jouer à saute-mouton par-dessus les crises qu'ils ont régulièrement provoquées depuis plus d'un siècle, les ait à ce point enhardis que leur voracité a, cette fois, détraqué la machinerie monétaire dont ils avaient si ingénieusement ajusté les rouages. Peut-être apprendrons-nous dans un très proche avenir qu'une nouvelle « *conspiration des hécatonchires* » est en gestation en quelque île des

Caraïbes ou du Pacifique afin, diront-ils, d'œuvrer pour le salut de l'humanité et de « *sauver* » le système monétaire.

Car la démesure du casino boursier mondial vient de montrer ses limites. Des optimistes invétérés pensent que « *le gros de la crise est passé* » pendant que les pessimistes attendent l'apocalypse. Mais tout joueur drogué finit par être rejoint un jour ou l'autre par la réalité et la montagne des dettes accumulées par l'État américain, par les banques et par les particuliers ne pourra, telle l'échelle de Jacob, monter jusqu'au ciel.

Bibliographie

Quotidiens

The New York Times, 1858-1983

The Washington Post, 1933-1983

Périodiques

Barron's Weekly, 1921-1983

Business Week, 1929-1983

Forbes Magazine, 1917-1983

Fortune, 1930-1983

Harper's, 1850-1983

National Review, 1955-1983

Newsweek, 1933-1983

The Nation, 1865-1983

The New Republic, 1914-1983

Time, 1923-1983

Livres et brochures

Current Biography, New York, H.W. Wilson Co., 1940-1983

Dictionary of National Biography, New York, Scribners, 1934-1965

Directory of Directors, Londres, 1896-1983

Directory of Directors In The City of New York, New York, 1898-1918

The Concise Dictionary of National Biography, Oxford, University Press, 1903-1979

Congressional Record, 1910-1983

International Index to Periodicals, New York, H.W. Wilson Co., 1920-1965

Poole's Index to Periodical Literature, Wm. T Poole, 1802-1906

Chicago Readers Guide to Periodicals, 1900-1983

Rand McNally's Bankers Guide, 1904-1928

Moody's Banking and Finance, 1928-1968

Who's Who in America, A.N. Marquis Co., 1890-1983

Who's Who, Great Britain, 1921-1983

Who Was Who In America, A.N. Marquis Co., 1906

Who's Who in the World, A.N. Marquis Co., 1972-1983

Who's Who in Finance and Industry, A.N. Marquis Co., 1936-1969

Standard and Poor's Register of Directors, 1928-1983

Senate Committee Hearings on Federal Reserve Act, 1913

House Committee Hearings on Federal Reserve Act, 1913

House Committee Hearings on the Money Trust (Pujo Committee), 1913

House Investigation of Federal Reserve System, 1928

Senate Investigation of Fitness of Eugene Meyer to be a Governor of the Federal Reserve Board, 1930

Senate Hearings on Thomas B. McCabe to be a Governor of the Federal Reserve System, 1948

House Committee Hearings on Extension of Public Debt, 1945

Federal Reserve Directors: A Study of Corporate and Banking Influence. Staff Report, Committee on Banking, Currency and Housing, House of Representatives, 94th Congress, 2d Session, août 1976

The Federal Reserve System, Purposes and Functions, Board of Governors, 1963

Alexander Del Mar, *A History of Monetary Crimes*, The Del Mar Society, 1899

Andrew Dickson White, *Fiat Money Inflation in France*, New York, Foundation for Economic Education, 1959

Antony C. Sutton, *The War on Gold*, Californie, 76 Press, 1977

Antony C. Sutton, *Wall Street and the Rise of Hitler*, Californie, 76

Press, 1976

Collected Speeches of Louis T McFadden, Congressional Record

E. M. Josephson, *The Truth About Rockefeller*, New York, Chedney Press, 1964

E. M. Josephson, *The Strange Death of Franklin D. Roosevelt*, New York, Chedney Press, 1948

Paul Emden, *Behind the Throne*, Londres, Hoddard Stoughton, 1934

Paul Emden, *The Money Power of Europe*, Londres, Hoddard Stoughton,

Mathew Josephson, *The Robber Barons*, New York, Harcourt Brace, 1934

Frederic Morton, *The Rothschilds*, Curtis Publishing Co., 1961

Cecil Roth, *The Magnificent Rothschilds*, Robert Hale Co., 1939

William Guy Carr, Pawns In The Game, chez l'auteur, 1956

François Coty, *Tearing Away the Veils*, Paris, 1940

Writers on English Monetary History, 1626-1730, Londres, 1896

The Federal Reserve System After Fifty Years, Committee on Banking and Currency, janvier-février 1964

Arthur Kitson, *The Bankers' Conspiracy*, 1933

Charles F. Dunbar, *Laws Of The United States Relating to Currency, Finance and Banking From 1789 to 1891*, Boston, Ginn & Co., 1893

Monetary Policy of Plenty Instead of Scarcity, Committee on Banking and Currency, 1937-1938

George Sylvester Viereck, *The Strangest Friendship In History*, Woodrow Wilson and Col. House, New York, Liveright, 1932

G. L. Bach, *Federal Reserve Policy Making*, New York, Knapf, 1950

Anna Rockester, *Rulers of America, A Study of Finance Capital*, New York, International Publishers, 1936

Banking in the United States Before the Civil War, National Monetary Commission, 1911

National Banking System, National Monetary Commission, 1911

Paul Warburg, *The Federal Reserve System*, New York, Macmillan,

1930

Colonel Elisha Garrison, *Roosevelt, Wilson and the Federal Reserve Law*, Boston, Christopher Publishing House, 1931

Arthur D. Howden Smith, *Men Who Run America*, New York, Bobbs Merrill, 1935

George E. Redmond, *Financial Giants of America*, Boston, Stratford, 1922

The Great Soviet Encyclopaedia, Londres, Macmillan, 1973

Encyclopaedia Britannica, 1979

Encyclopaedia Americana, 1982

Goldman, Steinberg et al., *Dope, Inc.*, New York, New Benjamin Franklin House Publishing Company, 1978

Charles A. Lindbergh, S[r], *Banking and Currency and the Money Trust*, 1913

John Hamill, *The Strange Career of Mr. Hoover Under Two Flags*, New York, William Faro, 1931

H. Parker Willis, *The Federal Reserve System*, Ronald Co., 1923

E. W. Kemmerer, *A.B.C. of the Federal Reserve System*, Princeton University, 1919

Carter Glass, *Adventures in Constructive Finance*, New York, Doubleday, 1927

Paul Warburg, *Banking Reform in the United States*, Columbia University, 1914

Alfred Crozier, *U.S. Money vs. Corporation Currency*, Cleveland, 1912

E. M. House, *Philip Dru, Administrator*, New York, B.W. Huebsch, 1912

The Intimate Papers of Col. House, éd. Charles Seymour, 4 vol. 1926-1928, Houghton Mifflin Co.

H. W. Loucks, *The Great Conspiracy of the House of Morgan*, 1916

McRae and Cairncross, *Capital City*, Londres, Eyre Methuen, 1963

Otto Lehmann-Russbeldt, *Aggression*, Londres, Hutchinson, 1934

Victor Perlo, *The Empire of High Finance*, International Pub., 1957

Max Warburg, *Memoirs of Max Warburg*, Berlin, 1936

Carroll Quigley, *Letters and Friendships of Sir Cecil Spring-Rice Tragedy and Hope*, New York, Macmillan

Brian Johnson, *The Politics of Money*, New York, McGraw Hill, 1970

A Primer on Money, House Banking and Currency Committee, 1964

George Wheeler, *Pierpont Morgan and Friends*, The Anatomy of A Myth, Prentice Hall, N.J., 1973

Herbert Satterleee, *Pierpont Morgan*, New York, Macmillan, 1940

John K. Winkler, *Morgan the Magnificent*, New York, Vanguard, N.Y., 1930

Arthur Link, *Wilson*, Princeton University Press, Princeton, 5 vol.

Roger T Johnson, *Historical Beginning... The Federal Reserve*, Boston, Federal Reserve Bank of Boston, 1977 (7 éditions de 1977 à 1982, totalisant 92 000 exemplaires) [Il est formidable que ce livret de 64 pages ne fasse jamais mention à l'île de Jekyll, à l'autorité de Paul Warburg ni à l'origine des fonds de campagne ayant permis la promulgation du Federal Reserve Act le 23 décembre 1913.]

Martin A. Larson, *The Federal Reserve and Our Manipulated Dollar*, Old Greenwich (Connecticut), Devin Adair Co., 1975

Chain Banking, Stockholder and Loan Links of 200 Largest Member Banks, House Banking and Currency Committee, 3 janvier 1963

International Banking, Staff Report, Committee on Banking Currency and Housing, mai 1976

Audit of the Federal Reserve System, Hearings Before the House Banking and Currency Committee, 1975.

Déjà parus

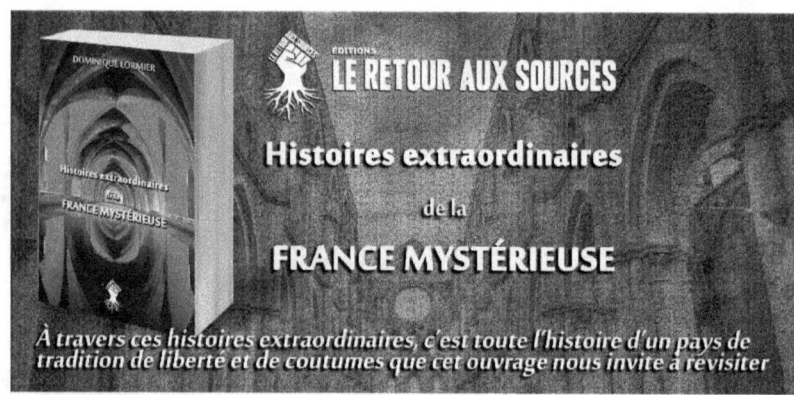

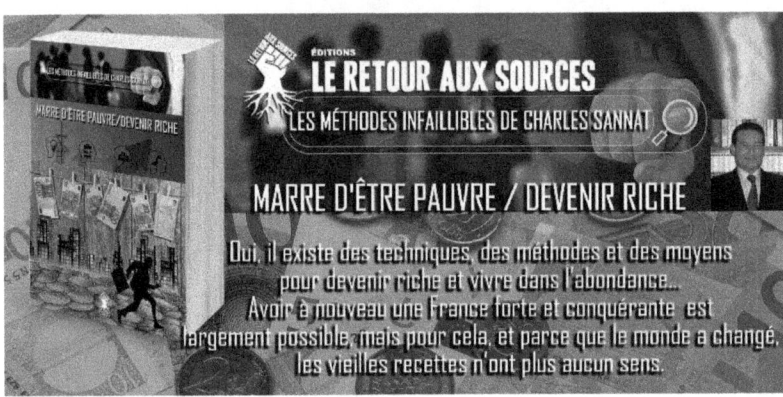

www.leretourauxsources.com

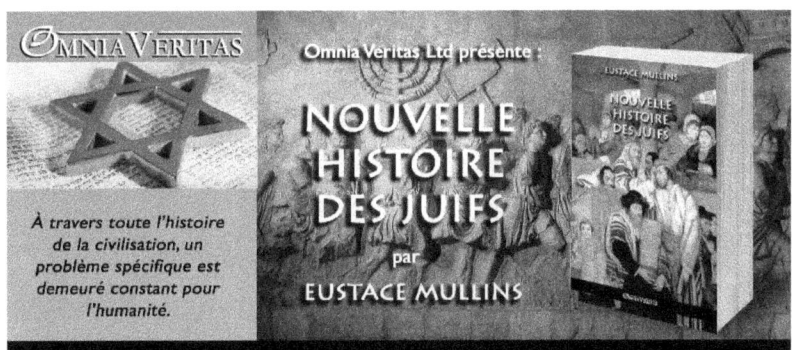

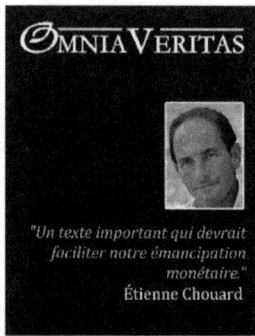

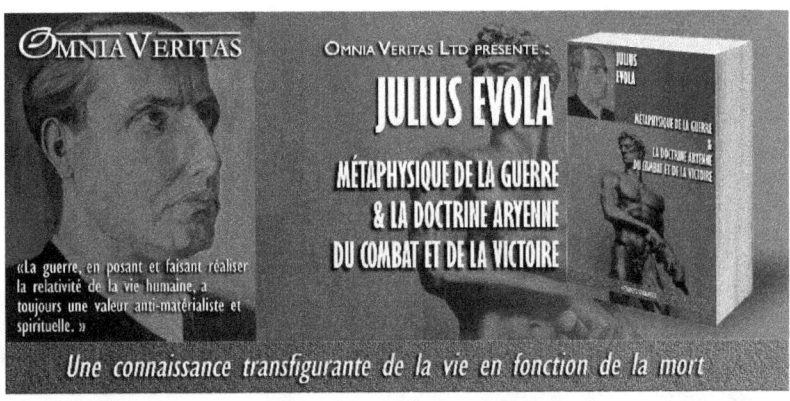

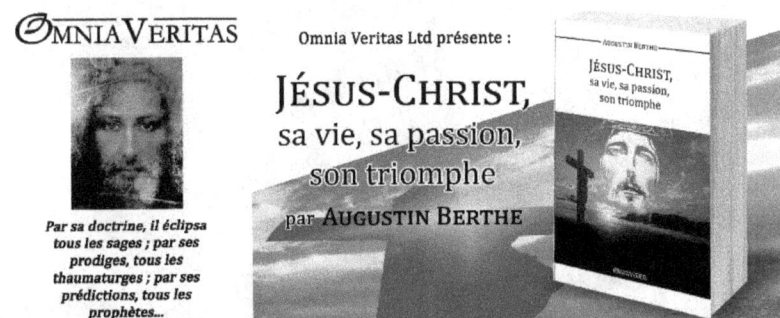

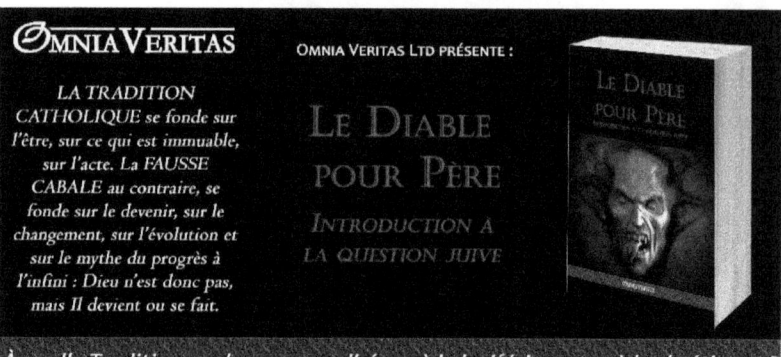

Ce volume est l'esquisse, à grands traits, de la tolérance des juifs, à travers dix-neuf siècles, à l'égard des chrétiens, spécialement des chrétiens français.

La France est perdue si elle ne brise à bref délai le réseau des tyrannies cosmopolites...

Omnia Veritas Ltd présente :

LE PASSÉ, LES TEMPS PRÉSENTS ET LA QUESTION JUIVE

Quel est le peuple, quelle est la nation qui devrait être la première du monde par ses vertus, par son passé, par ses exploits, par ses croyances ?

Que s'est-il passé pour ce qui devrait être ne soit pas ?

les projets de la subversion dans sa lutte contre l'Église...

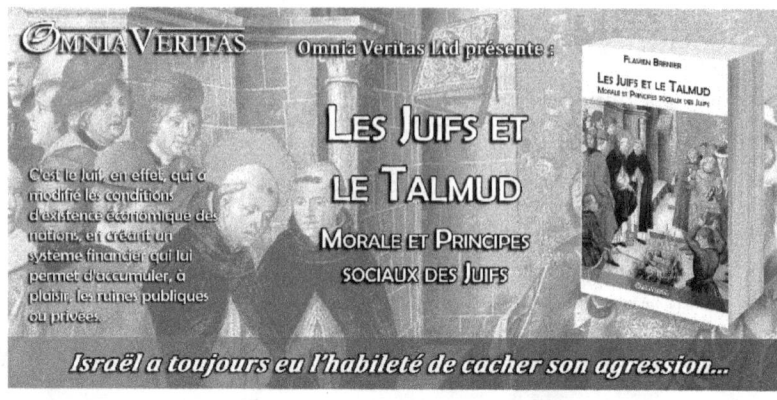

LES SECRETS DE LA RÉSERVE FÉDÉRALE

Omnia Veritas Ltd présente :

L'Angleterre et l'Empire Britannique
de
Jacques Bainville

La Perfide Albion racontée comme jamais par le grand historien.

Un éclairage **sur les ressorts ancestraux** de la politique anglaise.

Une compilation d'articles passionnante et édifiante !

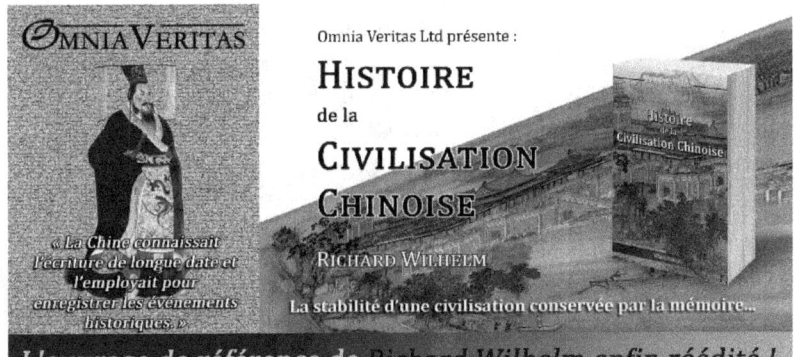

Omnia Veritas Ltd présente :

HISTOIRE
de la
CIVILISATION CHINOISE

RICHARD WILHELM

« *La Chine connaissait l'écriture de longue date et l'employait pour enregistrer les événements historiques.* »

La stabilité d'une civilisation conservée par la mémoire...

L'ouvrage de référence de Richard Wilhelm enfin réédité !

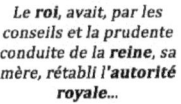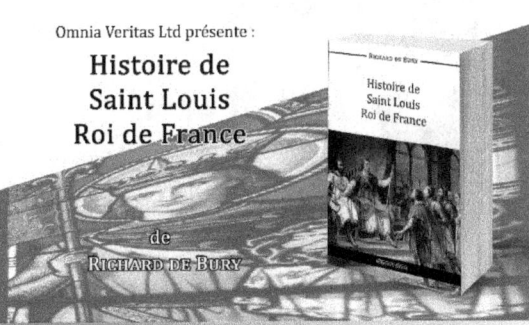

Omnia Veritas Ltd présente :

Histoire de Saint Louis Roi de France

de
RICHARD DE BURY

Le **roi**, avait, par les conseils et la prudente conduite de la **reine**, sa mère, rétabli l'**autorité royale**...

Mais l'esprit d'indépendance du gouvernement féodal, n'était pas encore éteint

Omnia Veritas Ltd présente :

LA RÉVOLUTION
PRÉPARÉE PAR LA FRANC-MAÇONNERIE

PAR JEAN DE LANNOY

La Franc-Maçonnerie doit porter la responsabilité des crimes de la Révolution aussi bien que de ses principes

L'histoire de la Révolution remise à l'endroit

Omnia Veritas Ltd présente :

L'ÂGE DE CAÏN
par JEAN-PIERRE ABEL

PREMIER TÉMOIGNAGE SUR LES DESSOUS DE LA LIBÉRATION DE PARIS

« Ce livre n'est pas un roman. Je ne fais qu'y conter des événements dont j'ai été le témoin... »

Abel qui renaît à chaque génération, pour mourir encore par la grande haine réveillée

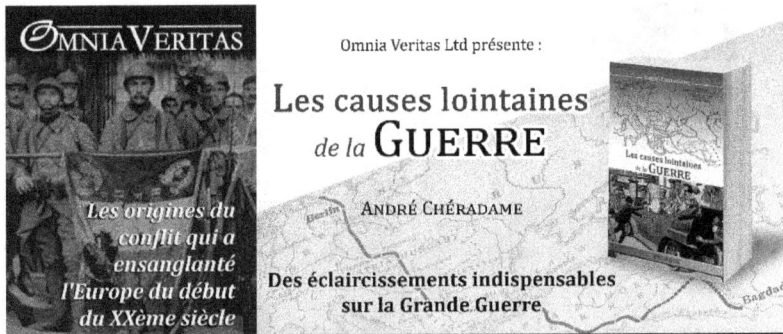

Omnia Veritas Ltd presente:

La Guerre Occulte
de
Emmanuel Malynski

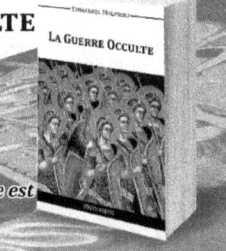

Satan s'est révolté au nom de la **liberté** et de **l'égalité** avec **Dieu**, pour asservir en se substituant à **l'autorité** légitime du Très-Haut...

Toute l'histoire du XIXe siècle est marquée par l'évolution du mouvement révolutionnaire

Les étapes du duel gigantesque entre deux principes

Omnia Veritas Ltd présente :

Nuremberg
Nuremberg ou la terre promise
Nuremberg II ou les faux-monnayeurs

par
Maurice Bardèche

Je ne prends pas la défense de l'Allemagne. Je prends la défense de la vérité.

Nous vivons sur une falsification de l'histoire

Omnia Veritas Ltd présente :

MAURICE BARDÈCHE
QU'EST-CE QUE LE FASCISME ?

À l'origine, c'est un mouvement de militants socialistes et d'anciens combattants qui sauva l'Italie du bolchevisme...

Il était venu au pouvoir pour éviter l'anarchie, le chaos, la guerre civile...

www.omnia-veritas.com

www.ingramcontent.com/pod-product-compliance
Lightning Source LLC
Chambersburg PA
CBHW050123170426
43197CB00011B/1697